대한민국

민주주의

처.방.전

대한민국 민주주의 처방전

초판 1쇄 인쇄 2015년 12월 15일
초판 1쇄 발행 2015년 12월 20일

지은이 소준섭
펴낸이 김지훈
펴낸곳 도서출판 어젠다

출판등록 2011년 7월 26일 (제2015-000263호)
주　소 서울시 마포구 양화로 7길 61-6(서교동)
전　화 (02)333-5897 | 팩스 (02)333-8460
이메일 agendabooks@naver.com

ⓒ 소준섭, 2015

ISBN 978-89-97712-21-2 03300
이 도서의 국립중앙도서관 출판시도서목록(CIP)은 e-CIP홈페이지(http://www.nl.go.kr/ecip)와
국가자료공동목록시스템(http://www.nl.go.kr/kolisnet)에서 이용하실 수 있습니다.(CIP제어번호: CIP2015031170)

대한민국

민주주의

다시 새로운 시작을 위하여

소준섭 지음

처.방.전

어젠다

희망은 어디에
있는가?

세월호 참사의 비극은 이 나라를 그리고 우리 자신을 심각하게 되돌아보게 만드는 계기가 되었다.

그간 우리나라는 외형적으로 급속한 성장을 이루면서 선진국인양 자처했지만, 세월호 참사와 메르스 사태를 계기로 상식이 있는 사람이라면 이 나라가 국가의 기본과 원칙을 하나도 제대로 갖추지 못한 나라라는 사실을 모두 인정할 수밖에 없게 되었다. 비록 해결된 것 하나 없이 유야무야 넘어가는 듯하지만, 한국 사회 구성원 모두는 가슴 깊숙이 치명적인 내상을 안고 살아갈 수밖에 없게 되었다.

이 나라의 정치권이 오로지 정권 쟁탈에만 혈안이 되어 반대를 위한 반대에 골몰하면서 대통령과 장관을 비롯한 정부의 윗자리 차지에 몰두하고 있을 때, 정부 조직에서 부동의 중심축을 점령하고 있는 우리의 관료조직은 묵묵히 그리고 흔들림 없이 그들 '관료공화국'의 강고한 성(城)을 구축해왔다. 하지만 그토록 강고하게 보였던 그 성채는 기실 관료집단의 끝없는 탐욕과 부패로 쌓은 모래성에 불과하였다. 세월호 참사 그리고 메르스에 대한 어이없는 대응을 통하여 그 적나라한 무능과 무책임성은 백일하에 드러났다.

그간 우리 사회는 외국으로부터 베끼지 말아야 할 것은 베끼면서 정작 배워야 할 것은 배우지 않고 모범으로 삼아야 할 것은 전혀 도입하지 않은 채, 오로지 온갖 독점과 패거리와 사적 집단의 이익만이 관철되는 적나라한 왜곡 구조 그 자체였다. 우리나라에서 현재 운용되고 있는 공무원 임용제도, 정당제도, 선거제도, 입법과정, 검찰, 판사, 감사원 그리고 심지어 세계 1위를 달리는 모바일 이동통신비까지 어느 한 조직 어느 한 시스템조차 이리 빠지고 저리 피하면서 국제 기준에 정확하게 부합하는 곳이 없었다. 의심할 여지없이 기형적인 토착적 왜곡 형태이고, 이는 그야말로 국가 기본을 위협하는 국기(國基) 문란의 심각한 노골적 범죄 행위에 해당한다.

이 글에서는 우리가 과연 민주주의의 길을 걷고 있는가를 진지하게 성찰해볼 것이다. 그리고 우리보다 먼저 민주주의를 경험하고 그 과정 중에 노정된 수많은 문제점을 천천히 그러나 슬기롭게 해결해나갔던 선진국의 제도와 규정을 참조하면서 우리가 지향해나갈 지점이 무엇이며 과연 어떠한 처방전이 필요한 것인가를 도출해보고자 한다.

무릇 민주주의의 기본과 핵심은 국가 운영 체계에 대한 시민의 통제이다. 그러나 우리 사회에서 시민의 통제 시스템은 철저히 결여되어 있다. 아니 도리어 시민에게 아무런 권한을 부여하지 않은 채, 오로지 통치 지배와 시혜 대상으로서의 신민(臣民)만 존재하고 있을 뿐이었다. 최근 사회적으로 커다란 문제로 부각되고 있는 이른바 '관피아' 현상도 기실 이러한 국가권력에 대한 시민 통제 기제의 부재로부터 연유한 것이고, 이 땅의 심각한 정치 왜곡 역시 시민 통제장치의 결여로부터 비롯되었다. 우리 사회는 국가와 정치 그리고 관료는 있으되 시민은 없다.

고시 기수가 장악한 관료조직을 비롯하여 해양대학 출신이 장악했던 해경 조직, 특정대학 원자력공학과 출신이 장악한 원전 마피아 등 특정 인맥과 특정 학맥 등등……. 하다못해 월드컵 참패를 초래한 축구협회도 수십 년 동안 계속 같은 인맥들이 '보이지 않는 곳에서' 협회를 독점하였다.

패거리 마피아가 독점하는 조직은 반드시 부패하고 무능의 수렁으로 전락할 수밖에 없다. 견제와 균형의 장치가 철저하게 결여되고 부정되기 때문이다. 관료 개혁은 이미 우리 시대의 긴급한 과제로 부각되었다. 많은 억울한 희생으로 만들어진 이 시대적 과제를 우리의 무능 때문에 또다시 무위로 돌려서는 안 된다. 그러나 개혁은 혁명보다 더 어렵다. 기득권층의 엄청난 반발과 현실에의 구체적 적용에 있어 장단점과 난점을 해결해 가야 하는 과정이기도 하다. 그리고 그것은 일회성의 '전복'이 아닌 장기적이며 가장 치열한 투쟁일 터이다.

한편 우리 사회 곳곳에서 여전히 강고하게 작동되고 있는 이른바 '박정희 신드롬'은 개발주의와 성장 만능주의에 토대를 둔 권위주의와 독점, 관료주의 그리고 승자독식과 우승열패 논리의 적나라한 반영이다. 민주진보 세력 역시 기본적으로 이 틀을 크게 넘어서지 못하고 있다.

이제 우리 사회는 기본부터 다시 구축되어야 한다. 그리고 그 핵심은 국가 조직과 제도에 대한 시민의 통제에 있다. 그리하여 이 사회에 만연된 독점과 일방주의적 관행을 해체하여 견제와 균형을 이루게 하며, 국가 제도와 시스템을 국제기준에 부합시켜야 한다.

이러한 과제들을 수행해내기 위해서는 무엇보다도 이 땅의 정치가 살아야 한다. 진실로 정치가 살아나야 민주주의가 산다. 정치가 정상화되어야만 비로소 양극화도 극복될 수 있고 청년 일자리도 만들어질 수 있다. 국민이 정치에 무관심하면 할수록 기득권자들의 천국이 되고 국민들의 지옥이 조성될 뿐이다. 그러나 그저 투표만 열심히 잘 한다고 해서 좋은 정치가 만들어지는 것도 아니다. 그리고 언제나 그 나물에 그 밥인 후보자 중 차악인 후보를 뽑는다고 해서 민주주의가 살아나지도 않는다.

이제 바로 나 자신이 살기 위하여 정치를 진정으로 새롭게 만들어내는 실천에 모두 나서야 할 때가 왔다. 민주주의란 다른 사람이 나를 위하여 가져다주는 것이 아니라 바로 나 자신이 쟁취하는 것이라는 평범한 진실을 다시금 가슴에 새겨야 할 일이다.

물론 "대한민국 민주주의 처방전"이라는 커다란 범주를 운위한다는 것 자체가 이미 대단히 주제넘은 일이다. 그러나 오늘 형해화된 민주주의를 올곧게 만들어내는 일은 남이 아닌, 바로 우리 한 사람 한 사람의 시민이라는 기본 원칙과 책무감으로 감히 용기를 냈다. 그리하여 우선 나로부터 내가 딛고 있는 곳에서의 경험과 생각을 정리하고 그것을 사회적으로 공유해나가고자 하였다. 그리고 이러한 노력들이 모여 이 땅에도 언젠가는 반드시 민주주의가 실현될 수 있는 날이 오리라 믿는다.

아무쪼록 이 책이 우리 사회가 극한의 절망을 딛고 상식이 통하는 사회, 미래에 대한 희망을 가질 수 있는 사회로 전진하는 데 조금이라도 보탬이 될 수 있다면 필자로서는 더할 나위없는 보람이 될 것이다.

길이 끝나는 바로 그곳에서 새로운 길은 시작된다.

그리고 절망과 좌절의 끝에서 비로소 희망이 이어진다.

소준섭

차례

1장

민주주의는
다시 시작해야 합니다

지금 여기 '시민'은 존재하는가!?

과연 기소권은 검찰에게 독점되어야 하는가?

과연 국가 운영에 있어 민주주의의 주체로서의 우리 시민에게 지금 무슨 권리가 주어져 있기는 있는 것인가?

'세월호 특별법' 제정을 둘러싸고 기소권 부여가 사법체계 교란을 초래한다는 주장이 득세하였다.

일반적으로 국가 소추주의만을 관철하게 되면 범죄 피해자의 피해 배상과 정당한 응보 감정을 외면하기 쉽다. 피해자에 대한 진정한 권리 보호는 단순히 국가형벌권의 발동이라는 명목하에서 형사소송의 제3자로 취급하는 것이 아니라 범죄의 직접적 피해 당사자로서 주도적으로 형사소송 절차에 참여하도록 하여 가해자에 대한 유죄를 이끌어내고 각종 수사행위 등을 청구할 수 있는 권한을 부여함으로써 비로소 실현될 수 있다. 따라서 서구 여러 나라에서 사인(私人) 소추주의 역시 보편적으로 적용되고 있다.

국가의 기반은 시민이고, 시민의 생명과 인권을 지키기 위해 사법체계가 존재하는 것이지, 자체가 절대불변의 진리인 것이 아니다.

검찰제도는 프랑스에서 발전되었다. 본래 서양의 고대시대에 소추는 중대 범죄를 제외하고 직권으로 이뤄지지 않고 일반적으로 금전적 배상을 받기 위하여 피해자 또는 그 가족이 제기하였다. 그러다가 13세기 무렵부터 프랑스에서 왕과 영주들이 자신들의 이익을 대변하기 위하여 대관(procureur)을 두게 되었고, 14세기 이후 왕의 대관은 점차 모든 중죄의 고발자로서 자리 잡게 된다. 왕의 대관은 "중죄가 처벌되어, 방치되어서는 안 된다는 것이 공익에 해당한다."는 관념에 따라 단순한 왕의 이익의 대변자가 아니라 피해당사자의 소추와 독립하여 일반이익, 즉 공익을 대표하여 소추를 제기할 수 있게 되었다.

그리고 1670년 대칙령에 의해 완성된 형사소송절차는 소추와 재판을 분리하여 검사를 예심 또는 증거수집으로부터 배제시켰으며 공소와 사소를 구별하여 개인적 법익에 한정된 사건들은 피해자에 의한 소추만이 가능하였다. 이렇게 하여 프랑스의 형사소송절차를 지배하는 전통적 이념은 수사, 소추, 재판의 기능을 분리하여 각각 예심판사, 검사, 재판관에게 수행하도록 하여 권한 남용을 방지하고 있으며 검사의 수사권 및 수사지휘권은 현행범수사 분야에만 인정되었다.[1]

프랑스의 형사소송 절차는 또한 범죄 피해자에게 직접소추를 할 수 있는 사소권(私訴權, Action civile)을 인정함으로써 검찰의 자의적 공소권 남용에 대한 제한적 장치를 마련하고 있다. 범죄 피해자는 가해자를 형

---

1   김택수, "프랑스 검찰제도의 생성과 발전과정에 관한 연구", 〈경찰학연구〉 제9호(2005) 참조.

사법원에 직접 소환의 방식으로 범죄피해의 배상을 요구하는 사소를 제기할 수 있고, 검사의 불기소처분이 있더라도 범죄 피해자가 예심판사에게 사소당사자가 되는 신청을 하여 공소권을 발동시킬 수 있다. 프랑스 형사소송법 제2-1조 이하에서는 피해자의 동의를 얻어 또는 단독으로 일정한 범죄에 대하여 사소를 제기하거나 공소에 참가할 수 있는 법인격을 갖춘 단체들을 열거하고 있다. 다만 이들 단체는 범죄의 행위 시를 기준으로 5년 전에 법률에 의한 등록이 되어 있어야 하고 공익성을 추구해야 한다.

독일 역시 개인생활과 밀접한 관련이 있는 범죄에 대하여 언제나 피해자나 그 대리인이 사인소추를 할 수 있고, 이와 동시에 소송참가제도를 인정하여 범죄 피해자의 형사절차 참여권을 제도적으로 보장하고 있다.[2] 영국도 사인소추를 인정하고 있다.

현 정치제도, 시민 참여에 대한 철저한 배제

하지만 우리 사회에서는 시민의 권리가 철저히 봉쇄되어 있다.

지금 우리에게는 어떠한 권리도 주어진 것이 없다. 속수무책(束手無策), 그야말로 손발이 묶인 채 아무 것도 할 수가 없다.

선거하는 날 하루 투표하는 것 이외에 시민의 권리는 거의 보장되어 있지 않다. 더구나 그 투표는 선거제도부터 소수 야당의 장내 진입이

---

2   한편 독일에서는 직업법관 외에 시민 명예직 법관, 즉 참심(參審) 법관들이 소송에 참여하고 있다. 이들 참심법관의 숫자는 약 60,000명 정도로서 직업법관 숫자의 10배이다. 모든 국민이 참심법관의 임용을 받아들여야 할 법적 의무가 있고, 독일에서는 이렇게 형사사법에 명예직 시민법관이 참여하는 것을 민주적 법치국가의 가장 중요한 요소로 이해하고 있다.

아예 봉쇄되고 정치 신인의 진입 역시 거의 막힌 채 여야 두 정당 후보 중 한 명을 뽑는, 그리하여 선택권을 사실상 봉쇄한 과정에 불과하다. 시민들의 참여에 대한 요구는 대부분의 경우에 어김없이 위헌이나 현 사법체계에 대한 도전과 훼손으로 낙인찍힌다.

그런 의미에서 우리의 경우는 민주주의가 아니다. 이 나라의 국가 운영은 정부, 국회 그리고 관료 및 검찰 등 소수 엘리트에 철저하게 독점되고 있다. 정치권은 진입의 장벽을 허물기는커녕 정치신인과 소수 야당의 진입을 봉쇄하는 장벽이 갈수록 더욱 철벽화된 채 '그들만의 리그'만이 확대재생산되어 왔으며, 관료들의 철밥통과 진입 장벽 역시 철옹성과도 같이 시민들을 둘러싼 채 우뚝 버티고 있다. 무소불위의 검찰은 더 말할 필요조차 없다.

이러한 상황에서 민주주의의 주체가 되어야 할 시민은 정작 국가운영 시스템에서 철저히 배제된 채 단지 지배 및 통치 대상으로 전락되고 말았다. 그러니 4대강사업이나 원전에 대하여 시민이 이를 막을 아무런 방법이 존재하지 않는다. 진상을 밝혀달라는 세월호 유가족의 한 서린 호소 역시 광화문의 소음 속에 파묻혔다.

이것이 결코 민주주의일 수는 없다.

국제적 기준의 민주주의와 이 나라의 정치체제의 가장 큰 차별점은 시민을 완전하게 배제시키고 있다는 지점에 존재한다. 시민의 권리 실현을 위하여 각 분야에 있어 국가 운영의 권력을 시민에게 부여하지 않고 권력층이 독점하면서 시민의 참여를 철저하게 봉쇄, 배제하고 있는 체제이다.

이 땅에 민주주의가 존재한다고 주장하려면, 무엇보다도 각 분야에서 주인으로서의 시민의 권리 보장이 제도적으로 시행되어야 한다. 이를 위하여 언필칭 '국민의 대표'로 선출된 국회, 특히 야당이 나서서 시민의 권리 실현을 위한 제도적 장치를 마련하는 일에 최우선적으로 나서야 한다.

'국민(國民)'을 극복하고
'시민(市民)'으로

'국민'이라는 용어는 우리 사회에서 지나치다 싶을 정도로 많이 사용되고 있다. 특히 정치인들은 입만 열면 '국민'을 내세운다.

'국민'과 대비되는 개념은 바로 '시민' 혹은 '공민(公民)'이다. '시민(citizen)'이란 정치에 참여할 수 있는, 즉 참정권(선거권과 피선거권)을 가졌으며 동시에 국가권력에 대한 감독권을 지닌 사람들을 지칭한다. '공민'에서 '공(公)'이란 우리나라에서 '국민 전체' 혹은 '국가'의 '전체'라는 측면만을 강조하여 사용되고 있지만, 기실 "한 사람 한 사람이 개인으로서 자각을 하고 사회에 참여한다."는 주체적인 개인주의의 인간관이 강력하게 반영되어 있다.

그리하여 우리가 흔히 말하는 이른바 '전체(全體)'는 책임과 의식을 지닌 개인 한 사람 한 사람으로부터 성립된 것이다. 이에 반하여 '시민(혹은 공민)'이라는 개념은 역사적으로 절대 왕정을 타파하는 과정에서 무능하고 부패한 절대 권력에 맞서는 '자유인의 정치적 실존 방식'으로 형상화되었다. 그리하여 시민이라는 개념은 자신의 사적 이익과 함께 공공의 이익도 동시에 추구하는 존재였다. 결국 '시민'이란 '국가 또는 사회의 능동적 구성자' 또는 '국가 또는 사회를 만드는 개인들'로서의 '시민'의 참여는 국가의 주요 정책에 대한 결정 과정에서 보편적인 수단이 되었고 민주적 행정의 중요한 특징 중의 하나가 되었다.

'국가 신민(國家 臣民)' 개념으로서의 '국가(國家)'와 '국민(國民)'

'국가(國家)'라는 한자어는 원래 제후가 다스리는 '국(國)'과 경대부(卿大夫)가 다스리는 '가(家)'의 총칭으로서 "특정한 경계(境界)를 가진 지배지(支配地)와 지배민(支配民)"을 의미하고 있다.

중국 고대 주(周) 왕조는 정치와 혈연이라는 두 가지 기준에 의하여 '가(家)'와 '국(國)'이 일체화된 종법권력 체제를 구축하였다. 그리하여 혈연상의 친소와 혈통상의 적서(嫡庶)를 기준으로 하여 모든 사회가 각기 서로 다른 '대종(大宗)'과 '소종(小宗)' 체계로 구분되었다.

먼저 주 왕조의 천자는 희(姬) 씨 성의 종주(宗主)로서 천하의 대종으로 되었으며, 다음으로 천자의 동성 형제들은 천하의 소종으로서 각 제후국에 봉해졌다. 제후는 천하의 소종으로서 천자의 관할 하에 놓여졌지만, 동시에 그 제후는 해당 제후국 내에서 다시 봉국(封國)의 대종으로 되고, 경대부(卿大夫)는 제후국 내의 소종으로서 제후의 지배를 받았다. 그리고 경대부는 제후로부터 하사받은 채읍(采邑)에서 다시 대종의 신분이 되었다.

또한 중국 고대 주(周) 왕조는 '국(國)'과 '야(野)', '도(都)'와 '비(鄙)'를 별도로 구분하여 관리하는 행정체제를 운영하였다. '국(國)'과 '도(都)'는 규모가 큰 도시였으며, 귀족과 평민은 '국인(國人)'의 신분으로서 그

안에 거주하였고, 이 '국인'에 직접적으로 복무하는 소수의 노예는 '국(國)과 '도(都)' 사이에 거주하였다. '야(野)'와 '비(鄙)'는 향촌으로서 많은 서민들과 대규모 노예들이 거주하였다. '국(國)', '도(都)', '야(野)', '비(鄙)'에는 모두 상응하는 행정관리 기관이 설치되었다.[3]

한편 일본에서는 율령(律令) 용어에서 '국가'란 곧 천황을 의미해왔다.

여기에서 알 수 있듯이 '국가'란 단지 가족의 질서가 확대된 개념이며, 자율적인 시민사회의 존재는 상정되지 않는다. 오로지 특정한 영토 내에 살고 있는 지배 대상으로서의 신민(臣民)이라는 개념이 있을 뿐이다. '신민'이란 사회라는 집단적 활동에 참여할 수 있는 권리와 의무를 모두 지닌 '시민' 혹은 '공민'과 결코 동일한 의미가 아니다.

결국 '국민'이라는 용어는 국가에 속하는 개별적 인간들을 총칭하는 수동적이고 피동적인 존재를 의미하며, 따라서 주체적이고 능동적인 존재를 드러내지 못하고 있다. 우리가 일상생활에서 어느 특정한 용어를 사용하게 되면 그로 인하여 어떤 특정한 범주의 개념이 설정되며, 또 역으로 그렇게 설정된 특정의 개념 범주로 인하여 사람들로 하여금 심리적으로 특정한 행동을 하도록 유도한다.

결국 '국민', '국가'라는 '국가주의'가 깃든 용어의 사용은 '국가신민(國家臣民)'으로서의 이데올로기를 주입시켜 공개적으로 그리고 잠재적으로 국가라는 '전체'에 개인들을 끊임없이 피동화시키고 그것에 대한 소속감과 함께 충성심을 부여하고 고취하도록 만드는 역할을 하게 된다. 결국 이러한 국가주의는 시민사회의 발전을 철저하게 가로막고 차단하게 된다. 지금은 '초등학교'로 명칭이 바뀐 '국민학교'라는 용어는

---

3   朱勇,《中國法制史》, 法律出版社, 2007, 28쪽.

'황국신민(皇國臣民)' 혹은 '국가신민(國家臣民)'을 양성한다는 일제의 초등교육 정책으로부터 비롯된 것이다. 그리고 원래 '국민학교'라는 명칭은 나치독일의 전체주의 교육을 상징했던 '폴크스슐레'(Volksschule)에서 연원하였다.

'국민'이라는 용어의 범람 현상이야말로 우리나라가 아직도 전체적으로 총체적인 국가주의 그리고 그와 긴밀하게 연동되어 작동되는 국가신민으로서의 사고방식의 틀에서 아직 벗어나지 못하고 있음을 여실히 반영하고 있는 척도이다.

'국회'가 아니라 '민회'로 되어야

몇 년 전에 국회를 방문했던 독일의 저명한 입법학자 카르펜(Karpen) 교수는 국회의사당 본회의장 한복판의 국회 마크를 보며 그 가운데 새겨진 것이 나라 '국(國)' 자라는 사실을 알고 '國' 자를 시민, 대중을 의미하는 '民' 자로 대체하는 것이 마땅하지 않느냐고 한 바 있었다.

사실 우리의 '국회'가 '나라 국(國) 자'를 군이 사용해야 할 필요성은 별로 없다. 원래 '국회(國會)'라는 단어가 처음 나타난 곳은 중국 고전 《관자(管子)》로서 "국가의 회계(會計)"라는 뜻으로 쓰인 용어이다.

현대적 의미로서의 '국회'는 1861년 출판된 중국의 《연방지략(聯邦志略)》이라는 책에서 'Congress'의 번역어로서 채용되어 일본으로 유입되면서 일반화되었으며, 한국에서는 수신사 기록인 《일사집략(日槎集略)》(1881년)에 그 용례가 처음 나타나고 있다.

미국이나 영국, 독일 등 나라에서는 '국회'라는 용어를 사용하지 않고 '의회'라는 용어를 사용하고 있지만, 오직 일본 그리고 일본이 만들어낸 용어를 계속 사용하고 있는 한국과 타이완만이 '국회'라는 용어를 사용하고 있을 뿐이다.

'의회(議會)'라는 용어는 라틴어로부터 비롯되었는데, 그 본래의 의미는 "담화(談話) 방식의 변론"으로서 처음에는 '대표들의 집회'라는 형식으로 나타났다. 국가마다 그 명칭이 달라 영국은 의회(議會: Parliament), 프랑스는 삼부회(三部會: Etats gen raux), 스페인은 코르테스(Cortes), 러시아는 두마(Duma) 등으로 칭해지고 있다. 원래 'Congress'는 'come together'로부터 온 단어이고, 'Parliament'는 프랑스어 'parler'에서 비롯된 단어로서 '말하다'의 의미를 지니고 있다. 'Etats gen raux'는 '세 나라의 대표'라는 의미이며, 'Duma'는 '둥근 천장이 있는 재판정'이라는 뜻을 지니고 있다. 여기에서 의회라는 용어의 어원이 '모이다', '대표', '말하다', '재판정' 등이며, 결국 이러한 개념들이 의회의 '내용'임을 알수 있다.

현재 우리가 사용하고 있는 '국회'라는 용어는 '국(國)' 자를 사용함으로써 견제대상으로서의 '국가' 이미지를 거꾸로 차용하여 마치 '국가의대표'라는 이미지를 가지게 되었다. 이로 인하여 결국 '시민으로부터 벗어나 거꾸로 시민을 지배하는' 권력의 이미지를 제공하게 되었다.

본래의 '실질'과 의미를 반영하여 "시민 대표의 회의체"라는 의미의 '민회(民會)'로 바꾸거나 '공민(公民)'의 회의체라는 의미로 '공회(公會)'라고 바꾸는 것이 타당하다. 그리하여 정부 권력(=국가 권력)이나 대통령을 견제하는 3권 분립의 한 축으로서 '국가의 대표'로서의 의미가 아니라 반드시 '시민의 대표'라는 의미를 나타내야 하는 것이다.

만약 이러한 '민회(民會)'라든가 '공회(公會)'라는 용어에 거부감이 강하다면, 가치중립적인 용어로서 최소한 다른 나라에서 보편적으로 사용되고 있는 "의논하고 회의한다."라는 의미의 '의회'로 바꾸어야 할 것이다. 우리에게 너무 익숙하게 관행화된 두 글자로 된 단어 사용에서 벗어나 아예 '대표(자)회의'이나 '대표모임' 등으로 원래의 의미를 고스란히 담는 방안도 고려될 만하다.

'정치적 자유'란
무엇인가?

사람들은 '정치적 자유'를 이야기한다

그렇다면 과연 우리는 지금 진정한 정치적 자유를 가지고 있는가? 이전 시기 우리는 암흑의 군사독재를 경험한 바 있다. 저들의 적나라한 강압과 폭력에 짓눌린 채 '민주'와 '자유'라는 말을 입 밖에 낼 수조차 없었다. 분명 지금은 그때에 비하여 상당히 많은 정치적 자유가 주어졌다고 할 수 있다. 대중들의 투쟁에 의하여 쟁취해낸 것이다.

그러나 다시 생각해보면, 우리는 지금 그저 말로만 입 밖에 낼 수 있을 뿐 우리의 각종 '요구'들은 사실상 거의 실현되지 않는다. 정치권력만이 아니라 자본의 막강한 힘이 가해지고 관료집단 그리고 제도언론이 이심전심 자발적으로, 그러나 철저하게 결합함으로써 대중의 정치적 자유는 '구조적으로 억압'되고 있다. 흔히 '정치적 자유'라 하면 단순히 개인의 인권 보장 차원에서 간주되지만, 현대적 의미에서의 '정치적 자유'란 보다 폭넓게 "인간의 존엄성을 보장하기 위하여 국민의 동의와

협력을 바탕으로 법과 정의에 입각한 강제가 없는 상태"라고 이해되고
있다.

사실 '정치적 자유'의 개념을 일의적으로 설명하기란 매우 어렵다.
고전적 자유주의에서 정치적 자유는 주로 개인의 기본권 보장을 위하
여 법에 따라 강제가 없는 상태라는 점에 초점이 있고 특히 인권 보장
에 역점을 두는 반면, 현대 자유주의는 개인의 인권 보장이 개인과 집
단의 협력과 대중의 참여로 가능하다고 본다. C.B. 맥퍼슨(Macpherson)
에 따르면, 자아 발전을 위한 평등한 권리가 곧 자유이고, 그러한 자유
는 시민들의 능력과 공공사회 의식, 평등을 선행조건으로 하여 정치적
참여를 통하여 달성되고 동시에 정치적 참여가 그 선행조건을 제고시
킨다.

선거, 그들만의 리그

'공(公)'을 추구할 '의지'를 발견하기 어렵고 또 그것을 실천할 능력
도 거의 갖추고 있지 않은 제도권 정당들은 '너무도 유사하여 그 특성
이 잘 구별되지도 않는' 자기들의 '선수'들을 선거라는 '링'에 올려 보낸
다. 마치 이 땅의 맥주 시장처럼 철저한 독과점 시스템으로 짜여진 '정
치 시장'에서 대중들은 오직 "OB냐, 하이트냐"식의 '강요된 선택'만을
강제 당할 뿐이다. 이 강요된 선택을 거부하고 그러한 맥주들을 마시
지 않겠다고 하면, 이제 '민주시민'이 아니라면서 비난한다. 하지만 이
것이 결코 '정치적 자유'일 수는 없다. 보수 세력과 차(次)기득권 세력으
로서의 제도권 야당은 겉으로 보기에 서로 대립하는 것 같지만, 실제로
는 결국 권력의 독과점 체제를 유지하는 '적대적 공존 관계'의 동맹자이
다. 차(次)기득권 세력은 '차악(次惡)과 차선(次善)의 선택'만을 강요하면

서 끊임없이 '임박한 당면과제를 위한 대동단결'과 이른바 '민주대연합'을 강박한다.

우리 사회는 대통령선거를 비롯하여 국회의원 선거 그리고 지자체 선거 등 각종 선거가 참으로 많기도 하고, 더구나 이들 선거가 끝났는가 하면 또 시의적절하게도 보궐선거가 나타나 그야말로 매년 '선거 잔치'가 이어진다. 여기에서 정당들은 이른바 풍요로운 '공천 장사'를 할 수 있고, 선거연합을 명분으로 한 각종 합종연횡이 횡행한다. 이 총체적 과정은 정당들로 하여금 대중에 뿌리를 내리는 본연의 활동이 아니라 항상 임시방편적인 정치공학에 매몰하게 만든다. 특히 보궐선거의 경우 일반적으로 유권자들의 견제의식이 작동됨으로써 선거에 패배한 정당의 자기개혁 기회를 원천적으로 봉쇄하는 기능을 하게 된다. 이 점에서 우리의 보궐선거도 차점자가 계승하는 방안이나, 아니면 본 선거에서 유권자들이 선택했던 정당에서 차례로 계승하는 방안도 고려되어야 할 것이다.

정당 보조금 폐지 운동

흔히 정당은 민주주의의 꽃이라 칭해진다. 그렇다면 현재 우리의 정당도 과연 꽃이라 불릴 수 있을까?

그러나 우리 정당의 실상은 꽃은커녕 정반대로 오늘날 대중들이 가장 싫어하고 불신하는 집단이 바로 정치인들이다.

당리당략, 탐욕, 말 바꾸기, 기회주의, 반대를 위한 반대, 탐욕, 거만함 등이 그들에 대한 이미지이다.

'정당'이라는 말의 영어 단어는 'party'이다. 그런데 사실 '당(黨)'이라는 한자어는 예로부터 좋지 않은 의미로 사용되어 왔다. 실제로 《논어》

에도 "君子, 群而不黨"이라 하였다. 즉, "군자는 사람들과 잘 어울리지만, 무리를 이뤄 사적인 이익을 취하지 않는다."는 말이다. 주자(朱子)는 《사서집주(四書集注)》에서 '당(黨)'에 대하여 "相助匿非曰黨", 즉, "서로 잘못을 감추는 것을 黨이라 한다."라 해석하고 있다. 《설문(說文)》에는 "黨, 不鮮也"라고 풀이되어 있다. '당(黨)'이란 '흐릿하여 선명하지 못하다'라는 의미라는 것이다.

이렇듯 '당(黨)'이라는 글자는 "공동의 이익을 위하여 함께 거짓말로 사람을 속이다"는 의미를 지니고 있는 것이다. 참으로 "입으로는 온갖 감언이설 미사여구 늘어놓으면서 실제로는 멸공봉사(滅公奉私), 패거리를 지어 자신들의 이익을 위해 누가 뭐라 하든 끈질기고 필사적으로 '투쟁'하는" 우리의 정당 모습을 촌철살인 그대로 표현해주는 기가 막힌 조어(造語)가 아닐 수 없다.

이제 시민을 지키는 호민관의 역할 수행은 방기하면서 관료집단과 결탁하고 오로지 당리당략의 기득권에 취한 정치권에 대한 압박 수단으로 정당에 대한 국가 보조금 삭감내지 폐지 운동이 필요하다. 예를 들어, 이탈리아에서는 시민들의 정당에 대한 국가 보조금 폐지 운동을 통해 정당에 대한 국가 보조금이 폐지되었다.

1980년, 우리나라에 정당 국고보조금 제도가 시행된 뒤 2013년까지 33년 동안 무려 1조 900억 원의 국민 세금이 여야 각 정당에 보조금으로 지급되었다. 또 2014년 한 해에 우리 국민의 세금으로 정당에 준 국가 보조금은 총 800억 원으로서 새누리당에 지급된 보조금은 363억 원, 새정치민주연합 338억 원, 옛 통합진보당 60억 원, 정의당 41억 원 등이었다. 하지만 우리 정당들은 그토록 엄청난 국민들의 세금을 펑펑 쓰면서도 정작 깊은 불신과 탄식 그리고 비할 바 없는 좌절을 안겨주는 일 외에 다른 '아웃풋(output)'은 거의 없는 집단이다. 심지어 국민의 혈세로 정당에 제공된 이러한 보조금들이 유흥업소 회식비나 안마비용으로 처리된 사실도 밝혀졌다. 유능한 정치 신인 및 새로운 정당의 장내 진입을 철저히 봉쇄하면서 국민의 세금이 제멋대로 향유되고 있는 것이다. 어느 저명한 논객은 청년들에게 정당에 쳐들어가라고 권했지만, 사실 현재 우리 정당의 모습은 이미 수리하여 다시 사용할 수 있는 수준을 훨씬 넘어섰다. 그리하여 쳐들어가서 철저하게 개변시킨다는 의미가 아니라면 쳐들어갈 필요조차 없으며, 오직 '파괴하고, 대체해야할 대상'일 뿐이다.

선거 제도의
개혁을 위하여

    예전에 필자는 우리 사회의 고질적 병폐인 지역주의와 지역 차별이 곧 끝날 줄 알았다. 최소한 양김 이후에는 반드시 사라질 줄 알았다. 그러나 사라지기는커녕 오히려 더욱 강화된 채 맹위를 떨치고 있다. 더구나 앞으로도 해소될 가능성이 도무지 보이지 않는다. 박정희 이후 8명의 대통령 중 김대중 외에 모두가 영남 출신이다. 현재 입법부, 사법부 그리고 행정부의 수장이 모두 영남 출신인 것은 더 이상 말할 필요도 없다. 심하게 말하면, 이전에 "우리가 남이가" 발언으로 오히려 보수표의 대대적인 집결을 불러일으킨 사건을 응용한 '호남 왕따주의'에 심리적 토대를 둔 권력으로 볼 수도 있다. 더구나 야권의 차기 유력 대권후보조차 모두 영남 출신이다. 실로 앞길이 보이지 않는 지역 패권주의의 심각한 상황이 아닐 수 없다.

    선진국들은 각 지역이 오랜 지역 자치의 전통과 시민역량이라는 기본이 존재하고 있다. 이를테면, 미국의 카운티(county)에서는 그 지역의 시장을 비롯하여 보안관, 판사, 검사장, 감사원장을 주민이 직접 선출한다.

이러한 제도는 지역 자치 전통의 오랜 역사적 배경을 지니고 있다. 처음 미국에 건너간 이주민들은 같이 배를 타고 와 정착한 동료들과 생활의 근거지를 형성하였는데, 이것이 곧 타운(town)이었다. 인구가 약 2천 내지 3천 명에 이르렀던 타운(town)에서 주민과 밀접한 업무는 자신들의 손에 의하여 마을집회(town-meeting)에서 직접결정 방식으로 처리되었다.

주민들이 직접 처리할 수 없는 업무는 마을에서 선출된 사람들에 의하여 처리되었는데, 그들은 주민들이 위임한 실무적인 일만 처리하였을 뿐, 공적인 일에 대한 판단은 주민들의 직접 투표로 결정하였다. 타운에는 주요 행정기능을 수행하는 다수의 관리들이 있었는데, 이들 역시 마을집회에서 직접 선출되었고 그 공적 업무에 충실하지 못하면 책임이 뒤따랐다. 이러한 주민 자치제도는 특히 뉴잉글랜드(New England)에서 1650년에 확고하게 정착되었고, 타운의 독립성 역시 확고부동하게 자리 잡았다.

'무늬만' 자치

이제 우리도 이러한 직접민주주의의 확대와 함께 중앙 관료의 권한을 대폭 축소시켜 지방에 이양함으로써 '무늬만' 자치인 지방 자치를 실질화해야 한다. 예를 들어, 우리나라의 국세와 지방세 비율은 79대 21(8대2)이다. 그리하여 이른바 '2할 자치'라는 말까지 나오고 있다. 지자체 파산제가 운영되는 미국과 일본의 국세와 지방세 비율은 각각 56대 44, 57대 43이다. 그리고 독일의 경우는 50 대 50이다. 실질적 지방 자치는 재정적 자율성을 강화하는 재정 분권이 이뤄져야 한다. 특히 세월호 참사에서 확인한 바처럼 중앙이 아니라 현장(現場)이 강하고 해당 지역이 주도해야 비로소 시민(주민)의 안전과 생명도 보장될 수 있게 된다. 진정한 의미의 지방 자치의 실현이 필요하며, 차제에 미국이나 독일식의 연방제가 갖는 장점을 반영하는 제도의 도입도 고려해야 한다.

기본적으로 양당제를 시행하는 국가에서 자본과 기업 친화적인 보수파 정당이 집권할 확률이 매우 높다. 통계연구에 의하면 약 75% 정도의 확률이라 한다(여기에서의 주장과 논리는 최태욱 한림대 교수의 논지를 인용한 것이다). 이는 선거 결과를 좌지우지하는 중산층 혹은 중도파 시민들이 일반적으로 집권 후 좌경화하여 자신들에게 더 많은 세금을 부과할 가능성이 있는 진보적 정당에게 투표하기를 꺼려하기 때문이다.

이 75%의 법칙은 한국의 경우에도 그대로 적용된다. 민주화 이후 노태우 정부에서 박근혜 정부에 이르기까지 총 여섯 번의 정부 중 노무현 정부만이 하나의 진보적 정당으로 구성된 정부였고, 김대중 정부는 진보파와 보수파 정당 간의 연립정부였으며, 나머지는 모두 단일 보수파 정당의 정부였다. 따라서 1.5번의 진보 정부와 4.5번의 보수 정부의 역사라고 할 수 있는데, 그렇다면 보수 정당의 집권기간은 정확히 전체의 75%였던 것이다.

그런데 양당제에서는 진보 정당이 정권을 잡을지라도 그 정책 기조가 진보적일 가능성은 그리 높지 않다. 양당제 국가의 선거정치 결과는 대개 중산층 유권자들이 보수와 진보 정당 중 어느 쪽에 표를 더 많이 주느냐에 따라 결정된다. 따라서 진보 정당의 입장에선 어떻게든 중산층 표를 더 많이 확보하는 것이 가장 중요한 일이 된다. 그렇기 때문에 양당제 국가의 진보 정부들 역시 중도적인 정책들을 양산해내게 된다.

독일과 미국의
연방제 제도

독일에서 연방제 원칙은 국가의 영토를 16개 주로 나누어 각기 주권을 가진 주와 연방이 국가권력을 분점하여 상호 협력하고 또 경쟁한다는 원칙이다. 연방정부의 권력은 입법, 사법 그리고 행정부로 3권 분립되어 있으며, 연방대통령, 연방의회, 연방정부, 연방헌법재판소 등의 헌법기관과 다수의 행정기관이 있다. 연방정부는 내각책임제 형태로 연방의회에서 선출된 연방수상이 국정운영의 실질적 권한을 행사하고 연방대통령은 형식적인 권한만을 행사한다. 연방의회는 국민의 직접선거에 의하여 선출되며 임기 4년이다.

독일 정치체제를 '수상민주주의'라 할 만큼 연방수상의 역할은 중요하다. 연방수상은 국정운영의 최고 책임자이며, 정치행정의 핵심이다. 연방수상은 정책노선 결정권, 조각권, 비상시 군 통수권, 국가경영권을 가진다. 외면적으로 독일 연방수상의 역할은 절대적인 것처럼 보이지만, 독일이 항상 연립정부를 구성해왔기 때문에 수상의 권한 역시 제한될 수밖에 없다.* 그러므로 정부운영에서 조정과 합의가 강조된다.

독일의 16개 주는 원칙적으로 독립국가의 성격을 가지고 있다. 주는 연방정부와 동일하게 독자적인 헌법을 보유하고 의회와 정부를 구성한다. 주는 고유의 입법부, 사법부, 행정부가 있고, 자체적으로 행정기관을 운영하면서 단순한 행정구역이 아니라 주권을 보유한 국가로서의 지위와 권한을 가지고 있다.

---

* 양현모, "독일 국정운영의 기본 이념: 분권과 합의정신",「세계지역연구논총」32집 1호 참조.

입법권의 경우 대부분이 연방정부의 '독점입법권'에 속하지만, 행정권의 경우에는 주로 주 정부에게 부여된다. 즉, 연방정부가 외교, 국방, 재정, 통계 및 특허 등 일부 사항에 대한 권한을 행사하고, 그 밖의 분야는 모두 주 정부에 귀속된다. 때로는 연방과 주의 사무 배분이 불명확하여 갈등이 발생하기도 하는데, 이러한 이유로 인하여 합의가 강조된다. 연방수상은 정기적으로 주지사들과 회동하여 주요 현안에 대하여 논의한다.

특히 연방평의회는 국민 대표기관인 연방의회와 달리 16개 주 대표들의 기관으로서 국가권력의 배분에 있어 연방정부와 주 정부가 상호 협의하고 경쟁하는 장(場)이다. 여기에서 주 간의 갈등과 이익을 조정하기도 한다. 연방정부는 이 연방평의회의 심의와 동의 과정을 거치지 않고서는 정부의 입법안을 직접 연방의회에 제출할 수 없다. 결국 이러한 연방제의 기본 정신은 분권과 합의 정신이다.

한편 연방장관은 자신이 책임지고 있는 부처에 대하여 독자적으로 정책을 결정한다. 연방수상을 비롯하여 누구도 연방장관에게 명령하거나 징계할 권한이 없다. 그의 공식적 신분은 공무원이 아니며 정당 소속의 직업정치가이다. 독일에서 정책 집행은 대부분의 경우 연방수상이 아닌 각 부처 장관의 책임 하에서 추진된다. 연방장관은 의회, 즉 국민에게만 정치적 책임을 지며, 한번 임명되면 특별한 정치적 과오가 있지 않는 한, 대부분 연방수상과 임기를 같이한다. 연방장관의 임면은 대부분 선거 전에 예비내각을 구성하는 것이 일반적이며, 선거 후에도 연합정부에 참여한 정당에서 협의하여 결정한다.

연정은 독일 기본법 또는 기타 법률에 명문화되어 있지 않은 제도이다. 그러나 독일의 1949년 정부 수립 이후 연방과 주 정부의 구성에 있어 거의 대부분 연정의 구성이 일반화되어 왔다. 특히 연방정부 구성에 있어 정부 수립 후 1개 정당이 권력을 독점한 적이 한 번도 없으며 항상 2개 이상의 정당이 연합하여 정부를 구성하였다. 따라서 군소 정당도 연합 형태로 국정 운영에 참여하여 캐스팅보트 역할을 하는 것이 일반화되어 있다.

　미국 역시 역사적으로 지방정부가 먼저 존재하였고 사실상 해당 지역에서 조세권을 제외한 모든 권한을 보유하고 있는 곳이 지방정부이다. 주 정부는 외교권과 교전권(交戰權)을 제외하고 주권국가가 보유하고 있는 권력의 거의 모든 것을 가지고 있다. 주 정부는 주 자체의 의회, 법원, 행정부가 있고 각 주에 필요한 기능을 수행하고 있으며, 따라서 하나의 독립된 정부라 해도 무리가 없다.

결국 양당제 국가에선 사회경제적 약자들의 선호와 이익을 대표하며 신자유주의에 과감히 맞설 정부의 탄생을 기대하기가 매우 어렵다. 반(反)신자유주의 기조를 분명히 하는 거대정당이 존재할 수도 없으며, 설사 그와 유사한 정당이 있을지라도 그 정당이 집권할 가능성은 매우 낮다. 또 집권한다고 해도 그 정부가 자본과 시장의 논리를 거스르는 획기적인 진보 정책을 내놓는 일은 거의 발생하지 않기 때문이다.

그런데 신자유주의의 극성기이던 1980년대와 1990년대를 돌파하여 지금까지도 의연히 안정적인 복지국가로 그 위상을 자랑하고 있는 독일, 네덜란드, 오스트리아, 스웨덴, 덴마크, 노르웨이 등의 거의 모든 유럽 선진국들은 공히 비례대표제-다당제-연립정부로 구성되는 합의제 민주국가들이다.

독일식 비례대표제 등과 같이 사회구성원들의 지지율에 비례하여 각 정당에 의석이 배분되는 선거제도를 도입해야 한다. 예를 들어, 녹색당이 비례대표 투표수의 5%만 얻게 되면 녹색당은 15석을 가지고 남부럽지 않게 제도권에 진입하게 된다. 또 전에 안철수가 만약 민주당과 통합하지 않고 평소의 25%대의 지지율을 유지하며 중도정당을 따로 만들었다면, 비례대표제에서 75석 정도의 튼튼한 정당으로 일약 발돋움할 수 있었다. 굳이 민주당과 통합할 필요가 없고, 정치 개혁을 갈구하는 대중적 욕구도 충족시킬 수 있었다.

더구나 합의제 민주국가에서는 돈보다는 생명, 경제적 효율성보다는 사회적 형평성, 경쟁보다는 연대, 성장보다는 분배와 복지를 중시하는 중도좌파 성격의 정부가 구성될 확률이 중도우파의 경우에 비해 압도적으로 높다. 통계연구에 따르면, 그 확률은 무려 75%에 이른다. 또 다른 '75%의 법칙'인 셈이다. 이렇게 하여 진보와 중도 그리고 보수에 걸쳐 셋 이상의 유력정당들이 상존하는 다당제가 구축되면 단일 정당이 의회의 다수파가 될 가능성은 적어지고, 연립정부 수립에 대한 압력이 일상화된다. 일반적으로 사회구성원들의 대다수가 사회경제적 약자들인 만큼 비례대표제를 실행하는 국가에서는 그 약자들의 선호와 이익을 대표하여 생태, 환경, 안전, 복지, 경제민주화 등을 강조하는 진보 및 중도 진보 정당들이 다수 존재하게 된다. 그리고 중도정당이 보수정당보다는 진보정당과 연립정부를 맺는 일이 훨씬 많게 된다.

비례대표의 확대와 결선투표의 도입

한편 오늘날 우리 정치권은 지역 독점을 토대로 하여 양당제의 철저한 독점의 벽을 구축하고 동시에 소수 야당의 진입을 완전 봉쇄하고 있다. 이러한 현실을 극복하기 위해서는 무엇보다도 소선거구의 현 선거제도를 중대선거구제도로 전환할 필요가 있다. 예를 들어, 현재 12개 선거구가 있고 모두 여당이 독점적으로 당선된 대구의 경우 선거구를 나누지 말고 대구를 하나의 대선거구로 하여 12명을 선출하는 것이다. 광주 역시 마찬가지로 대선거구제를 시행한다. 그렇게 되면 하나의 정당의 싹쓸이를 어느 정도 방지하면서 소수 정당 및 무소속 당선 가능성을 높여 지역 패권을 완화시킬 수 있게 된다. 특히 광역별 비례대표제도의 실시는 유효한 방안이 될 것이다.

구조적으로 여당과 야당의 양당 후보만을 지속적으로 당선시키고 있는 우리의 현행 소선거구 선거제도는 국민의 정당 선택권에 대한 부정이며, 하루빨리 '정당명부 투표제에 의한 비례대표제'로 바꾸어야 한다. 미국의 양당 제도는 이제까지 오랫동안 미국 정치의 장점으로 역할해왔다. 그러나 다원화되는 사회계층의 이해와 다양화되는 사회문제를 포괄해내는 데 경직성을 나타내며 오히려 미국 쇠퇴의 한 요인으로 작동하고 있다. 이와 달리 독일과 프랑스의 경우에는 상대적으로 광범한 대중에 토대한 사회당의 존재에 의하여 대중들의 이해가 보다 강력하게 정당정치에 반영됨으로써 그만큼 정치적 사회적 안정성을 지니고 있다고 볼 수 있다.

민주주의에서 다수결의 원칙 못지않게 소수 의견에 대한 존중 역시 중요하다. 독일은 1인 2표제로서 제1표는 지역구에 제2표는 정당에 투표하여 의원의 절반은 정당투표에 의한 비례대표제로 선출하고 있다. 이렇게 비례대표제를 실시하고 있기 때문에 자민당과 같은 소수 정당도 의회진입이 가능하게 된다. 이를테면 '알바 노동자'들의 권리를 주장하는 정당의 경우, 지역구에서 당선되기는 어렵지만 전국적으로는 일정한 지지율을 얻어 비례 대표 의원을 배출해낼 수도 있다. 이렇게 '알바 노동자' 의원을 성공적으로 만들어내게 되면 '알바 노동자'의 이익을 전문적으로 대변하고 그 권리를 옹호하는 역할을 수행하여 실제 '알바 노동자'들의 권리를 확장시켜낼 수 있다. 이러한 일은 기존 (보수) 정당에서 기대하기 어렵다. 왜냐하면 기존 정당들은 구조적으로 '알바 노동자'의 권익 옹호에 전념할 수 없을뿐더러 사실은 전혀 아무런 도움을 주지 못한 채 오히려 대부분의 경우 '알바 노동자'에 대하여 불리한 정책을 내놓게 된다(기존 정당은 자신들이 모든 대중들의 이익을 옹호한다고 주장하지만 이는 역설적으로 어떤 대중의 이익도 대변하지 않고 있음을 드러낸다. 그리고 사실 그들이 대변하는 것은 바로 기득권층의 이익이다). 비정규직 노동자의 경우에서도 동일한 논리가 적용된다.

한편 현재 정치 개혁을 어렵게 만들고 있는 주요한 요인 중의 하나가 정당 공천의 존재이다. 우리는 서울 동작구 보궐선거 당시 벌어진, 마치 서부활극과도 같았던 어이없는, 그러나 탐욕스러웠던 공천 현실을 목격한 바 있다. 이러한 정당 공천 문제를 해결하고 정치 개혁을 앞당기기 위하여 대통령 선거만이 아니라 국회의원 선거에도 결선투표제를 적용하는 방안이 적극 고려되어야 한다.

미국 캘리포니아 주의 경우 결선투표가 시행된다. 그리하여 시장이나 주의회 선거를 하면 각 당에서 복수후보가 나온다. 이들을 놓고 1차 투표를 한 뒤(경선 과정의 시비를 배제시키기 위하여 이 과정을 정당에 맡기지 않고 선관위가 담당하도록 한다) 이 중에 가장 많은 표를 얻은 2명을 최종 후보로 올리고 결선투표를 한다. 이렇게 되면 중앙당의 공천권이 필요 없게 된다. 선거를 두 번 하게 되어 비용이 많이 든다는 지적이 있지만, 당선자의 범법행위나 부정부패로 인하여 수없이 치러지는 보궐선거를 차치하고라도 공천을 둘러싸고 정당들이 부정부패를 저지르는 것을 감안한다면, 세금으로 두 번의 선거를 치르는 것이 사회 전체 비용을 훨씬 절약하는 방안일 수 있다.

비례대표제-다당제-연립정부의 합의제 민주국가

앞서 언급한 바와 같이, 미국의 양당 제도는 이제까지 오랫동안 미국 정치의 장점으로 역할 해왔으나 국가 부채는 쌓여가고 빈부 격차는 확대일로이며 경제 침체는 가속화되고 있는 상황에서도 양대 정당은 대응책을 모색하기보다 오로지 눈앞의 선거승리에 눈이 어두워 권력투쟁의 정쟁만 일삼고 있다. 그로 인하여 위기 상황은 더욱 심화되고 있으며, 이에 대한 대중적 분노는 월가 시위 등에서 잘 드러났다. 월스트리트저널(WSJ)에 따르면, 2011년 8월 실시된 여론조사 결과 미국인 응답자의 57%가 제3당의 출현 필요성을 제기하였다. 또 유권자의 절반인

51%가 제3후보에게 투표할 의향이 있다고 대답하였다.

독일의 정당 구조

독일 사민당은 약 1만 3,500개에 달하는 '기초지역위원회(Ortsverein)'
로 구성되어 있다. 이들은 정기적으로 당원모임을 개최하고, 상급 지역
위원회에 보낼 대표자들을 선발한다. 기초지역위원회 위로는 약 350개
의 '지역위원회'가 있으며, 이들도 정기적으로 모임을 갖고 주 위원회에
보낼 대표자들을 선출한다.

'지역위원회'의 상부 조직은 20개의 '주 위원회'가 있고, 역시 정기적
인 모임을 갖는다. 이들은 110명으로 구성된 '당 자문위원회'의 구성원
을 선출한다. 이와는 별도로 각 지역위원회는 1명씩, 주 위원회는 1명
이상의 대표자를 선발하여 약 600명을 '연방전당대회'에 참석시킨다.
그리고 이 연방전당대회에서 당 지도부, 감독위원회와 연방심판위원회
의 구성원들을 선출한다.

이처럼 독일에서는 당원들이 지구당 위원장을 선출하고, 이들이 다
시 지역위원장을 선출하는 식으로 철저하게 상향식으로 정당이 운영되
고 있다. 각급 선거의 후보자 역시 당연히 당원들에 의하여 상향식으로
선출된다. 이러한 시스템하에서 교육받고 훈련된 리더십을 갖춘 정치
인들이 중앙무대로 진출하게 되는 것이다. 그리하여 선거에서 패배하
더라도 새 인물들이 새로운 비전을 가지고 다시 나서게 된다.

반면 우리나라의 경우에는 중앙당에서 지구당 위원장을 임명하고,
이 지구당 위원장이 지역위원회 대의원을 임명하고 있다. 당연히 지구
당 위원장이 시의원이나 구의원 후보자들의 선출에도 막강한 영향력을
행사한다. 특히 국회의원 선거에서 당 대표 혹은 중앙당에서 후보를 하

향식으로 공천하기 때문에 정당은 보스 중심의 눈치 보기에 급급하게 되고, 결국 정당 민주화 및 정당 발전으로부터 멀어지게 된다.

시민에 대한 민주주의 교육 기구, 정당재단

독일 정당과 관련하여 중요한 기구 중 하나가 바로 정당재단이다.

독일의 정당재단은 국가 지원금에 의하여 운영되며, 정당재단별 지원액은 연방의회에서 결정된다. 정당재단은 모(母) 정당이 3회 연속 연방의회에서 5% 이상의 의석을 얻은 경우 공적 지원을 요청할 권리를 획득한다.

그러나 정당재단은 정당과 밀접한 관계를 가지면서 정당 활동을 돕는 정당연구소 기능을 수행하는 것이 아니라 정당으로부터 완전히 독립된 '정당에 밀접한' 정치재단이다. 정당재단은 정당을 위하여 직접적으로 선거운동 지원이나 정치적 활동을 할 수 없다. 정치재단의 교육프로그램은 참여를 원하는 모든 시민에게 개방되어야 하며 출판물과 시설들, 예를 들어 도서관, 아카데미, 교육관 등은 기본적으로 모든 관심 있는 사람들에게 접근이 가능해야 한다.

독일의 대표적인 정치재단으로서는 콘라드 아데나워 재단과 프리드리히 에버트 재단이 있는데, 아데나워 재단은 기민당, 에버트 재단은 사민당과 밀접한 정당재단으로서 약 600명의 직원이 근무한다.

정당재단의 주요 과제는 독일과 국외에서의 민주주의 발전에 기여하는 것이다. 독일 정당재단의 사업은 1) 독일 내 정치교육, 2) 학업 장려 및 우수 학생과 연구자 지원, 3) 일반적 목적을 지닌 사회과학적 연구 및 자문, 4) 국제 지원 사업 등 4개의 분야로 나눌 수 있다.

이들은 대도시에 정치교육 아카데미를 운영하고 있다. 정치교육은 기본적으로 독일의 민주적 가치들을 사회에 착근시키고 민주적 역량과 시민 참여를 강화하는 데 목적이 있다. 그리하여 교사, 학생, 대학생, 기업가, 정치인 그리고 공공단체 대표자들과 같은 오피니언 리더층이 참여하여 의회 민주주의, 사회주의적 시장경제, 유럽통합 등과 같은 사회적 이슈에 대하여 의견을 나누는 장으로 활용되고 있다.

남의 장점을
배우는 것이 미덕

역사 교육이 부재한 나라

필자는 오랫동안 일제 강점기시대가 마치 까마득한 옛날 역사인 줄로 생각해왔다. 그런데 어느 날인가 불현듯 필자가 태어나기 불과 10여년 전이 바로 일제 강점기였다는 사실을 깨닫고 소스라치게 놀랐다. 무슨 조선시대나 고려시대의 먼 옛날 역사가 아니라 바로 우리 바로 앞에 존재했던 최근세사였던 것이다. 필자도 10여 년만 일찍 태어났더라면 일제 치하에서 살 뻔 했던 것이다.

왜 이러한 착각이 발생하는 것인가?

가장 큰 요인은 바로 우리나라에 '정상적인' 역사교육이 결여되었기 때문이라고 생각된다. 친일파 청산이 정상적으로 이뤄지지 못한 상태에서 정권 담당자들이 정통성을 결여하고 있었기 때문에 필연적으로 일제 강점기에 대한 정확하고도 생생한 역사교육은 두루뭉술하게 회피되었던 것이다.

역사가 없는 민족은 미래가 없다. 예를 들어, 이순신 장군이 어떻게 왜선을 격파할 수 있었는가, 또 세종대왕이 어떻게 한글을 창제했는가 등의 이야기를 전문가가 출연하여 구체적이고 사실적으로 방송에서 방영해야 한다.

중국에 '백가강단(百家講壇)'이라는 TV 프로그램이 있다. 이 프로그램에 교수들이 출연하여 쉬운 말로, 그러나 매우 분석적이고 논리적으로 양귀비와 이백의 관계를 비롯하여 진시황의 진나라가 강대국이 될 수 있었던 요인, 수호지의 무송 등 대중적인 관심사에 관한 이야기들을 풀어낸다. 대중들의 호응도 높아 시청률도 높다. 우리 교수들도 이제 그만 추상적이고 난해한 언어로만 지은 구름 위의 세계에서 지상의 구체적 삶의 세계로 내려와야 한다.

언론도 현재와 같이 시청률이나 상업주의와 선정주의적 보도나 소비적인 연예가 가십 보도에만 빠지지 말아야 한다. 진정으로 사회와 국가에 유익한 교양 프로그램을 제공해야 하고, 방송의 엄청난 사회적 영향력을 선(善) 방향, 즉, 우리 사회가 올바르게 전진하고 개선될 수 있는 방안을 모색하는 데 도움이 되는 내용을 최대한 많이 방영하도록 노력해야 한다.

시민의 권리 부정하는 제도에 대한
위헌신청 운동

미국에서 공무원 정년보장과 관련하여 흥미로운 판결이 나왔다.

2014년 6월, 미국 캘리포니아 주에서 공립학교 교사 정년보장법이 주 헌법 위반이라는 판결이 나온 것이다. 로스앤젤레스카운티 고등법원은 공립학교 교사에 대한 과도한 신분 보장이 학생 학습권 침해라고 판결하였다. 즉, "(정년 보장 때문에) 무능한 교사들이 교단에 남아 있게 되고, 이들이 대개 저소득층이나 소수인종 학생들의 교육을 담당하는 결과로 이어지고 있다"라고 판시한 것이다. 이는 시민단체인 '학생이 중요하다'가 캘리포니아 주 공립학교 재학생 9명을 대신하여 제기한 위헌심사 소송의 결과이다. 그간 캘리포니아 주에서는 공립학교 교원에 임용된 지 1년 6개월 만에 일정한 심사를 거쳐 정년보장을 받고, 그 이후에는 교사로서 결격 사유가 생겨도 해고를 시키기 어려웠다. 심지어 해고가 불가피할 경우에는 뒤에 들어온 '신참 교사'부터 자르는 규정도 있었다. 이는 훌륭한 교사의 진입이 막히고 유능한 젊은 교사들이 교직에서 밀려나는 결과를 초래하였고, 그 피해는 고스란히 학생들에게 돌아갔다. 이 재판에서는 무능한 교사와 보낸 1년이 학생 1명당 5만 달러의 생애소득 손실을 초래하는 것으로 분석되었다.

이러한 판결은 그대로 우리의 공무원에게도 적용될 수 있다. 현재 무능하고 부패한 공무원을 보호하는 정년보장으로 인하여 유능한 많은 젊은이들이 취업기회를 상실하고 결국 세월호 참사에서 드러난 것처럼 국민들이 속수무책으로 엄청난 피해를 보고 있다. 미국 교사 정년보장과 동일한 논리로 공무원을 면직시킬 수 없도록 규정한 우리나라 공무원 정년보장은 위헌으로 볼 수 있다.

지금 우리의 현실은 어떠한가? 검찰의 권력남용 방지를 위한 제도 개선을 아무리 요구해도 검찰은 철저히 모르쇠이다. 정당명부제나 결선투표제 그리고 비례대표 확대 등 소수 야당의 진출을 통한 다양한 시민들의 다양한 민의 반영 요구는 기득권 정당에 의하여 줄곧 거부되어

왔다. 감사원 독립에 대한 대중적 요구 역시 들은 체 만 체이다.

대중들에게 유일하게 허용되고 있는 권리는 선거일 하루 투표하는 것뿐이다. 하지만 분명한 것은 몇 년에 한번 있는 선거와 독점적인 두 정당이 존재한다고 하여 그것이 민주주의일 수는 없다는 사실이다.

이제 더 이상 이 '허울 좋은 민주주의'에서 시혜만을 바랄 수 없다. 시민들이 직접 나서 이 땅의 민주주의 구조와 기본을 재구축해나가야 한다. 그 주요한 방안으로 헌법이 보장한 시민의 민주 권리를 왜곡시키고 관료와 정치권 그리고 각종 이익단체만의 독점적 이익만을 위해 운용되고 있는 위헌적인 제도를 타파하는 위헌신청 운동을 전개해나가야 한다. 민변(민주사회를 위한 변호사모임)을 비롯하여 참여연대, 경실련(경제정의실천시민연합) 등 시민운동 단체 그리고 뜻있는 시민들이 함께 실천해나가야 한다.

시민이 당연히 가져야 할 민주권리 및 민주주의의 기본 원칙을 왜곡하고 부정하는 지금의 갖가지 제도에 대한 위헌신청 운동은 단지 그 자체에 머물지 않고 나아가 이 땅의 민주주의를 살리고 민주주의의 진정한 주체로서 시민의 민주적 제 권리 실현이라는 단초로 작동될 수 있다. 이러한 운동을 통하여 시민의 역량을 결집시켜내고 목표가 분명한 이슈를 만들어가며 정부와 정당에 대한 압박과 강제를 실현시킬 수 있기 때문이다.

나는 왜 헌법 소원을 '실천'하였는가?

필자는 공무원 신분이다. 정확히 말하면 '전문경력관'이다. 원래 별정직 공무원이던 것이 올해부터 일반직 공무원으로 전환되었지만 정작 승진과 겸임 그리고 파견 등 많은 것이 전혀 적용되지 않는 '불구의 신분'이다. 현대판 카스트제도이다.

관료조직, 그들만의 영토

관료조직은 외부에서의 진입이 철저히 봉쇄되어 있을 뿐 아니라, 그 내부에서도 고시 출신의 성골을 비롯하여 진골 그리고 육두품 등등의 차별과 장벽이 철옹성처럼 너무도 강고한 조직이다. 관료조직은 지금은 5급 공채로 그 무늬만 변한 고시 출신 그리고 일반직 공무원이 독점하고 있다. 때로는 분명한 장벽이 그어져 있지만, 때로는 겉으로 드러나 보이지 않지만 내부의 관행과 이른바 '미풍양속'으로 그어진 장벽이 온존하고 있다. 예를 들어, 자기들끼리의 승진, 외국 유학교육 파견, 인공위성 파견, 겸임 등이고, 여기에 이른바 '전문가 그룹'은 전혀 낄 자리가 없다. 온전히 그들만의 영토이고 그들이 쌓아올린 그들만의 금자탑이다. 그들의 영토에서는 매사가 모두 이런 모양이다. 그들만이 룰 제정자요, 그 룰에 대한 통제와 견제 수단은 사실상 부재 상태이다.

이렇게 하여 결국 '전문성'이 있으면 승진이 안 된다는 논리로 연결된다. 그렇다면 일반 행정직 공무원들은 왜 승진을 하는가? 전문성이 없어서? 참으로 해괴한 논리이다. 정말 훗날 우리나라에도 이런 제도가 존재한 적이 있었다고 기록될 만한 어이없는 제도이다. 차별을 시정하기 위하여 공무원 제도를 일반직 공무원으로 일원화했다면, 일원화된 공무원은 모두 동일한 조건으로 되어야 한다. 하지만 이러한 차별에 대하여 그들은 불문율처럼 아무도 이의를 달지 않는다. 세월호 참사는 이렇듯 '전문가 그룹'들을 모두 원천적으로 배제한 채 오로지 자기들만의 승진과 조직불리기에만 골몰해온 이 땅의 관료조직이 낳은 필연적인 결과물이다.

내가 발 딛고 서 있는 현장부터 민주주의는 시작되어야

사실 이전에 별정직 공무원의 일반직 공무원으로의 전환에 있어서도 필자는 국민권익위원회에 일반직 공무원과 동일한 근무와 업무를 수행함에도 불구하고 별도의 별정직으로 구분한 것은 문제가 크다면서 이의 시정을 요구한 바 있었다.

이렇듯 많은 노력들이 합쳐져 일반직 공무원으로의 전환이 이뤄진 것이 사실이지만, 결국은 '무늬만' 일반직일 뿐 승진도 배제되고 파견과 겸임 모두 배제되었다. 바로 「전문경력관 규정」 제21조 등에서 이와 같은 '독소적' 명문 조항이 있기 때문이다. 한 마디로 속임수이다. 그리고 이는 차별 시정을 위하여 기능직과 별정직 공무원을 일반직으로 통합한 공무원 제도 개선의 입법 취지를 명백하게 위배하는 것이다. 그러나 아무도 이 문제의 시정에 관심도 없고, 관료조직 그들이 선심을 써서 들어주지 않는 한 영원히 개선될 수 없다. 관료조직이 들어줄 리는 만무하다.

유일하게 남은 방법이 '헌법 소원'이기 때문에 필자는 이의 부당성에 대하여 헌법 소원을 제기하였다. 물론 항상 그랬듯이 좋은 결과를 기대하기는 어렵다. 그러나 실천은 계속되어야 한다. 성취하는 그날까지. 내가 발을 딛고 서 있는 현장부터 불합리와 부조리를 개선하고 시민으로서의 당연한 권리 쟁취를 위한 실천이 이뤄져야 한다. 각자 현장에서 그러한 실천을 행할 때, 비로소 이 땅의 민주주의도 실현된다고 확신한다.

사법 개혁을 위하여

미국은 우리와 달리 검사의 기소독점주의를 채택하고 있지 않다. 미국에서 검사는 극히 예외적인 경우 외에는 수사를 하지 않으며, 연방정부나 주 정부의 법률 해석과 법 집행, 공소 유지, 연방정부나 주 정부를 원고와 피고로 하는 민사사건 담당 등이 주요 업무이다.

미국의 검사는 연방검사와 지방의 지방 검사장(District Attorney)으로 구분되는데, 연방검사는 모두 94명으로 대통령이 임명하고 공화당이나 민주당의 당적을 보유하고 있다. 이와 별도로 지방 검사장은 주민들의 직선으로 선출된다. 기소권과 수사권을 독점하고 경무관 이하 경찰 조직의 수사를 지휘하는 지휘권을 가진 우리나라와 달리 미국 검사의 수사 지휘권은 공소유지를 위한 최소한의 범위에 그친다.

한편 미국의 주 법원 판사 역시 주민들의 직접 선거에 의하여 선출되는 경우가 많고 일부는 임명위원회에 의한 임명 방식을 채택한다. 연방법원 판사는 9명으로 대통령이 상원의 조언과 동의를 얻어 임명한다. 시험 성적에 의하여 대부분 2,30대 젊은 나이에 판사로 임용되는 우리와 달리 미국에서 판사가 되는 나이는 중년의 나이이다. 주 심리법원 판사는 46세, 연방법원 판사는 49세, 주 항소법원 판사는 53세이다. 이렇게 최소 20년 동안 현장에서 일을 하면서 여러 영역의 법 분야에서 전문성을 획득한다.

기소는 민간인들로 구성되는 대배심(Grand Jury)이 결정한다. 검사는 대배심을 소집하여 특정 사건의 수사 사항을 설명하기 때문에 상당한 영향력을 지닌다. 시민은 대배심, 혹은 기소를 하지 않는 검사에 대한 직무집행명령제도(mandamus)를 통하여 검찰의 기소권을 제한하는 한편 기소배심과 양형기준법 및 삼진아웃법 등을 통하여 법원을 견제한다. 그리고 법원은 보석과 예비신문 등 법정 수사절차를 통하여 체포의 적법성과 소추행위의 당부(當否) 등을 심리함으로써 수사 및 소추 기관을 통제한다. 한편 검찰은 답변거래(Plea bargaining: 유죄협상 혹은 유죄인정 협상으로도 칭해지며, 중죄사건에 관한 유죄 중 80~90%가 피고인의 유죄답변에 기초하고 있는데, 이들 유죄답변 대부분은 검사와 피고인내지 변호인 간의 답변거래에 의하여 이뤄진다)라는 관행을 통하여 광범위한 기소 및 구형의 재량권을 행사함으로써 실질적으로 법원을 견제하게 된다. 이렇게 하여 전체적으로 상호 간에 적절한 견제와 균형이 이뤄지게 되는 것이다.

한편 경찰조직의 경우, 전국적으로 단일화되어 매머드 조직으로 거대화한 우리와 달리 미국은 통일적 조직이 아니라 4만여 개의 분산된 별도 기관으로 분리되어 있다. 사실 미국의 경우 피의자의 진술 거부권과 변호인의 조력을 받을 권리 등 헌법에 근거한 기본권이 발달하여 수사 단계에서 수사기관에 의한 피의자 신문은 피의자가 자발적으로 응하는 경우를 제외하고는 거의 불가능하다. 따라서 수사단계에서의 수사는 참고인 인터뷰와 물적 증거조사에 그친다. 미국 법정은 물증이 없어도 정황만으로도 유죄를 인정하는 우리나라와 달리 정황 증거를 증거로 인정하지 않는다.

이렇듯 전통적으로 민주주의적인 견제와 분립 시스템을 운용하고 인권 존중의 사고방식이 사회 운용의 기본 틀로서 실천되고 있었던 미국을 보면, 미국이 왜 그토록 오랫동안 세계 초강대국의 위상을 차지할 수 있었는가를 알 수 있다. 실로 미국이 일약 강대국으로 발돋움할 수 있었던 것은 결코 우연이 아니었으며, 지역 자치에 뿌리를 둔 민주적 전통이 그 주요한 토대로 작동하고 있었던 것이다.

다만 미국이 보여주었던 건국 초기의 이러한 '건강성'은 시간의 경과와 더불어 갈수록 독점화, 관료화되어간 양당 구조와 거대 자본이 지닌 영향력의 극대화 그리고 이에 따른 지배세력의 고착화와 국제적 차원에서의 일방주의적 행태에 의하여 점차적으로 희석되어 왔다. 동시에 이를 견제할 시민 세력의 부재와 사회적 양극화의 심화 등의 요인에 의하여 내부적으로 민주적 시스템의 작동은 급속하게 악화되고 있다. 그리고 그 결과 미국은 쇠락하고 있는 것이다.

법원의 정상화를 위하여

대법원이 맡아온 상고심 사건 대부분은 상고법원으로 넘기고 대법원은 중요한 사건만 추려서 재판하도록 한다는 상고법원 설립 법안이 국회에 상정되어 있다. 상고법원 도입을 위한 법원조직법 등 6개 법안 개정안은 2014년 12월에 19일 전체 국회의원의 과반수를 훨씬 넘는 168명의 서명으로 발의되었다.

대법원의 막강한 로비력과 함께 우리 국회의 대표적인 이미지인 정책능력 부재와 무대책이 연상되는 장면이다.

하지만 우리 국민은 헌법에 명시된 바 최고법원인 대법원을 최종심으로 하는 재판을 받을 권리가 있다. 만약 '상고법원'이 만들어진다면 어떤 사람은 대법관한테 재판받고, 어떤 사람은 '상고법원'의 일반 판사한테 재판받게 되는데, 그 분류 기준이 지나치게 자의적이다. 이렇듯 상고법원 설치는 위헌 소지도 있고, 4심제 전락화의 우려도 존재한다.

그리고 이른바 상고법원이 항소법원으로서의 고등법원과 과연 무엇이 다른가 그리고 상고허가제와 어떻게 다른가라는 근본적인 문제가 제기될 수밖에 없다.

상고법원 설치, 헌법에 부합한가?

우리 헌법은 "법원은 최고법원인 대법원과 각급법원으로 조직된다." (제101조 제2항)고 규정하고 있다. 이에 대하여 헌법재판소는 '각급 법원' 은 대법원과 "심급을 달리"해야 한다는 점을 명백히 한 바 있다. 따라서 대법원과 같은 심급인 상고심을 관할하는 상고법원은 '각급 법원'에 포함될 수 없으므로 상고법원 설치는 곧 헌법에 위배된다.

상고법원을 추진하는 대법원에 따르면, "공적 이익에 중대한 영향을 미치는 사건" 또는 그에 준하여 "대법원이 심판하는 것이 상당한 사건" 은 대법원에서 심판하고 나머지는 상고법원 사건으로 결정한다고 한다. 그런데 우리 국민은 헌법에 명시된 바 최고법원인 대법원을 최종심으로 하는 재판을 받을 권리가 있다. 따라서 상고법원 신설론은 헌법이 보장한 대법원에서 재판받을 권리를 박탈한다는 위헌 논란을 초래할 수밖에 없다.

또한 상고법원이 설치되면, 대법관 권력이 더욱 강화되고 대법관과 상고법원 판사의 전관 예우 문제는 더욱 심화될 수밖에 없다.

한편 현재의 상고법원 설치안에 의하면, 상고법원 판결에 대해서도 헌법과 법률 위반 또는 대법원판례 위반의 사유가 있을 때에는 대법원에 특별 상고를 할 수 있도록 하고 있다. 이렇게 하여 상고법원을 설치하게 되면 사실상 4심제가 된다. 헌법에 명문화되어 있지 않지만 이른바 '관습 헌법'으로 되고 있고 우리 국민 모두에 기정사실화된 3심제를 위반하고 있다. 지금 상고법원 찬성론자들은 재판을 기다리는 시간이 걸린다면서 이를 상고법원으로 해결하자고 주장한다. 하지만 상고법원은 4심제로 되어 오히려 시간도 더 걸리고 비용도 더 들어간다. 결국 국민에게 더욱 큰 고통을 준다.

주시해야 할 '사법권력'의 문제

대법관 신분이지만 실질적으로 재판을 담당하지 않는 대법원장과 법원행정처장을 제외하면 우리나라 대법관은 12명에 지나지 않으며, 12명의 대법관이 모든 사건을 처리하고 있다. 대법관 수는 총 16명이었던 1970년대보다 오히려 그 수가 줄었다. 공교롭게도 법률을 비롯하여 우리 사회의 전반적인 후퇴를 가져왔던 전두환 국보위 시절인 1981년 법원조직법이 개정되면서 대법관 수도 축소된 것이다.

한편 2012년 현재 대법관 1인이 1년에 무려 3,019건을 처리하고 있다. 당연히 그 과중한 업무량은 줄어야 할 것이다. 그러나 역으로 뒤집어 생각해보면 대법관의 파워가 그만큼 크다는 것을 보여준다. 그간 우리 사회에서 법원의 문제는 "검찰권력" 문제에 가려져 상대적으로 노출되지 않았지만, "사법권력"이 이에 대한 효과적인 견제 시스템의 부재 속에서 갈수록 비대화하고 있어 주시해야 할 상황이다. 특히 '50대-남성-서울대-법관 출신'으로 상징되는 대법관은 전형적으로 엘리트 코스를 밟은 판사들의 승진 종착이며, 이들 소수의 대법관 정원으로 대법원의 과도한 집중과 특권화의 현상이 두드러지고 있다. 그리고 상고법원안은 이러한 폐쇄적이고 관료적인 사법체계의 구조를 더욱 강화시키려는 의도이다. 특히 그렇지 않아도 '제왕적 대법원장'이라는 혹평이 존재하고 있는 마당에 상고법원이 설치된다면 상고법원의 판사들까지 국회의 동의 없이 대법원장 1인에게 임명권한이 주어지게 된다. 이는 결국 사법 관료주의를 더욱 심화시키고 최종심 법원 법관에 대한 국회 동의 절차를 결여함으로써 국민 주권주의를 규정하고 있는 헌법 정신과 전혀 부합되지 않는다.

고도의 복잡화와 전문화가 진행되는 현대사회에서 우리 법원의 정상화는 우선 대법관의 대폭 증원으로부터 시작되어야 한다. 어떻게 12명의 대법관이 민사·형사라는 전통적인 분야를 넘어 행정, 재정, 사회, 노동, 특허 등 제 분야에 대한 전문적 판단을 내릴 수 있는지 조금만 고민해도 상식적인 답이 나오는 사안이다. 그런데 최고법원의 다양화 대신에 상고법원이라는 꼼수를 들고 나온 것에 다름 아니다.

경제협력개발기구 OECD의 '한눈에 보는 정부 2015' 조사 자료에 따르면, 사법부에 대한 불신은 극에 달했다. 한국보다 낮은 점수를 받은 국가는 콜롬비아, 칠레, 우크라이나 정도로 사법부에 대한 한국 국민의 불신이 심각한 수준에 있는 것으로 나타났다. 한국의 사법제도 신뢰도는 27%(2013년 기준)로 조사 대상국 42개국 가운데 뒤에서 4번째였다. OECD 회원국의 평균 사법제도 신뢰도는 54%로 한국보다 상당히 높았다.

대법관 증원과 전문부 설치가 대법원 정상화의 첩경

독일에서 민사와 형사에 관한 상고심에 해당하는 연방(일반)대법원은 2014년 현재 128명의 대법관으로 구성되어 있다. 행정, 재정, 사회, 노동 등 다른 분야의 전문부를 합하면 약 300명 정도를 유지하고 있다. 프랑스의 경우, 행정사건을 제외한 일반사건의 최고법원인 파기원은 129명의 대법관으로 구성되어 있다. 이외에도 이탈리아의 대법관은 250명이고, 오스트리아 50명, 스페인 70여명 그리고 스위스 및 네덜란드도 30여명의 대법관을 두고 있다. 우리는 미국과 일본 대법원이 소수의 대법관만 두고 있다는 사실만 알고 있지만, 세계적으로 살펴보면 오히려 이렇게 수백 명에 이르는 전문부 대법관을 두고 국민들의 권리 구제에 힘을 쏟고 있는 것이 일반적이다.

미국의 연방대법원 대법관도 9명밖에 안 되지 않느냐는 반론도 있지만 우선 미국 연방대법원은 엄격한 상고허가제에 의하여 2012년 총 8,806건의 상고신청사건 중 0.87%에 불과한 77건만 상고를 허가하는 등 상고허가 비율은 0.9%를 넘지 못하고 있다. 또한 미국이나 일본의 국가는 헌법재판소가 존재하지 않기 때문에 연방대법원이 위헌법률 심판 등 헌법재판소 기능을 같이 수행함에 따라 "법령해석 통일의 기능"이 가장 강조되는 반면, 독일이나 프랑스와 같이 헌법재판소가 별도로 존재하는 국가의 경우 대법원은 다수의 전문부 대법관에 의한 "권리구제의 기능"이 강조된다.

마지막으로 대법관 구성에서 법조인 독점 현상 역시 지양되어야 한다. 일본에서도 총 15명의 대법관 중 최대 5명까지 비법조인의 임명을 허용하고 있다. 특히 우리나라의 경우 법원의 정치권력으로의 편향성과 권위주의 그리고 조직의 획일성이 지적되어 왔는데, 대법관 증원이야말로 이러한 폐단을 없애고 균형과 다원화를 실현하는 핵심적인 방안이 될 것이다.

전관예우와 법관 비리, '법왜곡죄' 신설해야

법왜곡이란 적용해야 할 법규정을 적용하지 않거나 법규정을 그릇되게 적용하는 것을 가리킨다. 그리고 이러한 법왜곡 현상은 사실관계의 조작, 부당한 법규의 적용, 재량권의 남용으로 유형화된다.

몇 년 전 우리나라의 한 지방법원 판사의 의혹 사건은 많은 사람들에게 충격을 준 바 있었다. 또한 우리 사회에서 계속 큰 이슈로 되고 있는 이른바 전관예우는 그 자체로 이 땅의 사법 정의를 근본적으로 부정하는 구체적인 증거로 실로 우리 사회에 정의가 실현되기 위하여 선결되어야 할 중요한 문제가 아닐 수 없다.

이는 법치주의의 실현을 위하여 그 직무를 수행해야 할 당사자들이 그 본분을 망각하고 도리어 범죄적인 방법으로써 시민의 인권을 침해하는 것으로 전형적인 법왜곡 행위이다.

현재 많은 국가에서 이러한 법왜곡 행위에 대하여 '법왜곡죄'를 형법에 규정하여 처벌하고 있다.

독일의 경우, 독일 형법 제339조는 "법관, 법관 이외의 공무원 또는 중재인이 법률사건을 지휘하거나 재판함에 있어 법을 왜곡하여 당사자 일방을 유리하거나 불리하게 법을 왜곡한 경우에는 1년 이상 5년 이하의 자유형에 처한다"고 규정하고 있다. 러시아, 노르웨이, 스페인에도 유사한 규정을 두어 형사 처벌하고 있다.

또 중국의 경우에서도 중국형법 제399조는 "사법 공무원이 법을 어기고 사리를 취하거나 사사로운 정리(情理)에 의하여 법을 어기며, 무죄인 사실을 잘 알면서도 그로 하여금 소추를 받게 만들거나 유죄인 사실을 잘 알면서 고의로 그를 비호하여 소추를 면하게 하고 혹은 형사 심판 업무 중 고의로 사실과 법률을 위배하고 법을 왜곡하여 재판할 경우, 5년 이하의 유기징역 혹은 구류에 처한다. 죄질이 중한 경우에는 5년 이상 10년 이하의 유기징역에 처한다. 죄질이 특히 중한 경우에는 10년 이상의 유기징역에 처한다."고 규정하고 있다.

사법 정의는 사회 정의를 실현하는 마지막 보루이다. 판사, 검사 등 법치주의 실현을 솔선수범해야 할 당사자들이 "사사로운 정에 이끌려 법을 왜곡하는" '순사왕법(徇私枉法)'을 일삼는다면 우리 사회의 정의를 지탱하는 근거 자체가 사라지게 된다. 따라서 이러한 행위는 일반 범죄보다 범죄성이 훨씬 크다고 볼 수 있다.

법률사건을 담당하는 법관의 도덕성과 청렴성을 확보하기 위해서는 사법 윤리규정을 두어 법관 윤리의 확립을 제도화하는 방안이 우선 고려될 수 있다. 이와 함께 "판사, 검사 기타 법률사건을 담당하는 공무원 또는 중재인이 수사 절차나 소송절차에서 당사자 일방을 유리하거나 불리하게 법을 왜곡한 경우에는 1년 이상의 유기징역에 처한다."는 형식으로 형법 규범에 제도화하는 방안을 유력하게 검토해야 할 것이다.

사회, 녹색 그리고
시민의 기치로

가장 자명한 진리를 향해 눈이 열릴 때

1760년대에 이탈리아의 계몽사상가 베카리아는 사람들이 분석적 탐구보다는 진부한 인상에 좌우되기 때문에 "생명과 자유에 가장 필수적인 문제에서도 수많은 오판을 겪고 자신들이 저지른 잘못에 지쳐 인내의 한도에 이른 이후에야 비로소 자신을 괴롭혀온 폐해를 바로잡으려는 노력을 하게 된다. 그 때가 되어서야 비로소 그들의 눈은 가장 자명한 진리를 향해 열린다."고 설파했다.

우리가 눈을 떠야 할 때라면 바로 오늘이 아닐까? 무너져 내린 이 폐허 속에서 우리는 과연 다시 일어설 수 있을까?

오늘 민주주의는 다시 시작해야 합니다

관료를 위시한 정치권과 이익집단의 3각 동맹은 이 나라를 철저하게 장악하고 자기들이 건설한 왕국에서 군림하고 있다. 시민들은 철저히 무대 밖으로 배제된 채 할 수 있는 일이라곤 도무지 없다. 지금 대한민국에 시혜의 대상으로서의 백성이 있을 뿐 민주주의 주체로서의 시민은 존재하지 않는다. 일제 식민지시대 작곡가 김순남은 극악한 일제 식민지 시절 유일하게 남은 자유라곤 손바닥에서 탱자를 굴릴 수 있는 자유밖에 없는 상황에서 '탱자'라는 곡을 작곡하였다. 지금 우리에게는 손가락으로 SNS 놀이를 할 수 있는 자유가 있다. 권력이 대중의 정치의식을 마비시키는 3S 정책은 이제 SNS까지 합쳐 4S 정책으로 되었다. 진정한 의미에 있어서 정치적 자유란 개인의 인권 보장을 넘어 시민들의 능력과 공공사회 의식, 평등을 선행조건으로 하는 정치적 참여를 통하여 달성되는 것이다. 지금 여기 정치적 자유와 시민의 권리와 민주주의는 없다.

세월호 침몰은 가장 먼저 국정원에 보고되었다고 알려져 있다. KBS를 비롯한 언론 뉴스는 그 편집과 방향까지 철저히 통제되고 있는 것으로 보인다. 국정원의 댓글 사건과 해킹 의혹과 같은 사건은 다른 나라에서 역사상 일어난 일이 아니라 바로 문명을 자처하고 있는 이 땅에서 발생하고 있는 오늘의 일이다. 이러한 일원적인 지휘 체계와 자금 그리고 조직의 작동 체계는 지난 이명박 정부 때 복원되어 재구축되었다. 여기에 야권의 무능하고 당파적인 그리고 탐욕적인 행태에 깊은 반감을 지니는 자생적인 보수지지층이 존재한다. 이들은 지난 대선에서도 권력욕으로 충만된 야당을 조롱하면서 '골목 여론'을 장악하였다. 한때 온라인 전선은 진보 진영이 압도했지만 이제 역전된 상황이다. 반면 야권은 권력욕과 무능으로 스스로 끝없이 자기 살을 깎고 영혼을 팔면서 기약 없는 쇠락의 과정을 겪어 왔다. 그리하여 시민민주 진영의 힘은 1980년대 이래 지금 가장 미약한 상황이 되었다.

돌이켜보면, 지난 세기 1987년 우리는 겨우 직선제 하나를 얻은 것에 불과했다. 이는 야당 정치권을 지배세력의 하위 파트너로 포섭하는 과정으로 평가될 수 있다. 야당 정치인의 권력욕에 부합하는 그것 외에 시민민주 진영이 쟁취한 것은 거의 없다. 오히려 이후 정치권, 관료 그리고 각종 이익집단의 3각 동맹의 강고한 결탁으로 국민들은 국가권력 시스템 밖으로 철저히 배제되었다. 지배세력은 마치 민주주의인양 국민들에게 총을 주었으나 그 총은 총알이 없는 장난감 총이었다. 내용 없는 빈껍데기의 민주주의에 불과한 것이었을 뿐이다. 국민은 주인이면서도 정작 국가 권력 시스템에 대한 아무런 통제 장치도 갖지 못한 채 그것을 한국적 민주주의라고 여기며 살았다. 그리고 세월호 참사로 이 허울뿐인 '민주주의' 시스템은 통제 및 견제 장치의 부재 속에서 공룡화한 탐욕과 무능의 결정체로서 스스로 파탄을 선고하였다.

오늘 우리의 민주주의는 다시 시작해야 한다.

우리가 들어야 할 기치; 사회, 녹색 그리고 시민

이제 시민민주 진영은 사회, 녹색 그리고 시민이라는 기치로 재구성되어야 할 것이다.

먼저 복지 이슈는 시혜적인 차원을 넘어 시민의 당연한 권리로서 주장되어야 한다. 야권은 몇 년 전 무상복지 이슈가 상당한 영향력을 발휘한 뒤 그 추억에 지나치게 취했다. 이후 새로운 어젠다를 개척하지 못하고 오히려 복지 어젠다를 모조리 보수에게 빼앗기는 상황이 되었다. 현재 '무상'이나 '반값'이라는 이름으로 제기되는 복지 이슈는 시혜를 베푸는 이미지로 대중들에 다가간다. 그리하여 차별화되지도 못한 채, 대개의 경우 재원 마련과 과세의 문제로 귀결되고 있다. 이제 시혜적이며 피동적 범주의 복지 이슈는 적극적이고 당연한 권리로서의 '사회' 혹은 '사회권'이라는 개념으로 전환되어야 할 것이다. '사회'라는 영어 단어 'society'와 프랑스어 'socit' 모두 라틴어인 'socius'로부터 비롯되었으며 그 의미는 '동료' 혹은 '파트너'이다. '사회권(droits sociaux)'이란 국가로부터 인간다운 생활을 보장받을 수 있는 기본적 권리로서 시혜적 차원의 복지 개념과 달리 시민의 적극적 권리로서의 개념이다.

'사회국가(Sozialstaat)'란 그 국가의 정책이 사회적 안정, 평등, 정의의 원칙에 따라 법적, 사회적 질서를 구체적으로 실현하는데 초점을 두는 국가를 가리킨다.

독일 기본법 20조 1항은 "독일연방공화국(독일)은 민주주의 국가이며, 동시에 사회국가이다"라고 규정하고 있다. 여기에서 사회국가의 목표는 스스로 자신을 도울 수 없는 약자들을 지원하고, 국민의 다수를 빈곤이나 최저 생계의 위협으로부터 보호한다는 목표를 지닌다. 국가는 극단적인 사회 격차, 즉 양극화를 해소하기 위해 노력하며, 당연히 소득이나 재산의 격차를 줄이기 위한 재분배 정책이 중시된다. 이러한 방식으로 사회적 갈등을 예방하고, 상호 적대감을 해소하며 사회적 평화를 유지한다.

다시 말해, 사회 국가 원칙이란 국가가 모든 국민이 사회공동체의 틀 안에서 실질적인 인간의 존엄성과 가치를 구현할 수 있도록 정부 제도를 구축하고 정책을 시행한다는 원칙이다.

구체적 내용은 경제적으로 소수 기업의 경제적 독점과 담합을 반대하고, 그 대신 중소기업을 적극적으로 육성하며, 사회복지와 정의로운 분배에 정책의 중점을 두는 것 등이다. 다만 사회국가는 개인의 능력과 책임을 근간으로 하고 자유주의의 틀 안에서 경쟁을 통한 경제활동을 보장하고 이를 통하여 소득의 공정한 분배와 사회복지를 실현한다는 개념으로서 무조건적인 복지와 평등을 지향하는 사회주의 혹은 공산주의 국가와 상이한 개념이다.

다음으로 '녹색'으로 표현되어왔던 환경과 생태의 어젠다는 더욱 확대 심화되어야 할 것이다.

메르스 사태에서도 우리 모두 국민의 생명이 전혀 안전하지 못하고 사회적 제도적 보장 시스템이 전혀 구축되어 있지 않은 적나라한 우리의 비극적인 현실을 목도하였다. 이제 녹색의 이미지는 환경이라는 측면만이 아니라 생명의 영역으로 확대되어야 하며, 존엄한 삶에 대한 존중을 표현하는 권리로서의 사회권과 결합되어야 한다. 그리하여 생명을 기본으로 하는 녹색과 사회권의 어젠다가 최우선의 핵심으로 제기되어야 할 것이다.

'시민'의 이름으로

시민사회란 시민적 덕성을 갖춘 시민 결사체들의 사회를 말한다. 그리고 시민이란 사회라는 집단적 활동에 참여할 수 있는 권리와 의무를 모두 지닌 존재이다.

이제야말로 이 나라의 토대를 시민을 주인으로 하여 근본적으로 재구성해 나갈 때이다. 우리가 추구해야 할 것은 '민족 개조'의 '개조'가 아니라 사회의 '재구성' 혹은 '재구축'이다. 우리 사회가 이제 세월호 참사를 계기로 '저 세월에서 이 세월'로 패러다임을 전환하는 시민사회로 발전하기 위해서는 진정한 시민운동이 존재해야 할 것이다. 다음의 세월호에 내 아이를 태우지 않기 위해서는 나의 시민적 권리들 하나하나를 절대불가양의 권리로 확고하게 자기 손에 쥐고 챙기는 것을 포기하지 않아야 하며, 내 아이들과 후손에게도 무엇보다 시민의식을 유산으로 남기고자 다짐해야 한다.

가장 중요한 민의의 전당이 되어야 할 국회는 '시민의회'에 전혀 미치지 못하고 있다. 기실 오늘의 그 실체는 오히려 '관료들의 하부조직'에 가깝다. 시민사회가 정치과정을 통해 의회와 소통하며 의회민주주의를 실현하는 것은 근본적으로 불가능한 구조로 되어 있다. 이제라도 우리는 시민사회와 시민의회의 꿈을 키우며, 함께 이를 실천에 옮겨나가야 할 것이다.

그리하여 시민을 주인으로 하는 새로운 건국을 위해서는 국민소환제, 검찰청장을 비롯한 감사원장과 경찰청장의 직접 선출, 국회 청원실 설치 등 광범위하고도 실질적인 직접민주주의의 실현방안을 찾아야 한다. 넘쳐나는 인재들의 넘쳐나는 지혜들이 온라인에서 허공에 산산이 흩어지는 이 현실을 통탄해야만 할 것이다. 온라인과 SNS는 연대를 위한 훌륭한 수단일 수 있으나, 온라인이라는 허명에 영혼을 빼앗겨서는 안 된다. 그간 우리는 일부 IT 산업과 한류의 특수한 성장으로 마치 우리가 선진국이 된 양 착시현상을 가졌다.

그간 우리는 미국 등 선진국을 엄청 좋아하면서 베껴왔지만, 베끼지 말아야 할 것은 베끼고 정작 배워야 할 것은 전혀 배우지 않았다. 예를 들어, 미국의 감사원은 의회에 설치되어 행정부 예산 청구권을 획정, 조정하고 지출을 거부하는 권한을 지님으로써 의회는 행정부를 실질적으로 통제할 수 있으며, 프랑스 감사원은 행정부 기관의 모든 지출계산서와 증빙서 원본을 제출받아 감사를 실시하며 모든 감사보고서는 대중에게 공개된다. 또 미국의 '생활음용수안전법(Safe Drinking Water Act, SDWA)'은 식수에 심각한 문제가 발생할 때 신속하게 주민에게 통보하도록 하고, 수질과 수원 관련 정보를 주민에게 매년 반드시 제공하며 아울러 매년 식수안전 기준을 준수하는 식수 시스템에 대하여 연도별 종합보고를 대중에게 발표하도록 규정하고 있다. 뿐만 아니라 주민들이 수원(水源) 평가계획 제정 및 음용수 공급시스템 개선 기금 운용 계획 수립, 관련 업무 근무자 인증계획 등에 반드시 참여시키도록 규정하고 있다.

현재 원전의 안전 문제는 세계적으로 중요한 문제이다. 원전이 많기로 유명한 프랑스가 그나마 안전을 유지해나갈 수 있는 것에는 시민이 참여하고 관리하는 제도도 그 주요한 요인으로 꼽힐 수 있다. 프랑스에는 현재 '환경리스크커뮤니케이션'이라는 제도가 있다. 이 제도의 핵심은 정부, 관료, 기업, 과학자, 언론, 일반시민이 공동으로 참여하여 관련된 문제에 대해서 정보를 공유하고, 상호 이해를 깊게 한다는 점이다. 이익집단이나 전문가만의 참여로는 좁은 시야에 갇히기 때문에 특별한 이해관계가 없는 일반시민들의 참여를 필수적인 것으로 인정하는 시스템이다. 이렇듯 정보의 공개와 투명성은 원자력 문제에 있어서도 절대적으로 중요하다.

반면 지금 이 땅의 국회를 비롯하여 검찰제도, 감사원제도, 관료제, 정당 그리고 원전과 심지어 국회도서관에 이르기까지 국가권력 시스템 어느 한 곳도 제대로 국제적인 기준에 부합한 곳을 찾아보기 어렵다. 이제 침몰하고 있는 이 나라를 살리기 위하여 반드시 모든 제도와 시스템을 국제 기준에 부합시켜야 할 것이다.

이른바 '국민안전처'는 우선 그 명칭부터 시민보호청, 혹은 주민보호청이 되어야 한다. 국가가 국가도 아닌 현실은 세월호 참사에서 모두가 두 눈으로 확인한 바이다.

이제 진정으로 시민이 스스로에 대한 확고한 보호의 주체로 되어야 한다. 시민이 우리 사회의 주인임을 선포하고 실질적인 권한을 행사해 나가야 한다. 그리하여 시민단체를 비롯하여 시민 한 사람 한 사람이 자신이 발 딛고 서있는 그 자리에서, 때로는 연대하여 주인으로서 국가 권력에 대한 통제와 민주주의 주체로서의 권리 구현을 정부와 국회에게 선포하고 지속적으로 요구해 나가야 할 터이다.

지금 우리가 가져야 할 것은 끈기와 실천이다.

시민을 지키는 호민관, 옴부즈맨

현대 국가에 있어서는 일반적으로 행정 활동 영역의 확장 및 행정권의 전반적인 강화 추세가 행정기능의 팽창을 초래한다. 이로 인하여 행정권의 남용 및 오용 등 무한 책임 행정 행위의 가능성이 높아지고 동시에 위법, 부당한 행정 결정에 의해 국민들의 권익 침해 가능성이 높아지고 있다. 이러한 상황에서 국민들의 기본 권익을 보호, 증진하기 위해 효율적인 행정 통제 방식이 필요하게 된다. 이러한 배경에서 옴부즈맨 제도가 대두하기에 이르게 된다.

그리하여 옴부즈맨(Ombudsman) 제도는 입법부에 의하여 임명되는 옴부즈맨이 입법부로부터 직무상의 독립 기능을 가지고 공무원의 위법, 부당한 행위를 감시하며 국민의 민원 신청이나 직권으로 법령에 위반되는 행위를 조사하며 권리 침해가 있을 경우 구제를 추진하는 제도이다. 'Ombudsman'이라는 용어는 스웨덴어로 "권한을 부여 받은 자(authorized agent)"라는 뜻으로서 대표, 대행자, 대리인, 법무관 등을 의미하는 말이며 국가마다 구체적인 명칭은 상이하여, 의회감찰관이나 민원감찰관, 시민의 보호자, 공중 상담자, 불평처리인 등의 명칭으로 사용되고 있다.

옴부즈맨 제도는 의회형 옴부즈맨 제도와 행정부형 옴부즈맨 제도의 두 가지로 분류되고 있는데, 의회형 옴부즈맨 제도는 1809년 스웨덴 헌법에 기원을 두고 있다. 스웨덴에서는 4인의 옴부즈맨을 의회에서 선출하고 그 중 3인은 독자적인 전문분야를 담당한다. 임기는 4년이며 국민의 권리보호 및 구제에 중점을 두고 독립적 조사권과 사찰권 그리고 소추권을 가지고 있다. 스웨덴의 제도는 의회의 대리인으로서 행정을 감시하는 기능에 중점을 두었는데, 다른 나라에 도입되는 과정에서 국민의 대리인으로서의 성격(국민의 권리 구제)을 동시에 지니게 되었다. 덴마크와 핀란드도 스웨덴과 유사한 옴부즈맨 제도를 가지고 있다.

행정부형 옴부즈맨 제도는 대부분 행정부 수반에 의해 임명되고 행정조직 내부에 소속되어 있다. 사찰권과 소추권을 가지지 않고 조사권과 권고권 등을 가지고 있으며 프랑스, 뉴질랜드의 옴부즈맨 제도가 이 유형에 속한다. 지방단위에서는 미국의 오하이오 주에서도 채택되고 있으며, 우리나라의 국민고충처리위원회도 이 유형에 속한다. 그런데 옴부즈맨 제도가 갖는 행정 통제라는 본래의 목적에 비추어 엄격한 의미에서 행정부형 옴부즈맨 제도는 옴부즈맨으로 간주하기 어렵다는 견해가 적지 않다.

의회형이나 행정부형 옴부즈맨 제도와 달리 자치단체 조례에 의해 특정 행정 분야 업무만 관할하는 시민형 옴부즈맨 제도도 있다. 일본 가와사키 시에서는 1990년 2월부터 시민형 옴부즈맨 제도를 운영하고 있는데, 임기가 3년인 3인의 옴부즈맨을 시장이 임명한다. 여기에서 옴부즈맨은 독립성과 전문성을 지니고 있으며, 행정형 옴부즈맨과 유사하게 조사, 권고, 의견표명권을 가진다.

한편 독일의 경우 옴부즈맨 제도의 기능을 의회 내에 설치된 청원실이 담당하고 있다. 독일 의회의 청원실은 청원위원회 사무처와 4개의 청원과로 이루어져 있으며, 직원의 수는 약 80명으로 새로 채용할 때는 판사자격증이 있는 사람을 채용하고 있다. 접수된 청원은 연방의회 청원위원회 소관 여부에 대해 청원위원회 사무처의 사전심사를 거쳐 4개의 청원과로 이송되고 있다. 2004년도 보고서에 의하면 2004년에 접수된 청원은 17,999건(2003년에는 15,543건, 2002년에는 13,832건)으로서 이 중 종결 처리된 것은 15,565건, 개별적으로 처리된 것은 264건이었다.

옴부즈맨 제도와는 약간 의미가 다르지만, 의회와 국민과의 관계를 전자적 통신기술을 통해 연결함으로써 국가와 시민사회 간에 일체성을 제고하고 대리인 체제의 한계를 보완하기 위한 제도도 시행되고 있다.

이를테면 스코틀랜드 의회는 독립적인 '지식정보처'를 설치하고 이를 통해 1,000여개의 시민단체들을 네트워크로 연결하고 있는데, 이를 통하여 시민사회의 정책적 요구를 공청회 등의 형식을 활용하여 체계적으로 수렴하고 그 결과물을 정리하여 해당 상임위원회의 입법과정에 전달함으로써 입법과정과의 직접적인 연결을 추진하고 있다. 미국 켈리포니아 주 의회의 입법정보 데이터센터는 600 명 이상의 직원을 고용한 집중식 지원체제를 갖추고 있다.

직접민주주의를
허하라

대의제가 민주주의와
등치될 수는 없다

"국민, 당신들은 자치 능력이 없다" – 대의제도의 편견

세월호 특별법을 둘러싸고 유가족 측의 의견 반영에 대하여 대의제
도 원칙의 심각한 훼손이라는 주장이 나왔다.

그러나 근본적으로 민주주의란 어떻게 하면 시민의 권리를 가장 효
율적으로 실현시킬 수 있는가를 핵심 과제로 하는, 지금도 계속 실험
중인 제도이며, 따라서 아직 완성되지 않은 '현재진행형'의 제도라 할
수 있다. 많은 사람들이 금과옥조로 삼고 있는 대의제도도 기실 민주주
의 실현을 위한 한 방안일 뿐이다.

사실 대의(代議)관계에서 대표되어지는 실체는 없으며 대표하는 행

위도 존재하지 않다. 대의관계에서 존재하는 것은 오직 국민이 대표자를 선출하는 행위와 대표자가 자기 스스로 결정하고 행동하는 행위뿐이다. 그리고 대표자의 이러한 행위는 '전체 국민이라는 이름'으로 정당화되고 그리하여 국민을 구속하게 되는 것이다. 그러나 여기에서 '전체 국민'이란 실체가 없는 관념적 존재일 뿐이다.

다시 말하자면, 대의제도에서의 대표자란 더 이상 선거민의 단순한 대변자가 아니며 대리인(Agent)이나 수임자(Kommissar)도 아니다. 그는 '전체 국민'의 대표자이기 때문에 '공명정대'하게 행동해야 하며, 이를 위해서는 그의 결정과 판단에 영향을 주는 어떠한 힘으로부터도 독립되어야 한다고 주장된다. 물론 이러한 논리의 배경에는 탁월한 인물이 무지몽매한 국민의 의사나 명령에 따른다는 것은 당치도 않다는 의식이 깔려 있었다. 그들의 이러한 시각에서 보면, 국민들은 오직 자신들을 뽑을 '권리' 혹은 '자유'가 있을 뿐 통치는 자신들처럼 탁월하고 고귀한 사람들만이 담당할 고유 영역이라는 것이다. 마치 일제 식민지 시대 일제가 우리 민족은 자치 능력을 가지고 있지 못하다고 강변하던 것과 너무도 흡사한 논리이다.

역사적으로 시민혁명은 부르주아혁명으로 마무리되었고 국민세력은 탄압을 받아 그 힘을 잃게 되었다. 이 과정에서 대의제는 굳건한 통치 원리로 정착되기에 이르렀다. 이렇게 하여 국민이 직접적인 결정을 내리는 것이 아니라 대표자를 통하여 간접적으로만 정치적 결정에 참여하며, 따라서 당연히 통치자와 피치자가 별개의 존재로 나누어지게 되었다. 결국 이렇게 통치자와 피치자가 구별된다는 사실은 결국 대의제가 국민의 자기통치를 통하여 민주주의를 실현함을 부인하는 것이다.

그러므로 대의제는 '국민에 의한(by the people)' 통치가 아니라 '대의기관을 통한 통치'를 의미하고 있다.

명령 위임과 자유 위임

대의 민주주의 제도는 결국 부르주아 민주주의로 고착되었다.

그리고 이 과정은 대의제에 관한 이론이 선행된 것이 아니라 서구에서 역사적으로 실현되었던 하나의 정치적 제도를 설명하는 것이었다.

원론적으로 말하면, 민주주의란 국민의 정치참여에 의하여 자유, 평등, 정의라는 기본 가치를 실현시키고 국민으로 하여금 자신의 문제에 대하여 스스로 결정하게 하는 국민의 통치 형태이다. 따라서 이러한 민주주의 정신을 실현하는 가장 정확한 방법은 직접민주주의라고 할 수 있다. 흔히 대의제도를 민주주의와 등치시키지만, 근본적으로 말하면 대의제도란 통치기구의 구성 원리, 또는 국가의 의사 결정 원리로서 민주주의의 하위 체계일 뿐이다. 그것은 권력분립, 선거제도, 정부 형태, 지방자치 제도 등과 같은 민주주의의 여러 형식 원리 중 하나에 지나지 않는다.

따라서 용어법상 직접민주주의는 직접 결정방식, 간접민주주의는 간접 결정방식 또는 대의제라고 불러야 정확하다고 할 것이다. 한편 의회 민주주의란 의회 중심의 통치 질서에서 파악되는 것으로서 엄밀한 의미에서 정부 형태와 관련된 개념이며, 이는 단지 대의제도의 한 형식에 속할 뿐이다.

특히 선거로 선출된 의원은 특정 선거구민이 아니라 전체 국민을 대표하고 전체적인 공공복리를 추구해야 한다는 대의제의 이론은 명령 위임을 부정하고 자유 위임을 주창한다. 즉, 의원은 공적인 업무의 수행을 위하여 어디까지나 독자성을 지닌 공인(公人)으로 행동해야 하며, 따라서 그는 특수이익을 추구하는 선거민의 대리인이어서는 안 되고 선거민에게 기속(羈束)되어서는 안 된다는 것이다. 이것이 바로 자유 위임(freies Mandat) 혹은 무기속 위임이며, 이렇게 하여 '명령 위임(imperatives Mandat)'은 사실상 포기되고 있다. '명령 위임'이란 선거에서 선출된 자가 선거민들의 요구에 따라야 하며 그 행위는 선거민들에게 책임을 져야 한다는 원칙으로서 기속 위임(羈束委任)이라고도 한다.

이러한 논리에 의하여 결국 대의제는 국민 세력을 배제시키면서 그와 유리되어 결국 부르주아 계급의 이익에 봉사하는 이데올로기로 기능해왔다. 대의제가 지니는 이러한 성격은 프랑스와 영국 대의제의 역사에서 잘 드러나고 있다.

결국 부르주아 세력은 국민세력을 동원하여 군주를 타도한 뒤 자신들 정파 간의 무력적 권력 투쟁을 선거를 통한 정당 간의 권력 교대 혹은 경쟁이라는 '대의제도'의 평화적이고 합법적인 기제를 창출해낸 것이었다. 그리고 여기에서 선거를 통해 선출된 대표자(의원)는 특정 선거민이 아니라 '추상적으로' 전체 국민을 위한 전체 이익을 추구해야 하며, 국민에 책임을 지는 명령 위임을 배제하는 것이 민주주의라는 이데올로기를 만들어냈다.

그러나 이렇듯 명령 위임을 배제시킨 바로 그 순간 선출된 대표자는 국민에 봉사하는 위치로부터 국민 위에 군림하는 위치로 자리매김을 하게 되었다.

이렇게 하여 이른바 '서구식 대의민주주의 제도'는 다수의 정당이 주도하는 선거에 의하여 대중들의 대표를 선출하는 방식으로 귀결되었다. 그리고 이렇듯 두 개, 혹은 몇 개의 정당만이 후보자를 내세우고

'자기들만의 경쟁'을 통하여 대표를 선출함으로써 결국 대중들을 수동적인 지위로 전락하게 만든다는 점에서 커다란 한계를 지닌다. 더구나 그들 정당 대부분이 사실상 대자본의 영향력하에 강력하게 포섭되어 명백한 '계급적 한계'를 지니고 있다는 점에서 그 한계는 더욱 분명해진다.

《자본주의·사회주의·민주주의(Capitalism, Socialism and Democracy)》(1942)의 저자인 조지프 슘페터(Joseph Alois Schumpeter)는 아예 "민주주의란 정치엘리트 간의 경쟁이다."라고 설파한 바 있다. 여기에서 슘페터는 매우 예리했지만, 그가 말하는 '민주주의'는 '대의제' 혹은 '오늘날 민주주의라 불리는 것'이라는 용어로 대체되었어야 했다.

직접민주주의의 확대는 현재의 대의민주제가 직면한 이른바 '민주주의 결손(democratic deficit)'을 보완해주는 긍정적인 기여를 할 수 있다.

구체적으로 직접민주주의는 1) 정치권력의 정통성이 공론에 의하여 창출되고 확인되며 도전받도록 함으로써 보다 공론적인 정치를 가능하게 하며, 2) 자칫 무시될 수 있는 다양한 정치적 견해들이 표출되어 논의될 수 있는 기회를 제공해주고, 3) 정치적 대표성이 취약한 사회적 약자들의 입장이 논의될 수 있으며, 4) 정치권력의 독점을 방지하고 보다 균등한 분포를 지향하는 등의 장점을 지니고 있다. 유럽 회원국들의 입장을 정리한 유럽회의는 모든 차원의 정부에서 주민발안과 주민투표를 확대 시행할 것을 추천한 바 있다.

지역의 시장을 비롯하여 보안관, 판사, 검사장, 감사원장을 주민이 직접 선출하는 미국의 카운티(county)는 직접민주주의의 좋은 사례에 속한다. 독일에서 활성화되어 있는 시민단체들은 기존 지방자치제도를 개혁하지 않고서는 자신들의 의견을 반영하기 어렵다는 사실을 깨닫고 주민들의 의견을 반영할 수 있는 제도적 장치를 요구하는 운동을 전개하였다. 그리고 마침내 1990년 쉴레스비히-홀스타인 주에서 지방자치법이 대대적으로 개정되면서 광범위한 주민 참여를 보장하게 되었다.

그 주요한 내용은 다음과 같다.

첫째, 주민청원으로서 일정한 수의 주민이 청원한 사항에 대하여 지방의회는 일정 기간 내에 반드시 심의하여 결정해야 한다. 둘째, 주민회의로서 지방자치단체는 최소 1년에 한번 이상 지역의 중요한 문제를 논의할 수 있는 주민회의를 소집해야 하며, 여기에서 집약된 의견은 해당기관에서 일정 기간 내에 심의되어야 한다. 셋째, 주민투표로서 일정수의 주민은 지역의 중요 문제에 대하여 주민투표를 청구할 수 있고, 이 경우 지방의회 의원의 2/3 이상의 찬성이 있으면 주민투표를 실시해야 한다.

청원실을 국회에
설치해야

무엇이 '열린 국회'인가?

거창하게 '열린 국회 선포식' 행사를 하고 국회의 정문과 잔디밭 그리고 도서관 야외공연장을 국민에게 개방하는 것이 '열린 국회'로 나아가는 본질은 아닐 터이다.

정작 개방해야 할 것은 굳게 닫힌 민의의 반영을 국회가 어떻게 제도적으로 보장할 것인가에 있다. 특히 대의민주주의의 위기로 표현되고 있는 한국의 현 상황에서 온라인, 오프라인상의 민의(民意)를 의회에 반영하는 것은 직접민주주의 성격을 대의제도에 적극적으로 반영시키고 투사시킴으로써 대의 민주주의의 약점을 결정적으로 극복하는 계기를 만들 수 있다.

이러한 측면에서 국회 내에 청원실을 설치하여 대중들의 청원을 적극적으로 의회의 입법 활동에 반영하도록 하는 것은 우리 사회에서 민주주의를 실질적으로 진전시키는 대단히 중요한 의미를 지니고 있다.

이는 국민에게 부정적 이미지로 비쳐지고 있는 현재의 국회상(國會像)에 실질적인 대중적 민의(民意)를 결합시켜낼 수 있는, 그리하여 국회가 문자 그대로 '국민의 대표'로서 기능해내는 중요한 계기로 작용할 것이다. 국민이 진정으로 국회의 주인으로 되는 중요한 방안 중의 하나가 바로 국회청원제도의 문을 국민에게 활짝 여는 것이라 하겠다. NA는 'National Assembly'의 약칭이기도 하지만 'National Agora'의 약칭일 수도 있다.

청원권은 시민적 법치국가에 있어 가장 고전적인 권리로서 인식된다. 청원권의 인정과 더불어 의회제가 시작되었다는 사실이 그 무엇보다 청원권의 본질을 가장 잘 드러내주고 있다. 의회제의 선구인 영국이 '권리청원'과 '권리장전'으로 청원권을 보장한 역사적 사실은 의회제라는 발상이 청원의 통로라는 점에 그 의의가 있다.

청원권(Right to Petition)의 연원은 입헌주의 이전부터 찾을 수 있다. 즉, 청원의 근원은 영국에서 1215년 국왕이 귀족들의 강압에 의하여 승인한 대헌장 제61조에서 비롯된다. 그 뒤 1628년 권리청원(Petition of Right)에서 처음으로 보장되었다. 이어 청원권은 미국연방헌법 수정 제1

조를 비롯하여 스위스 헌법(제57조), 바이마르 헌법(제126조) 그리고 1791
년 프랑스 헌법 등 세계의 많은 국가 헌법에서 규정되었다.

청원(請願)이란 국가 또는 지방공공단체의 소관 사항에 대하여 일정
한 요구 사항을 진술하는 것으로서 국민의 기본 권리 중 하나이다. 우
리나라 헌법 제26조에서도 "① 모든 국민은 법률이 정하는 바에 의하
여 국가기관에 문서로 청원할 권리를 가진다. ② 국가는 청원에 대하여
심사할 의무를 진다."라고 규정하고 있다.

역사적으로 재판제도가 정비되지 않고 의회제도가 확립되지 아니한
전제정치 시기에는 청원(권)이 국가 또는 군주에 대하여 자기의 권익을
보호받기 위한 호소의 수단과 권리침해의 회복 및 구제수단으로서의
기능뿐만 아니라 국민의 요구 사항이나 민정(民情)을 통치자에게 알리
는 중요한 방법으로 되었다.

그 뒤 의회제도의 발전에 따라 국민들의 참정권이 실현되고 국민의
기본권으로서의 언론의 자유가 보장되었으며, 사법제도의 확립으로 권
리침해의 구제수단이 한층 더 유효한 토대를 가지게 되면서 현대적인
의미의 청원은 권리구제 수단으로서의 효용은 감소되고 국민의 요구사
항을 국가에 제기하는 수단으로서의 의미가 더욱 중요하게 되었다.

주권재민과 권리구제의 실현

하지만 청원제도가 여전히 각국에서 계속 제도적으로 보장되는 것은
이 제도에 의하여 국가 또는 공공기관에 국민의 의사와 요구사항을 자
유롭게 제기할 수 있을 뿐만 아니라 국가 기관은 이를 수리, 심사한 뒤
그 결과를 청원인에게 통지해야 한다는 점에서 주권재민(主權在民)이라

는 국민주권주의의 실현과 기본권 보장의 확립이라는 가치가 있기 때문이다.

또한 사법부의 재판청구권이 사후구제 수단인 것과 달리 청원은 권리침해의 우려가 있을 때 사전 구제수단으로 행사될 수 있고, 사법수단보다 그 절차가 용이하다는 점에서 여전히 권리구제의 수단으로서의 유효성을 지니고 있다고 볼 수 있다.

의회제가 역사적으로 청원으로부터 비롯되었지만 의회와 청원의 관계는 여전히 중요성을 지닌다. 무엇보다도 청원에 대한 심사와 정당한 처리는 의회가 지니고 있는 고유기능인 행정통제로 이어지며, 청원에 포함된 내용은 의회의 정책 자료가 될 뿐만 아니라 살아있는 입법정보에 접하는 계기가 된다. 또한 청원의 내용은 사회 상황의 축소판이라 할 만큼 사회상을 그대로 반영한다.

따라서 국민 여론을 가장 잘 반영하는 청원의 의회에 의한 심사는 의회와 국민 여론이 직접 접촉하는 기회를 부여함으로써 주로 선거 기간에만 집중되는 국민과의 접촉을 통시적(通時的)으로 가능하게 하며, 나아가 청원의 의회 심사만으로도 일반 대중의 소외를 해소시키는 데 기여하게 되고 여론의 수렴과 참여 확대에도 큰 역할을 할 수 있게 된다.

청원의 폭주로 인하여 의회가 '민원처리장화' 할 수 있다는 이유를 들어 청원을 억제하거나 경시하는 견해도 있지만, 이는 의회의 활성화에 정면으로 어긋난다. 의회가 참으로 행정통제와 국민의 권익침해에 대한 구제 및 여론의 수렴에 관심을 경주한다면 청원의 폭주는 오히려 환영해야 할 일이다. 현재 국회의 청원 처리 현황은 열악하기 그지없다. 13대 국회부터 18대 국회까지 국회 상임위원회에 접수된 청원 건수는 총 3,101건인데 그 중 단지 38건(1.2%)만이 채택되었을 뿐, 나머지는 논의조차 되지 않은 채 국회 임기만료로 자동 폐기되고 말았다.

청원의 '국회의원 소개 조항' 폐지해야

청원의 심사와 정당한 처리는 의회가 갖고 있는 행정통제 기능으로 연결된다. 청원에 포함된 내용은 의회의 정책 자료로서 역할함은 물론 입법정보로 전화(轉化)될 수 있으며 경우에 따라서는 전문성 보완의 가능도 수행한다.

시민참여의 효과성은 참여를 위한 제도적 장치만이 아니라 더욱 중요하게는 수용자 측의 반응성(反應性, responsiveness)과 책임성(accountability)에 의해 좌우되는 것이며, 시민참여란 참여자의 정치적 효능감(效能感)이 뒤따를 때 비로소 그 효과성이 실현될 수 있다.

국회에 설치되는 청원실은 직접민주주의의 국회 수용의 차원에서 제도 개선 및 정책 제안과 관련된 집단 온라인청원의 활성화에 초점을 두어야 할 것이다. 개인적인 진정(陳情), 특히 공권력 피해에 대한 진정은 소극적으로만 접수하는 원칙을 취하여 배제하지 않으며, 특히 '공직부패' 관련사항은 진정이라도 적극 수용해야 할 것이다.

또한 청원을 온라인 및 오프라인 양 측면에서 모두 접수할 수 있도록 하고, 청원제도를 실제로 유명무실하게 만든 '국회의원의 소개' 의무 조항은 향후 폐지되어야 할 것이다. 청원이 반드시 국회의원의 소개를 통해서만 비로소 가능하도록 규정되어 있는 현재의 '국회의원의 청원 소개' 규정은 사실상 대중들의 청원권을 크게 위축시키는 것이다.

접수·수리된 청원사안의 심사를 위하여 국회 내에 청원심사특별위원회를 구성하도록 한다. 여기에서 청원특별위원회는 사안의 심사를 위하여 정부 기관에 관련 자료 및 문서 열람 및 정보요청의 권한을 가진다. 청원심사의 결과에 기초하여 해당 기관에 시정 권고를 할 수 있으며, 정책 입안사항일 경우에는 해당 소관위원회에 회부한다. 청원은 어디까지나 대중과 함께 결합되어야 할 것이다.

따라서 청원과 관련된 다양한 정보를 온라인상에서 제공하고 국민들의 서명을 접수하며, 나아가 내용에 대한 지지나 비판 의견을 제시하는 '숙의 혹은 평의'(deliberation)의 과정을 거치도록 한다. 또한 접수된 청원은 그 처리과정을 접수인이 항상 확인할 수 있도록 온라인상으로 투명하게 공개되고 (전자)우편으로 중간에 처리과정을 고지하도록 한다.

한편 주요 정책에 대해 심의하고 토론한 뒤 청원실에 권고안을 제시하는 온라인 시민배심원 제도의 도입을 모색할 수 있다. 참고로 프랑스에서는 온라인 시민배심원 제도를 시행하고 있다. 10~15명으로 구성된 시민배심원들은 정책결정에 직접 참여하지는 않으나 정책에 대해 심의하고 토론한 후 정책당국에 주요 권고안들을 제시한다.

또한 노르웨이의 '민주주의를 위한 청년포럼(Youth Forum for Democracy)'은 전국 각지에서 청년단체를 대표하는 16명의 대표로 구성되며, 이들은 청년층의 정치참여 확대 방안과 사회활동 참여 방안 등에 대한 정책안을 만들어 아동가족부 장관(Minister of Children and Family Affairs)에게 제출한다. 협력자로서의 이러한 정책결정 참여의 경우 비록 최종적인 결정권은 갖지 못하지만, 대표성을 지닌 참가자들이 토론과 합의를 통해 결정한 권고안은 정부의 정책 방향에 상당한 영향력을 행사하게 된다.

그리고 이를테면 100만 명 이상이 서명한 청원은 청원특별위원회에의 회부를 의무화하고 청원특별위원회는 이를 심의해야 한다는 의무조항의 신설을 적극적으로 고려해야 하며, 이 경우 서명인원에 따른 의무

경중(輕重)의 구분을 고려한다. 참고로 미국 캘리포니아 주의 경우, 헌법 개정에는 그 현재 시점의 직전에 치러진 주지사 선거 유효투표수의 8%에 해당하는 주민 서명이 필요하고, 법률 개정에는 6%의 서명이 필요하도록 규정되어 있다. 약간은 다른 차원이지만 미국의 백악관도 30일 이내에 10만 명 이상의 청원 서명이 모이면 백악관은 이에 대해 회답을 해야 한다.

독일 의회의 청원실

참고로 독일 의회에 설치되어 있는 청원실을 소개하고자 한다. 독일 의회에 설치된 청원실은 효율적으로 운용되고 있는 의회 청원실의 모델로서 우리로서는 벤치마킹할 필요성이 있다.

독일 청원실은 의회 내에 구성되어 있고, 청원위원회 사무과와 4개의 청원과로 이루어져 있다. 직원의 수는 약 80명이며, 신규 채용은 판사 자격증이 있는 사람을 채용한다.

연방의회 청원위원회는 청원을 접수, 토의하여 연방의회에 결의안을 제출할 의무가 있다. 청원실은 청원위원회에 대한 전문적이고 행정적인 지원을 담당하며, 청원위원회를 위하여 사건 규명과 민원처리에 대한 제안을 마련한다. 접수된 청원은 연방의회 청원위원회 사무과(事務課)의 사전 심사를 거쳐 4개의 청원과로 이송된다. 이 사전 심사 과정에서 접수된 청원의 약 1/4이 탈락하게 된다. 직원들은 도움말이나 안내, 소개 또는 각종 정보자료 우송 등 가능한 한 지원을 아끼지 않는다. 그러나 모욕적인 내용에는 회답을 하지 않는다.

4개의 청원과는 각기 담당하는 정부 부처나 혹은 직접 민원 대상이

된 기관의 입장을 알아보고 검토한다. 결정 단계에 이르면 근거가 첨부된 결의안을 만든다. 그리고 두 명의 서로 다른 당 소속의 위원회 의원들(보고자)에게 위원회 결의문 채택을 위한 제안으로서 이송한다.

청원위원회는 매년 연방의회에 활동보고서를 제출한다. 2004년 보고서에 의하면, 2004년에 접수된 청원은 17,999건이고 종결 처리된 것은 15,565건이며 개별적으로 처리된 것은 264건이다.

공개 청원은 2005년 9월 1일부터 시험적으로 도입되었다. 청원의 내용이 청원위원회 소관 사항이고 일반의 관심이 될 수 있는 사안이며 공공의 토론에 적합하다고 간주되는 경우 청원실의 심사를 거쳐 청원위원회의 인터넷 사이트에 게재된다.

한편 스코틀랜드에서는 일반 시민들이 의회 홈페이지의 메뉴를 통하여 전자청원(e-petition)을 할 수 있다. 전자청원 사이트는 제안된 청원의 취지와 관련 자료를 제공하고, 이에 찬동하는 시민들은 서명을 함으로써 지지 의사를 밝힐 수 있다. 청원이 완료되면 관련 서류가 의회에 교부되고 공공청원위원회(Public Petition Committee)에서 청원안 상정 여부를 최종적으로 결정한 뒤 청원 절차를 밟게 된다.

이러한 전자 청원은 시민들에게 의정 참여의 기회를 제공함과 동시에 청원 내용에 대한 시민들의 관심과 이해를 높일 수 있으며, 나아가 의원들의 반응성과 책임성도 더욱 제고시킬 수 있는 장점을 지닌다.[4]

국회 내에 청원실을 설치하는 것은 본연의 임무를 전혀 수행하고 않

---

4   김용철, 윤성이, 《전자민주주의》, 오름, 89쪽.

고 직무유기하고 있는 국회가 국민에게 제공할 수 있는 최소한의 예의
이자 의무이며, 왜곡된 이 사회 정치제도를 민주주의의 방향으로 향하
게 하는 첫걸음이다.

무엇을 위한
개헌이어야 하는가?

문제는 권력의 형태가 아니라 시민 권리

개헌을 둘러싸고 그렇지 않아도 말 많은 정치권과 언론에서 경쟁적으로 기사를 만들어낸다.

그러나 이러한 개헌론은 모두 권력의 기술로서의 헌법만을 강조하고 자유와 시민 권리의 기술로서의 헌법이라는 측면은 경시하고 있다. 시중의 개헌론은 대통령 5년 단임 등 대부분 정부 형태를 둘러싸고 전개되고 있다. 물론 제왕적 대통령제와 승자 독식의 구조 그리고 임기 말의 심각한 레임덕 등의 문제점은 시급히 개선되어야 한다.

기실 민주공화국에서 정부 형태가 지향하는 최고의 가치는 국민 주권을 실질화하는 것이다. 하지만 세월호 참사부터 오늘에 이르기까지의 전 과정을 통하여 우리는 국민 주권의 원칙을 실현하는 제도적 장치가 이 땅에서 철저하게 배제되어 있다는 사실을 분명히 확인할 수 있었다.

만약 이제 개헌이 필요하다면 무엇보다도 시민 기본권의 대폭 확충 및 보장이 전제되어야 한다. 먼저 생명권은 유럽연합의 2004년 기본권 헌장 제2조에 명시되어 있다. 국가로부터 인간다운 생활을 보장받을 수 있는 기본적 권리로서의 사회권(droits sociaux) 역시 오늘날 국제적으로 사회권의 기본권성과 규범성을 인정하는데 이론의 여지가 없다. 특히 우리 사회에서 세월호 참사 이후 잇달아 터지고 있는 안전사고 등에서 알 수 있듯이 안전권의 보장은 특별하게 부각되고 있다. 따라서 기본권은 자유 또는 권리에 한정할 것이 아니라 안전까지 포함하는 형태의 기본권 규정이 필요하다. 이밖에 소비자의 권리 보장과 국민의 알 권리 그리고 개인정보보호권도 기본권으로 격상시켜 규정되어야 한다.

위헌결정이 내린 규정도 버젓이 유지돼

흔히 헌법이라고 하면 신성불가침의 영역으로 간주된다.

하지만 프랑스는 2008년 현재 총 24차례의 헌법 개정이 이뤄졌다. 주지하는 바처럼, 우리의 현행 헌법은 군부정권이 6월 항쟁에 밀리면서 이른바 '1노 3김'의 정치적 흥정 끝에 결과된 '임시적' 헌법이라 할 수 있다. 이미 위헌결정이 내려진 조항이 지금까지 헌법규정으로 그대로 유지되고 있으며, 심지어 맞춤법이 틀린 문장도 있다.

현행 헌법 제29조제2항의 군인 및 군무원에 대한 이중배상금지 조항은 이미 1971년 위헌결정이 내려졌지만 지금까지 이를 수정하지 않은 채 현행 헌법에도 그대로 유지되고 있다. 위헌결정이 내려진 조항이 지금 헌법규범으로 작동하고 있는 어이없는 일이 벌어지고 있는 것이다.

한글 맞춤법이 틀린 헌법규정

한편 현행 헌법규정 중 한글 맞춤법에 위배되는 조항도 버젓이 존재한다.

헌법 제130조 제2항(이하 모두 헌법 조항이다)의 "헌법개정안은 국회가 의결한 후 30일 이내에 국민투표에 붙여"에서 "국민투표에 붙여"라는 표현은 "국민투표에 부쳐"로 써야 맞다. 제53조 4항의 "국회는 재의에 붙이고"도 "재의에 부치고"가 맞고, 제72조 "국민투표에 붙일 수 있다"도 "부치고"로 고쳐야 타당하다. 헌법은 국가의 토대를 이루는 기본법이며 국민 생활의 근간이 되는 일종의 교과서로서 헌법규정의 맞춤법이 잘못되어 있다는 것은 지극히 바람직하지 않다.

헌법재판소와 대법원, 법조인만의 전유물일 수 없다

한편 현재 우리나라 대법원의 대법관과 헌법재판소의 헌법재판관은 모두 판사나 검사 출신 혹은 법원행정처 근무 경력을 지닌 인물로 채워져 있다. 이러한 경우는 세계적으로도 한국 외에 존재하지 않는 기형적 형태이다. 헌법재판소나 대법원이 현직 법조인의 승진구조로 전락해서는 절대 안 될 일이다. 마땅히 인권운동가를 포함하여 학계 등 전문가들이 다수 포괄되어 다원화되어야 한다.

세계적으로 유일하게 대통령 직속으로 묶여 있는 감사원 역시 정상적인 위상으로 복원되어야 한다.

직접민주주의와 지방분권

개헌론에서 빠뜨릴 수 없는 핵심적 요소는 바로 국민발안, 국민투표 그리고 국민소환 등 대통령을 위시한 행정부와 의회 권한을 통제하기 위하여 직접민주주의 제도를 확충하는 일이다. 우리 사회의 극심한 정치 불신은 국민소환제에 대한 압도적 찬성 여론에서도 확인된다. 직접

민주주의 요소를 도입함으로써 권력분립과 대의민주라는 형식적 틀을 지니고는 있지만 실제로 권력에 대한 통제를 할 수 없고 대의가 불가능한 현재의 통치 및 대의정치 구조를 국민 주권주의라는 대전제하에 실질적으로 놓이게 해야 한다. 그럴 때 비로소 진정한 민주공화국을 실현하는 굳건한 디딤돌을 구축해낼 수 있다.

스위스의 경우 연방헌법 개정은 국회가 아닌 유권자 10만 명 이상이 헌법개정안을 발의하고 국민투표에 의하여 결정한다. 그러므로 국민발안의 대상은 헌법 개정 사안을 비롯하여 국회의원들이 자신들에게 불리한 입법을 하지 않거나 유리한 입법을 하는 경우의 입법발안까지 포함해야 할 것이다.

특히 프랑스 헌법 제1조 제1항 "프랑스는 지방분권으로 이루어진다."는 규정처럼 공화국의 지방적 성격을 분명히 제시할 필요도 있다. 미국 민주주의의 발전은 기실 지역 민주주의의 연방으로의 확대 과정이었다. 중앙집권에서 지방분권으로의 지향은 바야흐로 세계적인 추세이다.

만약 직접민주주의와 지방분권의 효과적인 결합 및 시행을 통하여 우리의 지방자치가 '정치꾼들의 일자리 창출'을 돕는 지방자치의 부정적 행태를 크게 극복하고 진정한 지방자치를 확립하게 될 수 있다면, 지역 민주주의의 확립을 토대로 하여 전국적으로 민주주의를 실현시키는 효과적인 첩경이 될 것이다.

통일을 위한 일
모색

국제정치는
세력정치

　통일이야말로 우리 한민족의 숙원이며 지상 과제이다.

　기실 남북 공히 나타나는 민주주의의 지체 현상 역시 민족 분단에 그 기원을 두고 있으며, 과도한 국방비 지출로부터 벗어나고 민족의 경제적 도약을 위해서도 반드시 통일이 필요하다.

　주지하는 바와 같이, 한반도 분단에서 드러난 것처럼 한반도는 주변 강대국의 영향력이 가장 민감하게 작동하는 지역이다. 따라서 한반도 통일과 관련된 주변 국가의 정책과 동향을 분석하는 것은 우리에게 항상 요구되는 중요한 작업이 아닐 수 없다.

　그 중에서도 우리와 국경이 육지로 접해 있고 역사적으로 불가분의 관계를 맺어왔으며, 현재 남북한 양측과 모두 우호적 관계를 유지하는 유일한 국가인 중국은 향후 한반도통일의 과정에 있어서도 핵심적 변수일 수밖에 없다. 특히 중국이 G2의 국제적 위상으로 신속하게 부상하면서 기존의 수세적인 외교노선을 역동적으로 수정해나가고 있는 현 시점에서 중국의 한반도 통일 정책의 변화와 동향에 대한 탐구는 통일의 길에 대한 모색 과정에서 매우 유효한 방법이 될 것이다.

우리 사회에서 중국이 한반도 통일에 소극적이며 결국 한반도 분단 유지의 '현상유지론'을 선호하고 있다는 주장은 폭넓게 퍼져 있다. 2013년 말 현대경제연구소에서 실시한 여론조사 결과에 따르면, 한국인들이 생각하는 통일에 걸림돌이 될 나라는 중국 45.2%, 일본 28.6%, 미국 16.4%의 순으로 나타났다. 또 2014년 8월 아산정책연구원에서 실시한 여론조사에서도 중국 25%, 미국 21%, 북한 19.7%, 일본 17.6%의 순으로 여전히 중국을 가장 큰 걸림돌로 인식하고 있는 것으로 나타났다.

중국이 한반도 통일을 지지한다는 중국 정부의 공식적인 주장에도 불구하고, 적지 않은 한국인들은 중국이 향후 한반도 통일에 큰 걸림돌이 될 것이라고 생각하고 있는 것이다.

우리 민족은 오랜 역사 기간 주변 강대국에 둘러싸인 '약소국으로서 피해의식'을 반영해서인지 현재에 이르러서도 국제관계를 읽는 시각에 있어서 정의 혹은 평화 등의 추상적 가치 위주의 사고방식을 대입하려는 경향이 적지 않다.

그러나 국제관계에 있어 영원한 적도, 영원한 친구도 없다. 변화하지 않는 상황이란 존재하지 않는다. 다만 현실적인 국가 이익이 존재할 뿐이다. 대표적인 국제정치학자 한스 모건소(Hans Morgenthau)의 말처럼

"국제정치란 세력정치(power politics)"이다.

결국 향후 우리의 국제관계에 있어서도 현실적인 실리 추구의 접근 방식이 절실하다. 특히 우리 민족은 과거 외교 역사에서 기존의 관행과 사고방식을 넘어 유연한 외교적 방책을 구사하지 못함으로써 빈번하게 위기를 자초해야만 했다.

주지하는 바와 같이 현재 한국과 미국은 동맹 관계이다. 하지만 그 한미동맹은 수평적이고 대칭적인 동맹관계가 아니라 이른바 '비대칭동맹(asymmetric alliance)'이다. 비대칭동맹이란 대등한 국력을 가진 국가 간의 동맹이 아니라, 강대국이 안보를 보장하는 대가로 약소국이 자신의 자율성을 일부 희생하는 동맹관계를 말한다.

현 국제질서의 특징은 '구질서(Old Normal)'의 대표 주자 미국의 쇠퇴와 '신질서(New Normal)'의 대표 주자 중국의 부상으로 표현될 수 있다. 그러나 향후의 국제질서는 비록 중국이 세계적인 강대국으로 강력하게 그 위상을 정립하기는 하겠지만, 중국의 힘은 아무리 높이 평가해 준다고 해도 지난 시기 미국이 발휘했던 팍스 아메리카나(Pax Americana)와 같은 그러한 완전한 '일극체제(一極體制, Unipolar system)'의 패권체제(Hegemonic system)에 미치지는 못할 것으로 평가된다. 결국 향후의 국제질서는 여전히 미국과 중국, 유럽, 러시아, 일본 그리고 인도 및 브라질 등의 신흥국이 병립하는 '다극체제(Multipolar system)'로 운용될 것임을 말해준다.

따라서 우리로서는 현재 미국과의 비대칭적 동맹관계를 극복하는 동시에 향후 더욱 밀접해질 수밖에 없는 중국과의 관계에서 역사 시기에 존재했던 조공관계 등의 주종관계를 넘어서서 반드시 평등하고 수평적인 관계를 지향하고 성취해내야 할 역사적 과제를 안고 있다.

중국의 주변외교와
동북아 안보전략

　현재 중국의 주변외교는 현재 '유온외교(維穩外交: 온건유지 외교)'에서 점진적으로 '유권외교(維權外交: 권한유지 외교)'로 변화하고 있는 과도기로 볼 수 있다.

　여기에서 '유온(維穩)'이란 주변 환경에 대한 중국의 평화 발전의 희망을 기본적으로 반영하는 기존 중국 주변외교의 주류 현상인데, 그간 중국 국내에서 지나치게 유약하여 영토주권을 보위하지 못하고 있다는 비판을 받기도 하였다. 이에 중국은 선린외교 원칙을 견지함과 동시에 "굳건한 의지로 유권(維權) 활동을 배치함으로써 주변에 신뢰할 수 있고 동시에 마음대로 도발할 수 없는 새로운 대중국 인식을 심어줄 필요성"을 보여주는 강온 겸비의 원칙을 주창하고 시행해나가고 있다. 이러한 중국의 변화된 외교 정책을 싱가포르 학자 천강(陳剛)은 '강세외교(强勢外交)'로 규정하면서 시진핑 집정 후 '중국몽(中國夢)'의 제기, 동중국해에서의 방공식별구역 선포 그리고 국가안전위원회 설치가 그 주요한 표현이라고 설명한다.

　다만 중국은 최대한도로 미국이 제정한 국제사회의 규범들을 준수함과 동시에 자국의 국익은 최대화하는 방향으로의 매우 현실적인 이른바 '방어적 현실주의(Defensive Realism)'의 노선을 취할 것이라는 전망이 여전히 많다. 즉, 현재 남중국해 및 댜오위다오 등 주권과 영토 문제에서 보이는 중국의 일련의 '공세적(assertive)' 외교는 새로운 외교 '정책(policy)'이 결정되어 '주도적이고 계획적으로' 실행한 결과라기보다는 다양한 국내외적 상황에 '반응적(reactive)이고 즉자적으로' 대응하는 과정에서 나타난 외교 '행태(behavior)'의 변화라는 것이다.[5] 예를 들어, 2008년 이후 남중국해 분쟁을 연구한 Fravel은 중국의 행동을 '공세적'으로 볼 수 없다고 분석한다. 여기에서 '공세적'이라는 용어는 "분쟁 혹은 관계의 현 상태(status quo)를 변경하기 위하여 취하는 새롭고(new) 일방적인(unilateral) 행동"으로 정의된다. 이러한 정의에 따른다면, 중국의 행위는 기존 행태의 반복이지 새롭게 확대된 것이 아니며, 현상 타파를 시도하지 않는다는 것이다.

동북아 안보전략하에서 한반도에서의 중국의 가장 중요한 전략적 이익은 한반도 평화안정 유지로 볼 수 있다. 여기에서 평화안정 유지란 한반도의 장기적 분열 상태의 유지와 동일하지 않다. 반대로 북미관계가 틀어지지 않도록 하고 북한 경제가 연착륙할 수 있도록 지원함으로써 한반도가 상대적으로 평화롭고 안정적으로 냉전에서 벗어나 자주평화 통일을 실현시키는 것이다. 다음으로 한반도에서의 중국의 두 번째 전략적 이익은 중미 양국 전략관계의 총체적 안정 유지이다. 그리고 한반도 비핵화 실현은 한반도에서의 또 하나의 중요한 전략적 이익이다. 마지막 전략적 이익은 한반도에 대한 전략적 영향력을 유지, 발전하여 중국에 우호적인 통일 한반도를 출현시키는 것이다.

현 시기를 '지역강대국(regional power)'에서 '국제적 강대국(global pow-

---

5   이에 대해서는 조영남, "중국은 왜 강경한가?: 2008년 세계 금융위기 이후의 중국 외교 평가", 「국제지역연구」 22권2호, 2013 여름호 논문을 참조할 것. 이 논문에 의하면, "만약 중국의 외교 정책이 공식적으로 변경되는 시점이 실제로 온다면 아마도 국내총생산(GDP) 규모를 기준으로 중국이 미국을 제치고 세계 1위의 경제대국이 될 것으로 예상되는 2020년 전후가 될 가능성이 높다."

er)'으로 부상하는 과도기로 인식하고 있는 중국은 경제력과 군사력을 강화함과 동시에 주변지역, 특히 동아시아 지역에서의 영향력을 유지, 확대해나가는 것을 전략적 문제로 파악하고 있다.

이러한 상황에서 중국은 북핵문제를 적절하게 관리하는 동시에 경제적 접촉을 강화하여 북한의 개혁개방을 유도한다는 구상을 갖고 있다. 구체적으로 중국은 2005년경부터 대북한 경제 전략을 '위기관리(crisis management) 전략'에서 '적극적 접촉(active engagement)'의 전략으로 전환하고 이를 통하여 장기적으로 북한의 변화를 유도하는 정책을 추진하고 있는 것이다. 기존의 위기관리 전략에서 중국이 최소한의 지원을 통하여 북한 붕괴를 방지하는 데 초점을 두었다면, 적극적 접촉 전략에서는 북한을 중국식 개혁개방으로 유도하는 데 초점을 두고 있다고 볼 수 있다.

한반도 통일에 관한
중국 학계의 논의

한반도 통일에 대한 중국 학계의 논의는 그다지 활발하지 못한 분야에 속한다. 특히 중국과 북한의 특수 관계를 의식하여 이와 관련된 논의는 일종의 금기 영역이었다. 그러나 최근 들어 한반도 통일 문제에 대한 학계의 논의는 점차 증가하고 있고, 특히 한중 양국 교류의 폭발적인 증가와 함께 한반도 통일에 대한 긍정적 관점도 적지 않게 발견되고 있다. 이러한 시각은 한반도 통일에 대한 중국의 기존 정책이 북한 지지 입장으로부터 변화되는 과정을 고찰하면서 새로운 정세에서 한반도 통일이 중국에 유리하다는 점을 분석하고 있다.

이들의 논리에 의하면, 중국은 냉전 체제하에서 장기간에 걸쳐 북한이 통일과 관련하여 제기한 모든 건의와 조치를 무조건적으로 지지하였다. 반면 한국에 대해서는 미국이 중국을 억제하고 봉쇄하는 교두보로서 미국 수중의 수단일 뿐이라고 파악하였다. 중국은 한국에 대하여 강렬한 이데올로기적 편견을 지니고 있었다. 그리하여 20세기 70-80년대 중국은 남한의 통일 제안은 "비현실적이며 허구적이고", "현실 회피이며", "한반도 영구분단"에 목적이 있는 것으로 비난하였다. 그러나 80년대에 이르러 외교정책의 조정에 따라 중국의 한반도 정책 역시 변화가 발생하였다. 그리고 한중 수교 이후 중국의 한반도 문제에 관한 표현은 일종의 피동 상태의 기존 국면을 벗어나 더욱 주도적으로 되었다.

특히 북한은 거듭되는 핵실험에서 "북한은 자주 중국-소련 카드를 활용하였다. 어떤 시기에는 소련에 접근하다가 어떤 시기가 되면 중국에 접근하였다. 이는 중국으로 하여금 북한의 신뢰도에 대하여 의심하게 만들었다. 2006년 10월의 북한 핵실험에서 평양은 중국에게 실험 20분 전에야 통고하였는데 러시아에는 이보다 빨리 통고하였다."[6] 이렇듯 거듭되는 북한 핵실험에 대하여 중국 대중들의 반감도 확대되고 있고, 내외적 정세 변화와 더불어 한반도 통일에 대한 중국 대중의 시각에도 변화가 발생하였다.

"많은 중국 네티즌들은 중국이 평화방식으로 통일된 한국으로부터

---

6   Debin Zhan, "Chinese People's Understanding of the Korean Unification Issue",
     Asian Social Science, Vol. 8, No. 3; March 2012, p. 67.

이익을 얻는 국가라고 생각하고 있다. 그들은 또한 통일된 한국이 중국 주변의 엄청나게 불안정한 잠재적 분쟁을 영원히 제거할 것이라고 믿고 있다. 그렇게 되면 중국은 훨씬 정력적으로 국내 발전에 집중할 수 있게 되고 타이완 문제도 해결할 수 있게 된다."[7]

이러한 상황은 정부 정책에도 일정하게 반영되어 북한 입장의 지지라는 중국의 기존 한반도 정책은 급속도로 변화되었다. 물론 7천만 명에 이르는 인구의 통일 한국이라는 거대시장의 출현이 중국 경제에 이익이라는 점도 한반도 통일이 중국에게 가져올 유리한 조건이다.

'현상유지'에서 '현상극복'으로, 중국 학계의 새로운 시각

일반적으로 중국은 한반도 통일과 관련하여 '현상유지'를 선호하는 것으로 이해되어 왔다. 그런데 최근 들어 중국 학계를 중심으로 한반도 현상유지가 오히려 미국의 전략적 이익에 부합하며 한반도 현상유지를 돌파하는 것이 중국 이익에 부합한다는 논의도 존재한다. 이러한 논리는 중국이 전통적으로 완충지대로서의 북한을 상정해왔으나 이제 한반도 전체가 완충지대로 설정되어야 하지 않는가, 그것도 아니라면 남한을 완충지대로 설정해야 하지 않는가라는 문제를 제기한다.

"많은 학자들이 역사상 한반도의 중국에 대한 영향에 대하여 대단히 주목하고 이로부터 북한은 중국의 전략적 완충지대라는 결론을 도출하여 안정을 전제로 하여 통일되지 않으면서도 불안정하지 않은 한반도가 중국에 유리하다는 관점을 주장한다⋯⋯ (중략)⋯⋯ 그러나 '현상유지론'은 실제로는 중국의 동북아지역 전략과 동북지역의 발전 이익을

---

7   陳向陽, "中國對朝鮮半島統一政策淺析", 「亞非縱橫」 2012年 第5期, 23쪽.

포기하는 것이며, 특히 미국에게 중국을 억제할 절호의 기회를 제공한다. 중국의 동북아지역 전략 목표를 참조하여 체계적으로 분석하면 현재의 한반도 분열상태의 종식이야말로 중국의 이익에 가장 부합한다. 만약 한반도 분열상태의 유지가 중국의 이익에 부합하지 않는다면, 이른바 북한이 중국의 전략적 완충지대라는 주장 역시 논리적 근거를 상실하게 된다."[8]

이 주장, 이른바 '북한 완충지대론'은 미국 요인을 가장 중요한 변수로 설정하는 논리하에 추론한 관점으로서 "중국이 강대한 상황에서 이른바 완충지대는 결국 심대한 부담으로 작용하게 되며, 그러므로 만약 반드시 완충지대를 설정해야 한다면 분열 상태의 북한을 완충지대로 간주할 것이 아니라 전체 한반도를 중국의 전략적 완충지대로 파악해야 한다."라고 분석한다. 그리고 "만약 중국이 허약하거나 혹은 공세 외교를 펼친다면 한반도의 미국 일변도 정책 선택 가능성은 대단히 높고, 반대로 만약 중국이 강대하거나 혹은 협력 외교 정책을 펼친다면 한반도의 중립 외교정책 선택 가능성은 대단히 높다."라고 주장한다.

'한반도 통일 후 주한미군'의 향방에 대한 중국 학계의 논의

한반도 통일과 관련하여 중국이 가장 우려하고 있는 점은 바로 통일 후 주한미군의 향방이다. "한반도 통일에 대하여 중국이 계속 주저하고 망설이는 것은 거의 대부분 통일 후 미군이 한반도에 계속 주둔하는 것에 대한 우려에서 비롯되며, 이는 아마도 한반도 분단의 현상보다 더

---

8   金强一, "解決朝鮮半島問題的方法, 視角及路徑選擇", 〈東北亞論壇〉, 2012年 第2期, 53쪽.

좋지 않을 것이다."[9]

이와 관련하여 중국 학계에서는 주한미군의 존재 형식에 대한 제안도 제기되고 있다. "향후 주한미군의 존재 방식은 기존의 일방적 고정 기지 보유에서 사용 승인의 전제하에 협의의 방식에 의한 군대 설립으로 변화되어야 하며, 주한미군의 성격과 역할의 측면에서는 일방적 군사주둔으로부터 쌍방 군사협력으로 변화하고, 일방적 방위로부터 공동방위 혹은 주한미군을 평화유지군으로 변화시키고 동시에 한반도에 다국적 평화유지군을 배치함으로써 상호 견제의 효과를 이루게 한다."[10]

중국은 한반도 통일이 외부로부터의 간섭 없이 자주적으로 이뤄져야 한다고 주장한다. 물론 이는 미국의 주도로 한반도 통일이 이뤄지는 것에 대한 반대 입장이다. 중국은 통일 이전이든 통일 이후든 한반도가 중미 양국 간의 일종의 완충지대로 역할함으로써 중국이 동북아지역에서 추구하고 있는 일종의 세력균형 정책에 기여하기를 희망하고 있다. 중국은 또한 독일식 흡수통일이나 무력 방식에 의한 통일에 대해서는 반대한다. 그리고 통일된 한반도가 핵무장화하는 것에 반대하고, 통일 한반도가 친미 국가가 되거나 중국에 비우호적 국가가 되는 것을 희망하지 않는다. 특히 중국은 미국과 일본 그리고 통일 한반도의 3각 동맹이나 미군이 압록강에 주둔하는 것을 보고 싶어 하지 않는다.[11]

물론 한반도 통일이 주한미군의 계속 주둔의 원인을 제거함으로써 주한미군이 철수할 수밖에 없다는 예측도 존재한다. 이에 따르면, "한

9   郭銳, "朝鮮半島與中國大戰略", 〈解放軍外國語學院學報〉 2006年 第29卷 第1期, 117쪽.
10   董慶霞, 王媛媛, 胡雲霞, "淺析朝鮮半島統一的阻碍因素及其解決路徑", 〈學理論〉 2013年 30期, 25쪽.
11   Debin Zhan, Ibid, pp.70-71.

반도의 분열대치 상황, 북핵 문제와 미사일 문제는 정확하게 미국에게 동북아 문제에 대범위로 개입할 이유를 제공하게 된다. 만약 남북한이 화해 혹은 통일을 실현하게 되면, 미국의 주둔 및 미사일방어시스템은 그 평계를 상실하게 되고 결국 전략적으로 커다란 조정을 하게 되고 중국은 동북부의 경계 상황이 전면적으로 완화되어 주요한 힘을 타이완 문제에 집중할 수 있게 된다."[12] 이러한 주장은 한발 더 나아가 중국이 적극적으로 한반도 통일을 지지하고 추동해야 한다는 견해를 피력한다. "한반도의 장기적 분열과 긴장 국면은 중국 동북부의 안전에 엄중한 영향을 미치며, 남북한을 미국의 전략 궤도에 흡수시켜 중국 견제라는 전략 목표에 복무하게 한다. 따라서 중국은 반드시 적극적으로 한반도 위기 해결을 추동해야 하고 남북한 쌍방의 민족통일 노력을 지지함으로써 미국의 전략 포위에 있어 하나의 돌파구를 만들어내야 한다."

현상에 대한 능동적 타개 필요

따라서 한반도 통일과 관련된 중국 정부와 학계의 시각은 중국 국력의 신장과 더불어 '도광양회' 등 기존의 수세적이고 피동적인 관점이 분명하게 변화하고 있다는 사실을 알 수 있다.

물론 학계의 주장과 시각이 곧바로 정부의 정책으로 이행된다고 볼수는 없다. 그러나 우리의 경우와 비교하여 중국에서 정부와 학계의 관계는 상대적으로 상호 공유하는 공감대가 더 크다는 점 또한 인식해야 한다. 따라서 중국 학계의 견해는 머지않아 공식적인 정책으로의 실행

---

12 劉雪蓮, 霍雪輝, "中國在朝鮮半島的地緣安全戰略分析", 〈東北亞論壇〉 2007年 第16卷 第5期, 55쪽.

가능성도 높다고 평가될 수 있다. 한반도 통일과 관련된 중국 학계의 동향을 우리가 예의주시할 필요성은 여기에 있다.

현재 중국 학계를 중심으로 한반도 분단의 '현상유지론'이야말로 중국에 대한 미국의 봉쇄 전략에 가장 좋은 기회를 제공하는 것으로서 한반도 분단의 종식이 중국의 이익에 가장 부합하며, 이는 나아가 타이완과의 통일에도 유리한 조건을 조성한다는 주장이 개진되는 등 한반도 통일과 관한 중국 내 논의 지형은 상당한 변화가 발생하고 있다.

현대 시대는 전쟁의 시기가 아니다. 전쟁이 아니라면 결국 협상과 대화로 통일을 이끌어내야 한다. 한반도 통일과 관련하여 중국이 가장 원하지 않은 그림은 주한미군이 압록강까지 진출하여 주둔하는 것이다. 이는 중국으로 하여금 역사상 처음으로 국경에서 미군과 직접 대치해야 하는 상황에 직면하게 만든다. 사실 미국의 입장에서도 주한미군의 현상유지는 협상 가능한 현실적 방안이다. 미국은 한반도 통일 시 주한미군에 대한 철수 요구가 강력해지는 상황을 우려한다. 이러한 상황에서 철수 요구가 아니라 현상 유지, 즉 휴전선에서 더 이상 전진하지 않는 현상 유지의 카드가 제시된다면 미국 역시 이에 화답할 가능성은 높을 것으로 보인다. 중국 역시 공식적 입장은 한반도 통일 후 주한미군 철수이지만 주한미군이 북한 지역에 진입하지 않는 선에서 타협할 가능성이 높다. 이렇게 한반도 통일과 관련하여 중국의 가장 큰 우려와 함께 미국의 불안감을 동시에 해소시켜준다면 중국과 미국은 한반도 통일이라는 문제에서 최소한 적극적 반대의 입장을 취하지 않을 것이다.

결국 먼저 우리가 주한미군의 미래와 관련한 중국의 우려를 해소시키고 통일에 유리한 조건을 만드는 현상 타개 방안을 적극적이고 능동적으로 구사할 필요성이 있다. 그리고 이러한 방식은 통일을 앞당기는 중요한 계기로 작용할 수 있을 것으로 판단된다.

2장

사회 기본의
재구축을 위하여

제도를 넘어 시민으로

'기준'과 '원칙'이 있는 사회를 위하여

사회란 다양한 개인과 집단들로 구성되어 있기 때문에 어느 한 사회가 원활하게 그 기능을 발휘하기 위해서는 무엇보다도 의사소통의 체계가 정립되지 않으면 안 된다.

어느 사회든 그 구성원들은 일정한 규범에 의하여 제정된 언어를 수용하여 강제적으로 따르게 되는데, 이 의사소통의 매개인 언어를 바로 규약의 체계, 즉 코드(code)라고 한다. 개인은 이 사회적 규약에 토대를 둔 언어에 근거하여 언어생활을 영위하게 되며, 이러한 언어의 국가 사회적 규범을 지배하는 것이 바로 '표준(標準)'이다.

우리 사회에서 '기본'과 '원칙'이 충실히 지켜지지 않고 있다는 점은 오늘 우리 사회가 안고 있는 갖가지 문제를 야기시킨 근본적인 요인이라 말할 수 있을 것이다.

'기준(基準)'이나 '표준(標準)'의 의미를 지니고 있는 영어 'standard'는 원래 '군기(軍旗)'라는 뜻으로서 중세시대 전쟁에서 병사들이 전투를 벌이는 가운데 가장 높은 곳에 꼿꼿하게 박아놓고 병사들로 하여금 결전을 치르도록 하는 의미가 있었다. 이 군기가 쓰러지면 병사들은 더 이상 전진을 하지 못하고 패퇴해야만 했다. 따라서 'standard'라는 단어는 전쟁터의 용사들이 적의 어떠한 공격에도 굴하지 않고 꼿꼿이 버티는 자세에 적용되어, '최후의 저항, 반항, 확고한 입장'이라는 의미를 지니고 있었다.[1]

결국 '기준', 혹은 '표준'이라는 의미를 지니는 'standard'는 사회의 최후의 버팀목이라는 뜻을 내포하고 있다. 그러므로 이 '기준'이 무너지게 되면 전체 사회가 붕괴한다는 것을 의미하게 된다.

'기준'과 '원칙'을 나타내는 'principle'의 어원은 라틴어 'principium'으로부터 비롯된 것으로 그 의미는 '시작', 또는 '근원'이다. 사실 '법'을 뜻하는 'law'의 어원도 'origin'으로서 '근원'이다. '규칙'을 말하는 'rule'의 어원은 "똑바로 가다"에서 비롯되었다. '시작' 또는 '근원'이 없으면, 아무 것도 존재할 수 없다. 이렇듯 '기준'이나 '원칙'은 '근원' 혹은 '똑바로 가는 것'으로부터 '시작'되는 것이다.

공자가 필생의 사업으로 《춘추(春秋)》를 기술한 목적은 바로 '천하의 표준'을 삼고자 함에 있었다. 공자는 노나라의 사구(司寇)로 일했는데, 제후들에게 시기를 받았고 대부들에게 배척을 당하였다. 그는 끝내 자기의 말이 채택되지 않고 자신의 학술은 실행될 수 없음을 알고 《춘추》를 통하여 역사의 시비(是非)를 평론함으로써 '천하의 표준'으로 삼아 제왕을 비판하고 제후를 질책하였으며 대부(大夫)는 성토하였는데, 그

---

1   김현권, "언어를 둘러싼 표준 이야기", 〈기술표준〉 제75호, 2008년.

목표는 왕도(王道)를 달성하는 데 있었다.

실로 사회의 '원칙'과 '기준'이 무너지면 그 사회는 결코 존립할 수 없게 되고 스스로 근저로부터 붕괴되는 것이다. 일본 원전 위기 역시 이러한 '기준'과 '원칙'을 지키지 않은데서 비롯된 것이었다.

지켜야 할 진정한 '가치'와 '권위'를 결여하고 무엇을 '보수'해야 할지도 모르는 보수, 그리고 지향해야 할 진정한 '가치'와 '대안'을 확신 있게 제시하지 못하는 진보 모두 먼저 스스로 뼈아픈 반성으로부터 다시 시작해야만 한다.

언제까지 '관군'에게
우리의 운명을 맡겨야 하나?

세월호 참사 과정을 지켜보면 지켜볼수록 '관군과 의병'의 구도가 뇌리에서 떠나지 않는다. 사고 현장 부근에서 모여든 어민들이 60여 명을 구조했고 선상에서는 승객 민간인들이 서로 도우면서 구출될 수 있었다. 반면 '관군'은 거의 도움이 되지 않고 도리어 민폐만 끼친 적이 한두 번이 아니다.

만약 이 땅에서 원전 사고라도 발생하면 어떻게 될까? 생각하기조차 끔찍하다. 세월호 침몰에서 선장을 비롯한 '선박직' 직원 전원이 먼저 도망치듯이 원전 안전을 직접 책임지고 있는 책임자들이 먼저 빠져나가는 모습이 자꾸 떠오르는 것은 나만의 오해이기를 간절히 바란다.

대한민국에서 살기가 두려워진다. 아무도 책임지는 사람이 없는 사회, 결국 내가 나 자신을 혼자 책임져야 하는 나라. 그간 우리나라는 나라도 아니라는 말을 적지 않게 들었지만 참으로 실감난다. 우리는 언제까지 형식적인 민방위 훈련만 하고 있어야 할까! 바다가 전혀 없는 스위스도 '주민보호청'에서 수로안전에 관한 전문적이고 체계적인 안전 관리 시스템을 운용하고 있다.

공무원제도에 대한 근본적 재검토 필요

국가를 재구성해야 할 시점이다.

무엇보다도 이 땅의 관료집단이 참으로 문제다. 일반적으로 대통령이나 국회의원들이 우리 국가를 좌지우지하는 것처럼 보이지만, 잘 생각해보면 사실 빙산의 일각에 불과하다. 언론에 요란하게 소개되고 사회적 이슈가 되는 몇몇 문제에 대해서만 '대국민 보여주기 쇼에 특출한 장점을 지닌' 정치권이 일시적으로 잠깐 결정할 뿐이다. 평소 일상적인 거의 대부분의 국가 업무는 관료 혹은 공무원들이 지속적으로 담당한다.

관료와 공무원들의 수준은 국민 생활과 직결되며, 전체 국가의 수준을 결정한다. 그리고 세월호 참사에서 우리 관료들의 수준은 너무도 잘 드러났고 대한민국이라는 국가의 수준도 고스란히 그 민낯을 드러냈다.

기본이 제대로 갖춰져 있지 않은 나라. 물론 그간 고도 성장기에서 우리 사회에서 관료들이 수행했던 순기능도 존재한다. 그러나 이제 우리는 관료들의 무능과 무책임이 우리 사회의 진전을 가로막는 장애물로 막아서고 있는 현실을 목도하고 있다. 무엇보다 철밥통 관행이 깨져야 한다. 기실 철밥통 제도란 정치권력의 압력에 굴하지 말고 오직 국민을 위하여 열심히 일하라는 전제하에 제공된 것이었다. 하지만 이 제도는 지금 본래의 존재 의미를 상실하고 주객전도되었다.

국민에게 관료조직에 대한 견제 장치는 거의 존재하지 않는다. 우리 국민 한 사람 한 사람이 인간답고 안전하게 살 수 있도록 만들기 위해서라도 분명한 제도적 장치가 마련되어야 한다. 국민의 세금으로 월급을 받는 공무원들에 대하여 국민들은 당연히 퇴출 명령 혹은 소환령을 내릴 수 있어야 한다. 이를테면, 어느 한 고위직 공무원에 대한 퇴출(혹은 소환) 청원에 100만 명 이상이 서명하면, 국가기관이 조사에 착수하도록 하는 방안이 고려될 만하다. 참고로 미국 캘리포니아 주의 경우, 헌법 개정에는 그 현재 시점의 직전에 치러진 주지사 선거 유효투표수의 8%에 해당하는 주민 서명이 필요하고, 법률 개정에는 6%의 서명이 필요하도록 규정되어 있다.

또한 관료사회에 새로운 신진대사가 이뤄져야 한다.

사실 우리 사회에 얼마나 능력 있고 의욕이 넘치는 인재들이 많은가? 또 지금 얼마나 많은 젊은이들이 국가와 사회를 위해 공헌하고 봉사할 기회조차 봉쇄당하고 있는가? 모든 국민에게 국가를 위해 봉사할 수 있는 기회를 활짝 열어 개방하고 제공해야 한다. 이는 국민이 마땅히 갖는 공무 담임권이기도 하며, 한번 실패하면 대부분의 경우 영원히 재기할 수 없게 되는 우리 사회에서 소중한 패자부활전이기도 하다.

'대한민국호'는 재조직되어야 한다

우리는 우리의 인생을 그리고 사회를 배와 선장으로 곧잘 비유해왔다. 그 비유에서는 항해사와 조타수도 등장한다. 그런데 세월호 참사에서 선장은 배를 안전하게 지휘하며 최후까지 지키는 본연의 임무를 전혀 수행하지 않았고 항해사는 엉터리 항해를 하였으며 조타수는 잘못된 조타를 하였다. 그리고 그들은 보호해야 할 승객들을 버리고 가장먼저 도망쳤다. 해경은 그 선원들의 '안전한 도망'을 도우면서 정작 선실의 수많은 승객 구조에는 의지조차 없었고, 승객의 119 구조전화로

출동한 소방헬기들의 구조를 '영역'을 내세워 무산시켰다. 또 '안전' 전문가는 한 명도 없는 '중대본'은 전원 구조라는 어이없는 '중대' 선언만 남긴 채 실종되었다.

'대한민국호'의 선원, 즉 관료집단은 어느 한 곳 성한 데 없이 송두리째 기본을 저버렸고 책임을 수행할 의지도 능력도 전혀 없었다. 관료 시스템은 무능하고 부패했으며 철저히 노후화했다. 폐품 세월호처럼 현재의 관료 시스템은 부분적으로 땜질하는 수준으로 결코 복원될 수 없는 상황에 이르렀다.

우리는 기상청이 일기예보를 제대로 예보하는 것을 보고 싶다. 87억 원이나 한다는 슈퍼컴퓨터까지 도입했다는데 왜 그리 정확한 예보는 나오지 않는지 알 수 없는 노릇이다. 또 하루가 멀다 않고 온통 비리와 부패로 뉴스에 도배되면서 오로지 승진을 위한 관료조직으로 전락했다는 쓰라린 비판을 받는 우리의 슬픈 군대 조직이 진정으로 국가 안보를 위한 믿음직한 보루가 되기를 충심으로 바란다. "음지에서 일하고 양지를 지향한다."면서 실제로는 해킹이니 댓글이니 사찰이니 하여 끊임없이 논란을 가중시켜 음지와 양지가 완전히 뒤바뀐 듯한 국정원이 진정 국가의 유익한 정보를 위한 조직이기를 희망한다. 그리고 마치 흑백 TV 시대로 되돌아간 듯한 TV와 언론 매체들이 부디 공정하고 정확한 뉴스를 위해 노력하는 모습을 보고 싶다.

그러나 작금 그들이 보여주고 있는 모습은 모두 자기가 책임을 져야 할 가장 기본적인 임무를 수행하지 못함으로써 그 존재의 이유에 대한 근본적인 문제 제기에 부딪치고 있는 상황이다. 사회 도처 어느 한 곳 성한 곳이 없다. 기본과 공공성이 실종되었다.

이제 '대한민국호'는 혁신적으로 재조직되어야 한다. 그렇지 못하다면 국민의 생명도 국가의 미래도 담보할 수 없다.

정치의 요체는 반대에 있지 않고 자신의 상품과 서비스에 있다

아니나 다를까 세월호 참사에도 불구하고 관료 제도에 대한 야당의 개혁 요구는 별로 없었다. 이제까지 야당에서 공무원 관료 개혁을 제기하는 것을 거의 들어본 적이 없다. 아마도 관료는 가끔씩은 도움을 청할 우군이거나 아니면 미래에 자신이 도움을 받아야 할 집단으로서 전혀 자신들의 투쟁 대상이 아니며, 오직 그 '윗자리'만이 관심사인 것처럼 보인다.

그간 진보진영은 개혁이라는 측면에서 무능한 모습을 무수히 나타냈을 뿐만 아니라 사실 개혁에 관한 한 아무런 의지도 엿보이지 않는다는 것이 뭇 사람들의 평가이다. 진보란 그 사회가 썩지 않도록 소금의 역할을 해야 한다. 그러나 야당 국회의원뿐만 아니라 현재 야권이 상당히 많은 곳을 차지한 지역단체장의 경우에서도 개혁 의제를 제기하고 실천한 사례는 매우 드물다. 모두 오십보백보, 그저 보수 따라 하기에 급급하다. 관료 개혁에 관심과 의지가 없는 야권의 이러한 경향은 좋게 해석하면 무능과 오해이고, 사실에 가깝게 얘기하자면 보수적인 기득권집단으로서의 모습이다. 진보진영의 학계나 언론 역시 이러한 비판으로부터 크게 벗어나기 어렵다.

야당이 내세우는 갑을 논쟁은 슈퍼마켓과 구멍가게의 문제에만 머물러서는 안 된다. 오히려 관료와 국민이야말로 갑과 을의 대표적인 관계에 속한다. 예를 들어 동학농민혁명이 고부 관리들의 수탈에서 왔듯이, 관료와 대중의 관계는 일상적이고 지속적으로 그리고 적나라한 갑과 을의 관계였다. '관(官)'의 문제야말로 이른바 '생활 정치'의 요체이다. 세월호 참사에서 명백히 드러났듯이 국민에게 봉사해야 하는 이 땅의 공복들은 감시와 견제의 완전한 부재 속에서 본연의 임무는 방기한 채 무사안일과 조직불리기만 앞세우고 있다. 이제 이들 관료 제도의 혁파 없이는 국민의 생명과 국가의 미래가 위험하다.

무엇보다도 진영논리를 벗어나야 한다. 기실 진영논리는 무조건적 반대 논리로 운용되면서 제3자 및 새로운 정치세력의 진입을 원천적으로 차단하고 결국 여야 양대 정당의 기득권적 지위를 보장, 확대재생산하는 적대적 공존의 효율적인 기제로 활용된다.

정치란 한마디로 서비스 경쟁이다. 국민을 상대로 하는 서비스를 누가 더 국민들에게 서비스를 잘 하느냐의 승부인 것이다. 즉, 좋은 상품으로 좋은 서비스로 고객에게 경쟁을 하는 것이다. 예를 들어, 내가 가게를 열었는데, 옆집 가게만 비난하고 반대한다고 해서 내 가게가 잘 되는 것은 아니다. "손님은 왕"이라는 정신으로 내가 모든 힘을 다하고 성실하게 노력하여 좋은 상품을 만들고 좋은 서비스로 손님을 모셔야 비로소 내 가게가 성공할 수 있다. 마찬가지로 정치 역시 상대방 비난만 하고 반대만 해서 풀릴 문제가 아니다. 승패의 관건은 어떠한 정책과 서비스로 국민을 모시느냐에 달려 있다.

반대만 하는 야당, 대중들은 좋아하지 않는다. 대안의 결여, 그것은 무능이자 죄악이다. 항상 반사이득만을 노리고 표계산과 정치공학적인 유불리의 주판알을 튀기는 사고방식을 하루바삐 벗어나 자기 상품을 개발하고 홍보해야 한다. 어디까지나 국민을 상대로 하여 자기의 상품과 서비스로 성실하게 승부해야 한다.

비록 그것은 좀 모자라 보이고 우회하는 것처럼 느껴지기도 하겠지만, 그 길이야말로 가장 빠른 길이며 정도(正道)이다.

관료 개혁을
위하여

세종, 고을 수령의 임기를 늘리다 - 87 체제의 극복

조선시대 명군 세종은 고을 수령(守令)의 임기를 어떻게 정할까라는 문제에 대하여 대단히 고심하였다. 당시 고을 수령의 임기는 30개월로 되어 있었다. 오늘날 많은 국가기관장 임기와 비슷하다.

세종은 30개월 임기로는 수령들이 부임한 뒤 제대로 업무 파악도 못하고 임기가 끝나게 되며, 또한 잦은 교체로 인한 이취임으로 민폐까지 초래되고 있음을 파악하였다.

결국 세종은 수령의 임기를 60개월로 결정하여 시행하였다.

많은 사람들이 '87 체제'의 극복을 이야기하고 있다. 주지하다시피, '87 체제'는 대통령 단임제를 핵심으로 하여 공공기관 공공기관장의 임기도 단축시키는 특징을 지니고 있다. 사실 이러한 짧은 임기제도는 독재 권력에 대한 반작용에서 비롯된 당연한 조치였겠지만, 임기를 짧게 하여 더 많은 '공신'들에게 '전리품'을 나눠주려는 의도와 맞물린 사실상 '권력 나눠먹기'의 성격이 짙다. 그러나 정작 이 제도의 가장 큰 문제는 이것이 근본적으로 관료세력에 대한 견제를 불가능하게 만듦으로써 현재 드러나는 바와 같은 관료집단의 발호와 무사안일 그리고 무능을 초래한 결정적인 요인이었다는 점이다.

관료를 지속적으로 감시할 수 있는 중요한 기관인 감사원의 경우, 미국과 독일의 감사원장 임기는 각각 15년과 12년이다. 왜 독일과 미국이 '독재'의 위험에도 불구하고 그렇게 긴 임기를 보장하겠는가?

우리나라는 현재 대통령 5년 단임제를 비롯하여 국회의장 2년, 국가인권위원장 3년, 감사원장 4년 등등 모두 짧은 임기를 특징으로 한다. 이제 우리나라도 공공기관장 임기의 문제를 심각하게 생각해야 한다. 국가기관 수장의 짧은 임기는 각 국가기관의 장기적인 플랜의 결여를 초래하고, 우리 국민의 큰 약점인 '빨리빨리 정신'과 결합하여 사회 도처에서 기본을 무시하고 적당주의를 만연시키며 끼리끼리 다 해먹는 붕당을 만들어온 중요한 요인으로 작동하였다.

무엇보다도 이러한 짧은 임기는 결국 관료집단의 강화에 유리하게 작동한다. 실제로 현재 어떤 공공기관의 기관장이든 취임한 뒤 3-6개월이 되면 반드시 해당 기관 직원들의 논리와 메커니즘에 철저하게 포획된다. 특히 짧은 임기 때문에 이러한 약점을 극복할 시간적 여유가 전혀 주어지지 않는다. 이러한 과정의 누적에 의하여 우리 사회 관료집단의 힘은 더욱 강해지고 있다. 이제 국가의 기본을 갖추고 관료집단을 견제하기 위하여 각 국가기관장 임기는 대폭 연장되어야 한다. 최소한 국회의원의 임기인 4년 혹은 대통령 임기인 5년은 되어야 한다.

무엇보다도 우선 감사원 수장으로서의 감사원장의 임기가 대폭 연장되어야 하며, 국가인권위원회와 국민권익위원회 등 관료를 감시하고 국민의 인권과 권익을 지키는 기관부터 임기를 늘려나가야 한다. 국회의장 임기 역시 4년으로 되어야 한다.

우리 사회에서는 조금만 유명해지면 국회의원이 되려는 좋지 못한 유행병이 있다. 국가기관장 임기를 늘려 국가를 관리하는 책임과 경험을 쌓게 한다면 우리 사회에서도 책임감 있고 능력을 갖춘 좋은 인물들이 많이 배출되는 효과도 거둘 수 있다. 아무리 좋은 능력을 지니고 있더라도 2~3년 임기로 되어 있는 현재의 제도하에서는 능력 발휘가 애초부터 불가능하다. 황희 정승과 같은 명재상이나 정도전과 조광조와 같은 개혁가는 오늘날 더욱 절실하다.

정치권이 해경과 다름을 입증하고자 한다면

관료 그들에게 장관이란 그저 찰나의 권력욕에 취한 부나방일 뿐이고 대통령은 기껏 '청와대 5년 하숙생'이다. 국회의원도 '4년 계약직'으로서 국회 관료의 '검토'를 받으며 행정부 일개 부처인 법제처 '유권해석'을 금과옥조로 모신다. 이제 관료는 이 나라의 명실상부한 주인이다.

적지 않은 정치인들은 관료들의 도움을 받아 지역구를 챙기면서 "만약 우리 헌신적이고 유능한 공무원이 없었다면 이 나라가 제대로 굴러가기나 하겠는가!"며 찬탄하였고, 또 적지 않은 학자들이 관료들에게 프로젝트를 구걸하고자 곡학아세의 궤변을 나열하였다. 돈독하기 그지없는 재벌과의 유착은 더 말할 필요도 없다.

그간 '대한민국호'는 치열한 민주화 투쟁으로써 마침내 독재를 물리치고 6.29라는 절반의 민주주의를 쟁취하였다. 하지만 정작 그 민주주의와 자유화의 많은 과실은 관료조직에게 돌아갔다. 관료조직은 자유화를 이용하여 자신들에 대한 견제와 규제는 폐기하는 대신 국민에 대해서만 규제를 적용하면서 조직을 살찌우고 권한을 급속하게 강화해 왔다. 그리고 국민의 공복인 관료는 국민 위에 완벽하게 군림하게 되었다. 이 과정은 국리민복은 안중에도 없고 오로지 권력 쟁탈과 전리품의 자리와 이권 욕심 챙기기에만 급급했던 정치권 다수의 방조 및 적극적 협력에 의하여 완성되었다. 많은 언론과 시민단체 역시 정치권과의 직간접적인 '줄대기' 구도 속에서 큰 정치 이슈에만 매달리고 한탕주의와 건수주의로 일관하였다.

그리고 결국 이 나라는 명실상부 아전이 상전으로 된 나라가 되었다.

조선시대 이순신장군 때보다 더 나쁘다

실로 반근착절(盤根錯節), 뿌리가 뒤엉키고 마디가 엉클어져 참으로 처리가 어려운 지경에 이르렀다.

솔직히 말하자면, 지금 우리 사회는 이순신 장군 시절보다 못하다. 당시에는 그래도 조그마한 자율성이 존재하여 이순신 장군이 거북선을 만들 수 있었다. 하지만 지금은 관료조직의 특징인 혼연일체의 무능과 부패 구조 속에서 만약 어느 뜻 있는 공무원이 거북선을 만든다고 하면 당장 징계 파면감이다. 시키지 않은 일을 하고 관행이 아닌 일을 했다는 죄목이다. 이제 누가 있어 이 나라를 지킨다는 말인가!

그러나 본분을 잊은 조직은 반드시 부패하고 무능해지는 법. 인명구조에는 철저히 무능하면서도 오직 영역 싸움으로 시종일관했던, 수영도 못하는 '무늬만' 해경인 모습에서(신문 보도에 의하면, 실제로 해경 중 32%가 수영을 하지 못하는 것으로 나타났고, 수영을 하는 해경 가운데 500m도 못 가는 비율이 절반이 넘는 것으로 밝혀졌다), 오로지 자신들 '행정관료조직'의 안전만을 도모했던 안전행정부의 모습에서, 우리는 자신의 책임과 본분은 철저히 잊고 오직 완장을 차고서 권세만 행세하려는, 아전이 상전으로 된 관료들의 추한 민낯을 확인할 수 있었다.

그들은 국민의 세금으로 월급 받고 학비전액을 지원 받으면서 국내 대학에서 손쉽게 박사학위를 따내며, 국민의 혈세로 미국에 유학 가서 박사학위를 딴다. 그들이 자랑하는 화려한 스펙은 이렇게 만들어진다. 또 관료 사회에는 수많은 '인공위성'이 떠다니고 있다. 기관끼리의 파견 형식으로 각 기관에 규정된 바의 공무원 정원에도 포함되지 않고 편법으로 고위 관료직을 늘리는 수법으로 이러한 관계를 통하여 '관료 네트워크'가 만들어진다. 이를테면, 국방대학 파견이 대표적이다. 거의 관련도 없는 국회도서관을 포함하여 거의 모든 관료조직에서 파견된다. 퇴직 관료의 재취업 중 국방부 출신이 가장 많은 이유도 이러한 '파견 네트워크'과 무관치 않다.[2] 이러한 '인공위성'의 팽창에는 참여정부 시절 정부 조직 내에 수많은 '위원회'가 만들어지고 그에 따라 고위 직위가 양산되었던 데에도 그 원인을 찾을 수 있다. 또한 박사급 전문 연구인원이 필요한 직위에 "괜히 머리가 크면 조직 내에서 문제만 일으킨다."는 사고방식으로 석사급을 채용하며, '통념상 분란을 일으킬 가능성이 적어 보이는' 저연령층 여성 채용을 선호한다. 이렇게 하여 전문

---

2 통계에 의하면, 2010년 1월~2013년 8월 기준 산하기관, 협회 등에 재취업해 있는 4급 이상 퇴직 공무원은 모두 420명에 이르는데, 국방부 출신 퇴직 공무원이 210명으로 가장 많고, 다음으로 산업통상자원부(옛 지식경제부) 46명, 국토교통부(옛 국토해양부) 42명, 외교부(옛 외교통상부) 24명, 국방부 출신이 압도적으로 많다. 이는 다분히 고위공무원의 파견근무로(말이 파견근무이지 사실상 휴식이자 더욱 중요하게는 '인공위성'이라 하여 고위 공무원 정원 규정을 교묘하게 은폐하는 수단으로 이용되고 있다) 국방대학교 파견에 의한 네트워크가 적지 않은 영향력을 미치고 있다고 평가할 수 있다.

성이 요구되는 국가 기관의 직위에 거꾸로 최대한 전문적이지 않은 인원을 채용하는 데에 국민의 세금을 사용하는 어이없는 상황이 연출된다. 무능과 비도덕과 비정상으로 점철된 '그들만의 세상'은 이렇게 만들어지고 커져간다.

이렇게 관료들은 유일한 룰(Rule) 제정자이자 유일한 운용자이다. 관료조직에 대한 통제 장치의 철저한 붕괴 속에서 국가 조직을 완벽하게 장악한 이들의 거침없고 끊임없는 자기세포의 증식으로 말미암아 이제 우리 사회 도처에서 암세포가 자라나고 있다. 이 환부를 도려내지 못하면 우리 사회는 사망할 수밖에 없다.

무능 부패한 관료에게 이렇게 국가 조직을 계속 독점하게 해서는 안 된다. 심각한 오늘의 왜곡과 부조리를 더 이상 젊은 세대와 후손에게 물려줘서는 안 된다.

시민이 직접 나서 관료를 통제할 수밖에 없다

한나 아렌트(Hanna Arendt)는 '악의 평범성(banality of evil)'을 말하였다. 악(惡)이란 흔히 생각되듯, 특별히 사악한 사람에 의해서가 아니라, 생각하지도 않고 분별하지도 않으려는 '평범한' 사람에 의해서 저질러진다는 것이다.

사실 세월호 참사는 우리 사회가 그간 축적시켜왔던 왜곡과 무능 그리고 부패로 인하여 초래되었다는 점에서 어느 누구도 그 책임에서 자유롭기 어렵다. 이토록 어이없고 한심한 사회로 전락되었다는 점을 몰랐다면 그 무관심과 개념 없음이 비판받아야 할 것이고, 만약 알고 있으면서도 개선을 위한 아무런 실천도 없었다면 임무 방기와 비겁함이 비판받아야 한다.

지금 시급히 필요한 것은 붕괴되어버린 관료조직에 대한 통제 장치를 갖추는 일이다. 세계경제포럼(WEF)의 국가경쟁력 평가에 의하면, 우리나라 정책결정 투명성은 2015년에 세계 123위로서 중국(36위), 인도(58위), 인도네시아(66위)에 비해서도 훨씬 뒤떨어졌다. 뿐만 아니라 공무원 의사결정의 편파성도 세계 80위이고, 정부 지출의 낭비 여부도 70위였으며, 공공자금의 전용도 66위였다.[3] 관료 개혁은 단순하게 기술적인 개선 차원이 아니라 원칙과 기본을 근본적으로 바꾸는 것이 되어야 한다. 무엇보다도 관료들이 자동적으로 승진하여 독점하고 있는 3급 이상 고위직을 완전 개방직으로 전환해야 한다. 미국에서도 국장급 이상의 공무원은 기본적으로 대통령이 임명한다. 공무원 임용방식은 다원화되어야 하고 독점적인 진입장벽을 무너뜨려 외부로부터의 진입이 항시적으로 보장되어야 한다.

관료집단이 가장 싫어하는 것은 감사와 민원이다. 우선 감사원은 그 기능의 강화와 함께 국회로의 이전을 고려해야 하며, 특히 내부 직원들이 서로 순환하면서 제 식구 감싸기 식으로 운용되고 있는 관료 사회의 감사 시스템은 외부 인사가 담당하는 방식으로 전환해야 한다. 예를 들어, 국회 조직은 미국의 경우처럼 의장과 여야 원내대표의 공동 협의로 감사관을 임명하는 방식(미국 의회 의사규칙 Rule Ⅱ 제6조)이 바람직하다. 한편 미국은 경찰에 대한 시민감시제도를 시행하고 있다. 이 제도는 미국에서 경찰권의 남용을 통제하려는 시도에서 출발하여 경찰에 대한 민원의 독립적 심사, 정책 검토와 제언, 민원조사의 감시 등의 기능을 수행하고 있다. 우리도 이러한 제도를 전체 공직 사회에 확대시켜 주인인

---

3   경향신문 2015년 10월 1일자.

시민이 직접 나서 공복인 공무원을 실질적으로 관리해야 한다.

현재 한국 사회에서 혁명이 발생하지 않는 한, 관료집단을 관리하는 윗자리에 올라갈 수 있는 유일한 집단은 정치권이다. 만약 정치권이 관료에 대한 통제를 포기하고 오히려 스스로 그들과 돈독한 동맹세력이 되는 현재의 모습을 거부하면서 자신들의 본연의 모습을 갖춘다면 관료들이 전횡하고 발호할 수 있는 공간은 신속하게 협소해질 것이다. 물론 1차적 책임은 정부에 있지만, 오늘의 관료집단의 무능과 부패는 여야를 떠나 전체 정치권의 책임이다. 관료집단은 국민의 정부와 참여정부를 거치며 개혁은커녕 오히려 그 힘이 더욱 강화되고 확대되었다.

그러나 무능 부패한 관료집단으로 인하여 국가와 국민의 안위와 생명이 위태로운 지금도 정치권이 오로지 당리당략과 눈앞의 선거에만 매달려 입신양명에만 골몰한다면, 참으로 의지도 능력도 그리고 존재 이유도 없었던 해경과 과연 무엇이 다를 것인가?

정치권은 해경과 자신들이 과연 무엇이 다른가를 증명해야 한다. 그것은 국민의 편에 서서 폭주하는 관료조직에 대한 브레이크 통제 장치를 만들 수 있는가의 여부에 달려 있다.

세월호 참사 이후 전국적으로 시민들의 자원봉사와 조문의 발길이 줄을 이었다. 참사 과정에서 인명 구조도 민간인 승객과 어민 그리고 민간 잠수사가 주로 수행하였다. '빌 공(空)' 자 공무원이 되어버린 관료조직에게 이 나라를 송두리째 맡기기엔 이 나라와 국민이 너무도 위험하다.

만약 정치권이 관료 개혁을 위한 의지와 능력이 없다면, 최소한 시민들에게 그 길을 열어주어야 한다. 그리하여 무능부패 공직자의 소환파면 제도를 비롯하여 관료조직에 대한 시민감시제도, 경찰 및 검찰 수장에 대한 주민 직접 선출제도 도입, 국회에 청원실 설치 운영 등 시민들이 진정한 나라의 주인으로서 직접 관료를 통제할 수 있어야 한다.

권력의 원천인 시민에게 권력을 돌려주고 참여시키는 것, 그것이 민주주의의 본질이며 국가의 안위와 국민의 생명을 지켜갈 수 있는 방어책이다. 또한 관과 민의 본말이 전도된 갑을 관계를 정상화하고 사회의 기본과 원칙을 세우는 길이다.

안전과 개혁의 두 마리 토끼를
잡으려면

정부가 진정으로 안전 의지를 보여주려면

세월호 참사로 온 국민이 참담한 나날을 보내야 했다. 정부는 안전한 국가와 관료 개혁을 만들겠다고 누차 약속하였다.

그러나 정부가 진정으로 안전과 관료 개혁을 최우선시하고 있다는 의지를 보여주는 가장 좋은 방법 중 하나는 바로 수명이 다한 원전을 폐쇄하는 것이다.

고리원전 1호기는 2007년 설계수명 30년을 넘겼지만 10년 수명연장을 신청하여 원자력안전위원회의 승인을 받아 가동 중에 있다. 일본에서 수명이 다한 배를 들여와 수명을 연장해 운행한 세월호와 정확히 닮아있다. 후쿠시마 원전도 10기의 원전 중 유독 30년 넘긴 원전에서 사고가 발생하였다. 더욱 불길한 것은 원자력안전위원회의 승인이 세월호 참사 당일인 4월 16일에 이뤄졌다는 사실이다. 월성원전 1호기도 2012년 수명이 다했으나 원안위로부터 수명 연장 허가를 받아 2022년까지 가동이 가능해졌다. 우리는 부품시험서 위조와 안전검사 조작으로 얼룩진 원전 비리와 원전마피아를 잘 알고 있다. 관피아나 해피아와 판박이다. 이들에게 우리의 안전과 생명을 맡길 수 없다.

무신불립(無信不立), 신뢰는 정치의 생명이다.

만약 정부가 기한을 넘긴 고리 1호기와 월성 1호기의 폐쇄 결정을 내린다면, 안전 국가와 관료 개혁를 외치는 정부의 의지는 신뢰의 토대를 만들 수 있게 된다.

국난의 시대, 부끄러운 역사를 만들어서는 안 된다

일찍이 관료집단의 무능에 관련하여 저명한 사회학자 소스타인 베블렌(Thorstein Veblen)은 '훈련된 무능력(trained incapacity)'이라고 하였다. 공정과 효율, 합리성을 추구해야 할 관료사회가 제도와 규칙을 준수하도록 훈련받으면서 독선과 형식주의, 무사안일, 책임전가, 규제만능 등의 병리적 현상을 드러낸다는 의미이다.

최장집 교수는 그의 저서 《민주화 이후의 민주주의》에서 "민주화 이후 한국의 행정 관료체제는 유능한 관료에서 무능한 관료로 변하는 극적인 변화"가 있었다고 지적한다. 관료집단을 통제할 기제가 결여된 채 계속 교대되는 권력에 대한 줄 대기가 성행하는 가운데 무책임과 전문성의 결여 그리고 복지부동의 부정적 측면이 심화되어 왔다.

흔히 공무원의 정치적 중립이 강조된다. 그러나 그 중립성이라는 것이 대립되는 여야 어느 한편의 의견이나 관점을 지닐 수 없음을 의미하지는 않는다. 만약 정치적 중립이 대립되는 입장의 중간에 서는 것이라면, 그것이야말로 눈치 보기, 줄서기에 지나지 않으며, 이는 필연적으로 관료집단의 복지부동과 무능으로 이어질 수밖에 없다.

한 왕조의 초기에는 개국 정신의 건강성이 지배하는 가운데 서슬 퍼런 왕이나 황제의 기세에 눌려 관료집단은 비교적 성실하게 업무에 봉사한다. 그러나 왕조 중반을 거쳐 말기에 이르게 되면 관료층의 토지겸병과 지방 토호들의 발호로 몰락하는 과정을 겪는다. 권문세가의 기득권이 이미 확고하게 강화된 왕조 중기의 개혁은 참으로 어렵다. 거의 좌절되고 말았다.

그간 우리 국민 모두는 우리 사회 관료들의 양파 껍질을 까듯 도무지 끝이 없는 부패와 무능 그리고 탐욕덩어리를 두 눈으로 똑똑히 확인할 수 있었다. 우리나라는 샴페인을 너무 일찍 터뜨렸다고 조롱 섞인 비판을 들어왔는데, 관료집단의 발호를 특징으로 하는 사회 발전 단계도 대단히 빨리 진행되었다. 심각한 상황이다.

개혁은 우선 문제의 핵심을 짚어야 한다. 그간 우리나라의 고위직 공무원은 거의 대부분 고시라는 획일적인 경로를 통하여 충원되어 왔다. 입법부 공무원 역시 마찬가지이다. 이러한 고시제도는 항상 기수(期數)로 묶어지면서 관료집단의 자기 세력 확대재생산의 제도적 토대로써 효과적으로 기능해왔다. 오늘날 관료조직은 고시 기수로 묶여 기수는 고등학교나 대학의 동문 혹은 고향 선후배 관계보다 훨씬 강력한 응집력을 지니고 있다. YS가 잘 한 일 거의 없지만 금융실명제와 더불어 하나회 해체는 매우 잘 한 일이었다. 핵심 고리를 끊어내야 한다. 고시는 군대로 말하면 하나회와 같고, 관료조직의 하나회, 고시는 해체되어야 한다.

해경 조직은 틈만 나면 조직과 자리를 '탐욕적으로' 팽창시켰지만 정작 자신들의 업무와 본분과는 철저하게 담을 쌓은 무능과 탐욕의 모래탑일 뿐이었다. 그간 관료집단은 틈만 나면 '위장' 조직불리기와 인위적인 고위 직위를 팽창시켜왔다. 커다란 지탄을 받고 있는 '관피아' 역시 이러한 위장 조직 및 고위 직위 팽창의 외연 확대의 결과이다. 이는 통제와 감시기관의 부재를 틈타 국민의 혈세로 쌓아올린 그들의 아방궁이다. 이러한 관피아의 아방궁은 사실상 국가 재부(財富)에 대한 노략질이고 강탈로서 그야말로 국기(國基)를 문란하게 만드는 심각한 범죄이다. 만약 이 나라에 진정한 보수가 있다면, 이러한 국기문란 행위를 최우선적으로 척결해야만 할 것이다.

그리고 고위직위 한 자리면 여러 명의 유능한 청년 인재를 취업시킬 수 있고 그만큼 국가발전에 기여한다. 사실 이제까지의 조직 진단은 정확한 진단은커녕 오히려 관료조직의 조직불리기의 명분으로 이용되었을 뿐이다. 조직불리기는 이렇게 '형식적인' 조직 진단을 통하거나 아니면 평소 자신들이 '관리'해온 친화적인 교수를 동원하고 그럴듯한 명분을 붙인 세미나 혹은 심포지엄 형식으로 포장되어 추진된다.

이제 국민적 열망에 토대하여 확실한 의지와 정책으로써 이들 아방궁을 철거해야만 한다.

무엇보다도 국회가 나서야 한다. 정부에만 책임을 떠넘겨서는 안 된다. 사실 오늘의 사태에 이르기까지 국회의 무능과 책임이 크다. 국회야말로 관료에 대한 견제와 통제라는 자신의 직무를 유기한 채 오히려 관료집단에 의존하면서 그 하부 협력자로 역할함으로써 관료의 힘을 오늘처럼 이상 비대화하고 국가시스템을 엉망으로 만들어 급기야 세월호 참사에 이르게 만든 주요 책임자이다.

지금 누구나 입을 열면 이 나라는 나라도 아니라고 하지만, 국회도 국회가 아니다. 정부만 기본이 없는 것이 아니라, 국회도 기본을 결여하고 있다. 아니 많은 사람들은 국회가 더 기본이 없다고 생각한다. 여야를 떠나 정당 구조와 정책 능력에서 무슨 기본을 갖추고 있는가? 그야말로 허당 중의 허당이다. 무슨 일이 발생하면 속수무책 침몰할 수밖에 없는 운명이다. 단언컨대, 안철수가 민주당과 통합하지 않고 정당 밖에 있는 채 세월호 참사에 대하여 애도하고 유가족을 위로했더라면 그 과정에서 국민적 영웅이 되었을 것이다. 하지만 현재의 정당은 너무 허약하고 새 정치에 대한 대중의 열망은 오히려 더욱 커질 것이기 때문에 앞으로도 제2, 제3의 안철수는 계속 나올 수밖에 없다.

먼저 국회 자신부터 오늘의 비정상을 극복하고 정상화되어야 한다. 수신제가. 정당과 정책 기능이라는 기본과 실력부터 갖춰야 하고, 진정으로 국민의 편에 서서 불철주야 노력해야 한다. 그것이야말로 국민이 선출해준 존재 이유이다. 또한 의원을 지원, 보좌해야 할 국회 관료조직이 어느 측면에서 보면 오히려 의원의 갑 노릇을 하고 있는 비정상을 바로 잡고 국회 입법지원 기구부터 정상화해야 한다.

여야는 항상 이익 집단화하여 정치공학의 셈법과 무조건 반대에만 익숙한 구태와 탐욕을 벗어 던지고 진정으로 머리를 맞대고 연구함으로써 우리 사회의 가장 큰 폐단으로 부각된 관료집단을 혁신하는 구국의 방안을 내놓아야 한다. 절체절명의 국난을 앞두고도 오로지 당파 싸움과 무능에만 빠져 있었던 구한말이나 임진왜란 전야의 어리석음과 수치를 지금 또다시 되풀이해서 범해서는 안 된다. 후손들에게 부끄러운 조상이 되어서는 안 된다.

세월호 참사로 정부 여당이 치명타를 입는 상황에서도 야당 지지율은 도리어 더욱 큰 폭으로 하락하였다. 오늘의 여당과 야당을 "땅 투기로 횡재한 부모의 돈으로 미국에서 멋진 박사 학위를 얻은 강남족 두 명이 (각각 여야로 나눠어) 경쟁"하는 두 정당이라고 표현한 박노자 교수의 말처럼, 많은 국민들의 눈에 야당 역시 적나라한 이익 집단 혹은 기득권 세력으로 간주되고 있는 것이다. 야당은 억울한 측면도 있겠지만 사실 세월호 참사 이후의 전 과정에서 과연 무엇을 했는가? 관료들의 모습과 동일하게 복지부동, 반사 이득만 구하지 않았는지. 사실 야당은 '진보가 조롱받는 오늘의 사회'를 초래한 주요한 책임자 중 하나이다.

특히 현실이 요구하고 있는 관료 개혁에 대하여 야당은 책임을 지고 스스로 대안을 내놓아야 한다. 우선 주로 경제 분야에 국한되고 있는 갑을 투쟁은 관료 대 국민이라는 구도를 중심으로 하여 재설정되어야 한다. 야당은 항상 여당의 탓으로만 돌리고 여당이 자신들의 제안을 받아들이지 않는다고 주장한다. 그러나 야당의 잘 만들어진 정책은 비록 단기적으로 실현되지 않을지라도 그리고 좀 시간이 걸리겠지만 결국 우리 사회에서 받아들여지고 실현된다. 남을 탓하기 전에 본인이 성실하게 연구하고 조사하여 구체적인 대안을 내놓아야 한다.

공사다망한 정치권,
그들에게 세월호는 무엇인가?

세월호 참사를 겪으면서 모두들 이번만은 그대로 넘어가지 않겠다고 그리하여 반드시 개혁을 해내겠다고 그토록 다짐을 했지만, 결국 용두사미, 별무소득으로 끝나고 말았다.

원래 세월호 참사 이후 안전행정부는 정부조직 업무와 공무원 인사 기능이 총리실의 '행정혁신처'로 이관하면서 사실상 해체 수준에 처했었다. 관료공화국에서 관료들을 무력화시키는 것이 그리 간단할까 의심스러웠다. 아니나 다를까 4대강 사업에서는 '로봇물고기'라는 어이없는 봉이 김선달식 대국민 사기극이 선보였었는데, 안전행정부는 아마 대부분의 국민들이 처음 들었을 '정부 3.0의 이행'이라는 도무지 납득이 안 되는 논리를 앞세워 마침내 존속에 성공하였다.

대통령은 단호하게 '해경 해체'를 말했다. 야당은 해경 해체 반대로 대응했다. 무조건적인 해체가 결코 만능이 될 수도 없지만, 해체를 무조건 반대하는 것 역시 만능일 수는 없다.

결과적으로 지자체 선거와 보궐선거를 통하여 세월호 이슈는 상당 정도로 희석화되었다. 세월호 국정조사는 모두가 이미 아는 사실을 재탕했을 뿐이고, 세월호 특별법은 단지 '무늬만 특별법'으로 화했다.

燭淚落時民淚落, 歌聲高處怨聲高. 잔치 벌이며 살판나는 것은 정치인과 관료집단이요, 눈물 나는 것은 국민이다.

시정잡배나 양아치판이 정치일 수는 없다

어느 야당 시의원의 살인교사 사건은 조폭 영화에나 나올 법한 이야기다. 왜 마피아라는 용어가 튀어나왔는지 이제 알 수 있을 만큼 명백한 상징성을 보여준 사건이다.

야피아(야당+마피아), 살벌한 패거리 당(黨)이다. 참으로 목숨을 걸고 하루하루 '투쟁'하는 이들, 이들은 마음속으로는 자신들의 모든 행위와 사고방식이 철저히 국가와 민족을 위한다고 하겠지만, 그 본질은 자신의 출세에 있을 뿐이다. "악화(惡貨)가 양화(良貨)를 구축(驅逐)한다(Bad money drives out good)"는 그레셤의 법칙은 여기에서도 정확하게 적용된다. 이러니 이들의 눈에 점잖은 충고나 논리로 말하는 국외의 사람들은 정말 세상 일 하나도 모르는 순진한 사람들로만 보일 수밖에 없다.

그러나 공공의 이익을 위한 활동이 운동이고 정치인 것이지, 자기 자신의 이익을 위한 목숨을 건 투쟁은 시정잡배, 아니 그보다 못한 양아치의 저질 행태일 뿐이다. 이러한 '양아치 정치'는 여야를 막론하고 '완장 찬' 일부 정치인들에게 두드러진 현상이며 전체 정치권에도 그 어두운 그림자를 드리우고 있다.

국민 모두 야당의 동작을 공천 소동을 목도하였다. 그 소동에서 국민의 뇌리에 남은 것은 '패륜공천'이라는 강렬한 용어와 공천 좌절자의 분노에 찬 일그러진 얼굴의 강렬한 잔상이었다. 결국 이러한 분위기에서 선거를 쉽게 이길 수는 없었다.

인재 양성 없이 미래 없다

우리나라 정당은 모든 면에서 실로 낙제점이지만 인재 양성의 측면에서도 너무나 인색하고 아무 생각이 없다.

특히 야당은 이 분야에서 투자하고 노력하는 자세가 철저히 결여되어 있다. 정당 자체도 간신히 생존을 이어가는 판에 무슨 인재 양성이라는 배부른 소리냐는 식의 사고방식이다. 그러나 그러한 야당의 근시안적이고 유랑열차식 사고방식과 행태 때문에 그 세력과 조직이 확대재생산은커녕 단순재생산도 제대로 수행하기 곤궁한 수동적이고 피동적인 처지에 항상 몰리게 되는 것이다.

인재를 키우지 않고, 아니 키울 생각이 전혀 없는 정당, 정당 안에 인물이 없어서 총선이든 대선이든 선거 때만 되면 항상 외부 인사를 수혈해야 하는 정당, 그것은 독자적으로 자신의 힘으로 자립하여 생존할 수도 없는, 오로지 '빌붙기 정신'으로 충만된 기생적 집단에 불과하다. 그러니 수십 년째 당 이름이 계속 바뀌고 그렇게 이름만 바뀔 뿐 아무런 진전이 없는 것이며, 30대에 국회의원으로 진입한 386이 50대 586이 될 때까지 그 뒤를 잇는 그룹이 없는 것이다.

우리 국민들은 월드컵 축구대표팀의 졸전을 슬프게 지켜봐야 했다. 노력도 투자도 전혀 없이 오로지 '의리 축구'만을 내세우고 무대책 무전략으로 일관한 무능했던 월드컵 축구대표팀의 전철을 야당이 그대로 밟아가고 있다. 유소년 및 초중학교 선수라는 저변의 인재 양성과 투자에 철저히 눈감고 있는 모습 역시 똑같이 닮은꼴이다.

비정규직이 절반을 넘는 사회, 그건 '정상'이 아니다

세월호 참사는 이 사회에서 독버섯처럼 자라나고 있던 관료 제도의 폐해가 임계점에 이르러 폭발한 것이다. 오래전부터 우리 사회에 있어 관료집단이 지닌 심각성을 고발하고 비판하는 주장이 없지 않았지만 모든 사람이 외면하고 무관심했다.

우리 사회에서 또 하나의 임계점에 이른 것이 바로 비정규직 문제이다. 지하철 사고에서도 신호시스템이 간접고용 형태의 비정규직에 맡겨지고 있다는 현실을 목도한 바 있다. 세월호 선원도 거의 모두가 비정규직이었다.

더구나 우리 사회의 방재, 시설, 전기 등 안전 관련 분야의 시스템은 거의 모두 사내하도급 등 간접고용 형태의 비정규직 노동자들에게 맡겨지고 있다. 공공기관 역시 마찬가지이다. 완장 차고 권세 부리는 호사로운 자리는 관료들이 모조리 차지하고 이른바 3D 업종은 효율성이라는 미명하에 모조리 사내하도급 비정규직에게 싼값으로 떠넘겼다. 이렇듯 비인간적 대우에 소속감도 갖기 어려운 이들 비정규직에게 안전 책임을 모조리 떠넘김으로써 우리 사회는 그야말로 '고도 위험사회'가 되고 말았다.

비정규직 노동자는 현재 전체 노동자 중 절반 수준을 넘어서는 것으로 추정되고 있으며, 이는 OECD 평균 27%에 비하여 거의 두 배에 해당한다. 이들 사내하도급 비정규직은 평소 인간 대접조차 받지 못하면서 쥐꼬리 월급에 열악한 노동조건 속에 처해있다. '정규 사회'로부터 철저히 배제된 것이다. 이러한 악성 비인간적 시스템은 이제 임계점에 도달하였다. 비정규직의 열악함에 비례하여 우리 사회의 안전은 그만큼 위험하다.

비인간적으로 소외받는 이들에게 직업의식과 책임의식을 묻는 것은 지나치게 가혹하다. 이들도 자랑스러운 직업의식과 책임의식을 가질 수 있도록 제도적으로 보완되어야 한다. 이들도 우리 '정규 사회'에 편입되어야 한다.

사실 현 정부가 강력하게 주창하고 있는 '비정상의 정상화'에서 가장 시급한 내용은 바로 비정규직의 정상화가 되어야 한다. 비정규직이 절반을 넘는 사회, 그건 이미 '정상적인' 사회가 될 수 없다. 비정규직이라는 신분이야말로 인간으로서의 온전하고 정상적인 삶을 가장 결정적으로 파괴하는 주범이며, 이러한 비정규직이 일상화된 사회야말로 가장 비극적인 '비정상' 사회이다.

이제까지 우리 사회에서 제멋대로 독점하고 편법을 일삼아온 사회 상층에 대한 통제 장치를 작동시킴으로써 엄격한 잣대를 적용해야 하고, 반면 이제까지 사회의 부조리 속에서 비인간적 생활을 영위해야 했던 사회 하층에게는 따뜻한 제도와 정책이 마련되어야 한다. 이 지점에서 사회의 가장 약자에게 이익이 돌아가는 경우에만 사회적, 경제적 불평등이 인정될 수 있다는 존 롤스의 '차등의 원칙(Difference Principle)'이 다시 한 번 강조되어야 한다.

그럴 때 우리 사회의 '안전'도 비로소 보장될 수 있다. 양극화가 심화되고 사회적 약자에 대한 어떠한 보호 장치도 부재한 사회는 많은 사람들을 극심한 생활고에 휩쓸리게 만들어 수많은 범죄를 양산하게 된다. 그리하여 나의 딸과 아내, 남편, 아들이 범죄에 적나라하게 노출되어 피해를 받게 됨으로써 사회 불안정 상황을 초래하고 결국 사회의 모든 구성원들의 안전이 위협 당할 수밖에 없게 된다.

유럽의 경우에도 정규직과 비정규직이 존재하고 있기는 하지만 시간당 임금은 동일하다. 다만 비정규직은 적게 일하고 적은 돈을 가져갈 뿐이다. 하지만 우리나라의 경우에는 정규직 대 비정규직 임금 비율이 100 대 60이다. 정확하게 말하면, 2013년 정규직과 비정규직의 시간당 임금 격차는 2013년 "1만 7524원 대 1만 1259원"이다. 이는 2013년 고용노동부 조사에 의한 통계 결과이다. 비정규직의 임금 수준이 정규직의 64.2%에 머물고 있다. 우리나라 비정규직의 경우 하루 종일 일해도 한 달에 130만~140만원에 불과하다. 그러니 이들 비정규직은 필연적으로 빈곤층으로 전락할 수밖에 없다. 또한 사내하청을 법률에 의하여 금지시켜야 한다. 동일한 공장 안에서 동일한 노동을 하는데도 하청업체 직원들은 큰 차별을 받고 있다.

더구나 우리 사회에서 비정규직의 정규직으로의 이동성은 OECD 국가 중 가장 낮은 수준에 머무르고 있다. OECD가 발표한 '비정규직 이동성 국가별 비교'(2013)에 따르면, 우리나라는 비정규직 가운데 11.1%만이 1년 뒤 정규직으로 일하고 있었고, 69.4%는 비정규직에 머물렀다. 그리고 19.5%는 실직 등으로 일을 하지 않는 것으로 조사되었다. 3년 뒤에도 상황은 별로 나아지지 않아 비정규직 중 22.4%만이 정규직으로 전환되었고 50.9%는 여전히 비정규직이었으며, 26.7%는 일을 하지 않고 있었다.

OECD는 프랑스, 네덜란드, 영국, 독일, 일본 등 16개 나라를 비교했는데, 16개 국가 평균으로 보면 비정규직은 1년 뒤 35.7%, 3년 뒤 53.8%가 정규직 자리로 옮겨 우리나라의 '비정규직 → 정규직' 이동성이 가장 취약했다.

《블랙오션》의 저자 박창기는 한국 사회 전체를 다섯 개의 그룹으로 분류하고 있다.[4] 그에 따르면, 상위 0.1%인 G1 그룹은 이권 장악 집단이다. 상위 1%인 G2 그룹은 이권 비호 집단이다. 그 아래 계층으로 전체의 10~20%를 차지하는 G3 그룹은 이권 추종 집단이다. 그 아래에 있고 50~60%를 차지하는 G4 그룹은 침묵 대중 집단, 맨 아래에 있는 G5 그룹은 극빈 소외 집단이다.

1987년 이전까지만 해도 G1과 G2가 이권을 장악했고, G3의 규모는 작았다. G1과 G2는 재벌과 보수언론과 관료의 카르텔이다. 노동자 대부분은 G4, G5에 속했고, 그들의 경제 수준은 '평등하게' 낮았다. 하지만 1987년을 지나면서 상황이 급변하였다. 대기업 정규직 중심으로 조직화된 노동자들이 G3에 속하게 된 것이다.

우리나라의 하위 90%, 즉 국민 다수가 차지하는 몫이 세계 최저 수준이다. 따라서 1% 대 99%의 대결만 강조하는 것은 문제의 핵심을 벗어나게 된다. 10% 대 90%의 대결, 또는 20% 대 80%의 대결 역시 그에 못지않게 중요하다. 대기업과 공기업의 정규직, 교사 및 공무원이 기득권층으로 된 현상도 함께 비판해야 한다.

박창기에 의하면, 한국의 경제적 양극화는 G3와 G4의 격차가 벌어진 결과이다. 그는 여기에 민주노총 및 그들을 옹호해 왔던 진보 진영에게도 책임이 있다고 강조한다. 왜냐하면 진보 진영은 G4, G5에 비해 G3의 목소리를 주로 대변해왔기 때문이라고 분석한다.

프랑스 파리경제대학의 세계 상위소득 데이터베이스에 따르면 지난 2012년 한국의 소득 상위 10% 인구가 전체 소득에서 차지하는 비중이 44.87%에 달한 것으로 나타났다. 이 기준으로 할 때 한국은 OECD 국

---

4   2014년 1월 21일자 프레시안 기사, http://www.pressian.com/news/article.html?no= 112970

가 중 미국 다음으로 소득불평등이 심한 국가이다. 소득 집중도의 변화가 현 추세대로 진행된다면 한국의 상위 10% 소득자가 전체 소득에서 차지하는 비중은 2018년 무렵 50%를 넘게 되고, 한국은 2020년이 되기 전 미국을 제치고 OECD국가 중 가장 불평등한 국가가 될 것으로 추정되고 있다. 한편 2012년 말 현재 한국의 소득 상위 1% 인구는 전체 소득의 12.23%를 점하였다.[5]

우리를 가장 절망시키는 것; 부의 세습화와 학력의 대물림

절망이란 단지 현재의 극심한 소득불균형과 양극화에서 비롯되는 것이 아니다. 절망의 진정한 원인은 바로 내일에 대한 꿈을 꿀 수조차 없다는 사실에 존재한다.

지금 우리 모두를 절망시키고 있는 가장 큰 문제는 바로 우리 사회에서 부의 세습화와 그로 인한 학력의 세습화가 진행되고 있다는 사실이다.

최근 한 연구에 따르면, 학생 100명당 서울대 합격자가 강남구는 2.1명인데 비해 강북구는 0.1명으로 무려 21배나 차이가 났다. 강남구와 서초구, 송파구 등 이른바 '강남 3구'가 상위 1~3위를 휩쓸었다.

또한 학생 100명 당 서울대 합격자가 과학고 41명, 외고가 10명인데 비해 일반고는 0.6명에 불과했다.[6]

이렇게 극단적으로 분절되어 양극화하고 또 그것이 고착화, 심화되는 사회에서 "누구든 성실하게 열심히 노력하면 성공할 수 있다"는 소

---

5   2014년 9월 12일자 경향신문 참조.
6   2014년 8월 15일자 시사오늘 참조.

박한 상식과 내일에 대한 꿈은 처절하게 산산조각 나고 만다.

사회 구성원 모두의 땀과 노력으로 창출된 사회적 부가 지속적으로 그리고 극단적으로 극소수에게 독점되고 세습화되는 사회에서는 결코 일체감이 형성될 수 없고 사회적 통합도 기대할 수 없다. 사회적 활력이 급속하게 사라지게 되고 국민적 사기가 저하되면서 국가가 총체적으로 정체 혹은 퇴보해 갈 수밖에 없다.

지난 백여 년 동안 슈퍼파워, 세계 최강국으로 군림했던 미국의 급속한 쇠락도 바로 1% 대 99%로 상징되는 양극화가 그 주요한 배경으로 작용하고 있다.

북유럽국가의 복지모델

생산적 복지는 북유럽 복지정책의 특징이다. 생산적 복지정책이란 아동가족정책을 포함한 공공사회 서비스정책과 적극적 고용정책, 근로 인센티브를 강화하는 사회보험정책이다. 일할수록 더 많은 혜택을 보장하게 만든 연금제도와 실업급여 개혁은 근로 인센티브를 강화하는 역할을 수행하였다. 인적자본에 대한 투자, 여성의 노동시장 참여를 제고시키는 정책 등이 북유럽 복지정책의 특징이다.

북유럽 복지국가들은 보편적 고복지를 위하여 높은 수준의 사회지출을 지속해왔다. 사회지출은 사회보험과 포괄적 공공사회서비스에 주로 집중되어 있다. 현금복지보다 사회서비스 복지를 중시하고 모두에게 평등한 사회적 기회를 보장한다. 2012년 GDP 대비 사회지출은 스웨덴이 28.2%인 데 비하여 한국은 9.3%에 지나지 않았다.[7]

---

7   김인춘, 《북유럽 국가들의 복지재정제도 연구》, 한국지방세연구원, 2013. 참조

북유럽형 복지국가들의 사회보장제도의 주요 특징은 국가의 역할을 중시하고 법률에 규정된 조세를 재원으로 하여 사회보장제도를 운영하며, 저소득층뿐 아니라 전 국민을 대상으로 보편적이고 높은 수준의 동등한 대우를 보장하는 데 있다. 1990년대 이후 복지정책 개혁으로 연금이나 실업급여 등 사회보험 급여는 삭감했지만, 보건의료, 공교육, 적극적 노동시장정책, 영유아보호정책 등 공공사회서비스에 대한 지출은 오히려 확대되었다. 공공사회서비스의 생산적 기능과 재분배 기능을 중시하기 때문이다.

　한편 사회보험제도는 중앙정부 차원에서 운영되고 있고, 공공사회서비스의 제공은 지방정부가 책임을 지고 있다.

　조세부담률은 2010년 기준으로 스웨덴은 34.1%이고 한국은 19.3%이다. 스웨덴은 직접세와 누진세를 먼저 강화한 뒤 간접세를 높여왔다. 2004년 GDP 대비 개인소득세 세수 규모는 스웨덴이 15.8%인 데 반해 한국은 3.4%이다.

이제 야당을 버려야 할
때가 된 것인가?

"싹을 자르다"

사무실에서 키우는 스킨답서스 화초 한 줄기가 몇 달 째 도무지 자라지 않는다. 몇 달 전 실수로 싹이 다친 후 계속 자라나지 못하고 있다. 아주 잘 자라는 화초인데 한번 싹이 다친 후 이토록 성장을 멈추고 있는 것이다. "싹을 짓밟다"나 "싹을 자르다"라는 말을 무심코 사용해왔는데, 이제야 그러한 행위가 얼마나 무서운 행위인가를 비로소 알게 된다.

야당을 혁신해야 국가도 혁신된다

아무리 생각해봐도 돌파구가 보이지 않는다. 세월호 참사 이후에 진행된 선거에서 국민들은 야당을 심판하였다. 무능한 정부 여당을 심판하지 않고 더 무능한 야당을 심판한 것이다.

무능하고 무력하며 자신에 부여된 책임을 수행하지 않은 야당이 있고서는 이 땅의 민주주의도 국민의 삶도 결코 보장될 수 없다. 진실로 야당이 혁신되어야 비로소 이 나라 이 국가도 혁신할 수 있다.

6.29 선언은 DJ와 YS의 분열을 전제로 한 정치 게임이었다. 그런데 지금도 보수 진영의 전략은 야당의 친노와 비노의 분열을 전제로 하고 있다. 그리고 이 전략은 6.29선언처럼 항상 적중하여 백전불태(百戰不殆), 백번 싸워도 항상 위태롭지 않고 연전연승을 거두어 왔다. 한 가지 분명한 사실은 항상 내부에서 분열하는 조직은 결코 큰 힘을 발휘해낼 수 없다는 점이다. 작지만 통일된 노선과 대오가 더 큰 힘을 발휘할 수 있다. 따라서 야당은 지금처럼 내부에서 항상 분열할 것이 아니라 차라리 DJ와 YS 때처럼 당을 나눠 깨끗이 분열하는 것이 나을 수 있다. 나아가 어차피 현재 노선과 정책 그리고 지역적 토대와 행태 등에서 여당과 유사하므로 YS처럼 여당과 합당하는 것이 장기적으로 야당의 집권을 가능하게 만드는 방도가 될 수 있다.

현 상태 야당의 온존이야말로 보수진영 최고의 전략

이제까지 민주 진영은 항상 여당의 독주를 방지하기 위하여 연대하고 단일화하고 대동단결해야 한다고 주장해 왔다. 이렇게 하여 그간 수십 년 동안 선거 때만 되면 단 한 차례의 예외도 없이 제휴론이나 연대론을 내세우고 실천해왔다.

그러나 그렇게 야당에 힘을 몰아 준 결과는 무엇인가? 바로 철저히 보수화하고 기득권화한 야당 그리고 독점 야당이 그 결과가 아닌가? 더욱 불행한 사실은 앞으로도 희망의 가능성이 도무지 보이지 않는다는 점에 있다.

보수 진영의 가장 큰 전략은 현재의 야당을 그대로 온존시키는 것이다. 그 시끄러웠던 NLL 논쟁에서도 큰소리 내면서 얻을 것 다 얻고는 정작 야당 당사자들은 전혀 손보지 않았다. 야당의 온존이야말로 그들의 가장 유효한 전략이며, 현존하는 야당이야말로 가장 효율이 높은 최상의 파트너이다. 간혹 겉으로는 위태로워 보이지만, 결국 백전불태, 연전연승이다.

세월호특별법 처리에서 목격한 바처럼 우리의 야당은 항상 기대 이하였고 실망이었으며, 어김없이 좌절과 배신만을 안겨주었다.

차라리 여당의 힘에 밀려 도저히 유가족의 뜻을 실현시킬 수 없었다면, 솔직히 힘이 없어서 못한다고 반성하면서 대신 집권한 뒤 철저히 진상을 규명하겠다고 하는 것이 나았다.

야당의 정체성은 과연 무엇인가

부자만을 위하고 강남만을 위해온 여당에 맞서 야당은 부자가 아닌 가난한 서민의 편이라고 정면으로 주장했어야 했다. 강남이 아니라 강북 혹은 강남이 아닌 모든 사람을 위한 정당이라고 주장했어야 했다. 그러나 야당은 그렇게 하지 않았다. 오히려 강남에게 잘 보이기 위하여 성장론을 내세우고 전방 초소를 방문하고 국립묘지에 헌화하면서 항상 '헛되이' 노력 중이다.

관료에 대한 노선 역시 마찬가지이다. 야당은 국민의 편에서 세월호 참사가 결국 우리 사회 관료의 문제이며 이러한 관료집단을 비판하고 관료 개혁을 주장했어야 했다. 만약 야당이 그렇게 분명하게 자리매김을 하면서 나아갔다면 우리의 정치 지형은 전혀 다른 양상을 보였을 것이다.

그런데 왜 우리 야당은 이렇게 쉬운 일을 하지 못할까?

진실은 그들의 정체성 문제이다. 그들은 부자와 강남 그리고 관료를 비판하고 개혁을 추진하기는커녕 오히려 항상 그들의 눈치를 살펴보고 있다. 말로는 서민을 말하지만 실제로는 말의 성찬으로 국민을 팔아 자신의 지위를 구하였고, 언제나 부자와 강남 그리고 관료에 의존하면서 그들의 눈치를 보았다. 어떻게든 자신들이 그들의 편임을 알리고 그들이 차려놓은 잿밥에 숟가락 올려놓기에 바빴다. 이 사회에서 굳건한 기득권을 누리면서 별의별 약점이 다 잡혀있을 게 뻔하다. 세월호특별법 처리 과정에서 보여주었던 야당의 불철저함은 야당 스스로도 유병언과의 유착 등 세월호 참사의 책임에 적지 않은 인사들이 개입되어 있기 때문이지 않은가라는 의구심을 떨쳐낼 수 없다.

이제 이 야당을 버려야 할 것인가를 심각하게 고민해야 할 시점에 이르렀다.

그 동안 우리 국민은 야당을 어떻게든 고쳐서 써보려 노력해왔다. 그러나 이제, 야당을 버려야만 비로소 진정한 야당을 만들 수 있는 그러한 선택의 시점이 도래하고 있다. 야당에 대한 비협조, 불복종 운동의 전개를 고려해야 한다. 그리하여 투표를 해야 민주주의라는 그들의 '강박'과 최선이 아니라 차선과 차악이라도 택해야 한다는 그들의 '억지 논리'도 타기해야 한다. 차라리 투표율도 여지없이 낮춰버리고, 여당이 의석을 독차지하게 하는 것이 새벽으로 가까이 가는 길이리라.

방향 착오는 곧 무능이다

예를 들어, 야당은 '혁신 작품'을 내놓는다면서 그간 야당에서 임명했던 국회도서관장을 외부 추천위원회에서 추천된 '문헌정보학' 교수를 선출하였다. 야당이 자신의 기득권을 과감히 포기한 것은 극히 드문 일이고 마땅히 높이 평가받을 만한 일이다.

그런데 어떤 일이든 그 방향이 올바르게 서야 한다. 방향이 잘못되면 무능이 될 수밖에 없다. 보도에 의하면, 야당이 조직한 '국회도서관장 추천위원회'는 도서관장 추천 기준의 첫 번째 조건으로 '문헌정보에 대한 전문적 비전과 식견을 갖춘 자'를 내세웠다고 한다. 그러나 국회도서관이란 일반도서관이 아니다. 그것은 국회에 존재하면서 국회 입법 활동을 지원하는 입법지원 기관이다.

국회도서관의 모델은 바로 미국 의회도서관이다. 미국 의회도서관장은 제퍼슨 대통령이 하원에서 총장으로 근무하던 존 벡크리를 임명한 이래 계속 대통령이 임명하였고, 가장 오래 40년을 관장으로 재직한 허버트 푸트남은 법학을 전공하였으며, 현 관장 제임스 빌링턴은 프리스턴대학과 하버드대학 교수 출신의 저명한 역사학자이다. 임명자인 레이건 대통령은 "비록 사서로서의 전문성은 부족하지만, Wilson센터 운영의 행정경험과 학자로서의 덕망"을 임명 이유로 들었다. 한마디로 미국의회도서관장은 '지성의 상징'이다. 이들에 의하여 체계적이고 장기적으로 의회 입법지원 업무를 제공하는 도서관으로 발전되어왔다.

일반도서관의 대표 도서관은 중앙도서관이고, 국회도서관은 국회의원에 대하여 입법지원 업무를 하기 위하여 설치된 '특수한' 도서관이다. 결국 국회도서관장의 자격 조건이란 문헌정보학을 배제하지는 않지만 단순한 문헌정보학의 차원을 넘어서는 것이다. 참고로 필자는 당시 어떤 인물이 적합한가를 묻는 관계자에게 신영복 선생, 서중석 교수 그리고 김종철 녹색평론 대표를 추천하였다.

그래도 싹은 다시 피어나리라

그간 이 땅에서 무수하게 시도된 정치 혁신의 싹은 야당이 의도했든 아니든 결과적으로 야당의 존재로 인하여 번번이 잘리고 짓밟혔다.

하지만 언제가 반드시 새로운 싹이 조그맣지만, 그러나 강력하게 돋아나 마침내 이 땅에서 정치 혁신과 민주주의의 꽃봉오리를 찬란하게 피워낼 것이다.

우리는 '박정희'를
넘어서지 못했습니다

베어진 한 그루 가로수와
세월호 참사

필자는 그간 개인적으로 10년 가까이 무분별한 가로수의 가지치기를 비롯하여 가로수 보호를 위한 관련 민원을 지속적으로 제기해왔다.

필자가 매일 출퇴근하는 길에 있는 은행 본점 건물을 리모델링을 하는 중에 가로수를 베고 공사를 하는 것을 보고서 120 서울 다산콜센터에 민원 전화를 했다. 그리고 며칠 후 그 자초지종을 듣게 되었다. 구청 관계자는 은행 측이 정해진 규정에 의하여 진입로 변경과 가로수 한 그루를 베는 신청을 하여 승인을 받고 동시에 규정된 바의 400만 원의 비용을 납부하였다고 설명하였다. 그러면서 "기업이 하자는데 그렇게 해줘야죠."라고 말했다.

베어진 가로수는 2,30년이나 된 아름드리 플라타너스 가로수였다.

잘 알다시피 가로수는 악조건의 길가에 생존하면서 우리 인간에게 녹색 환경을 제공하여 시각적으로나 환경 차원에서 지대한 공헌을 하며, 뜨거운 여름에 보행인에게 시원한 그늘을 제공한다. 가로수 한 그루는 20대의 에어컨에 해당하는 효과를 낸다. 이글거리는 여름날 가로수도 없는 길은 정말 걷기 힘들다. 하기야 24시간 자동차만 타고 다니는 사람들에게는 전혀 문제가 되지 않겠지만.

특히 지구온난화로 지구 자체가 위기에 빠지고 갈수록 전례 없는 이상 고온의 혹서에 시달리고 있는 현재 가로수를 더욱 많이 심어야 할 터에 오히려 수십 년 된 가로수를 오로지 "기업의 편의"를 위하여 쉽게 베도록 허가를 내주는 것은 큰 문제이다. 400만 원? 그것은 시민의 희생과 환경을 고려한다면 너무도 작은 비용이요 실로 가소로운 일이다.

뿐만 아니라 미국 시카고대학 연구진의 최근 보고서에 의하면, 시가지 한 구획에 가로수를 10그루 더 심으면 연간 개인 소득이 1만 달러 늘어났을 때나 평균소득이 1만 달러 더 많은 동네로 이사했을 때 느끼는 정도로 건강이 좋아졌다는 인식을 갖게 되거나 혹은 7살 더 젊어진 느낌을 갖게 된다고 한다.

민간인에게는 그토록 권위를 내세우며 고압적으로 구는 공무원들이 기업에게는 어찌 그리 친절하고 배려심이 많은 것인지. 그 기업이 하자는 것이 무슨 생산적인 일도 결코 아니다. 단지 자기들 건물 단장하면서 보행로 막고 엄청난 먼지 발생시키면서 진입로 넓히고 가로수 베는 것들에 지나지 않는 것이다. 그 모두 시민의 고통과 불편 그리고 이익을 희생시키는 것이다. 가장 문제가 되는 것은 "기업이 하자는데 그렇게 해줘야죠."라는 사고방식과 관행이다. 그러한 사고방식과 관행은 아마 자기들끼리는 화기애애한 미풍양속일 것이다. 하지만 분명한 사실은 자기들끼리의 그러한 '미풍양속'으로 결국 세월호 참사와 같은 비극이 발생한 것이다.

인간 위주의, 개발과 성장 위주의 사고방식과 관행을 타파해야 한다. 한 그루의 나무를 먼저 생각하고 가꿔나가야 한다. 그 길이야말로 우리 사람을 위하고 지구를 위하는 길일 것이다.

개발주의 그리고
보수와 진보

집으로 가는 길

퇴근 뒤 집으로 가는 길에 항상 연세대학교 교정을 가로 질러 걸어 지나간다. 그런데 연세대 백양로는 온통 공사장으로 변했다. 언필칭 '백양로 재건 프로젝트'란다. 공사장의 먼지는 사방으로 날리고 시너 냄새로 온통 매캐하다. 모두 발암물질인데, 도대체 그들은 다른 사람에게 심각한 피해를 끼쳐도 무방하다는 권한이라도 위임받았다는 말인가? 생색만 내려고 억지로 급히 옮겨 심은 은행나무들은 곳곳에서 창백한 이파리만 간신히 달고 서 있다.

노골적인 환경 파괴의 현장이요 미세먼지의 본산지이다.

'공사판 대학'의 시대

대학들이 앞 다투어 이렇게 건물을 짓는 데에는 교육부가 한몫 단단히 하고 있다. 그렇지 않아도 오래 전부터 그 존재 이유를 도무지 알 수가 없고 자신들의 조직 유지와 조직 구성원 간의 관계 조정이 유일한 업무라는 야유까지 받는 교육부다. 바로 그 교육부의 재정지원제한 대학 발표와 대학 구조조정 지표 공개가 이 난장판을 조장하고 있는 것이다. 이로 인하여 전국적으로 공사판을 방불케 하는 대학이 늘고 있는 것이다. 건물을 많이 지어 놓으면 정부 대학 평가에서 유리하고 부실 대학 리스트에서 빠질 수 있기 때문이다. 교육부는 인문·사회, 자연계열 등 계열별 학생 1인당 교사(校舍: 학교 건물) 기준 면적을 제시하고 학생 수에 비례해 강의실 등 교육기본시설과 실험실, 연구소 등 연구시설과 같은 교사를 충분히 확보할 것을 권고하고 있다. 토건업체와 일사불란한 협조가 잘 이뤄지고 있는 모양새이다.

일찍이 2003년에 고려대학교가 교문을 바꾸고 대규모 캠퍼스 리모델링 공사에 들어가면서 '공사판 대학의 시대'를 화려하게 열었다. 이후 다른 대학들도 앞을 다투어 고층 건물들을 올리고 교문을 바꾸는 등 캠퍼스 토건 사업에 열을 올렸다. 캠퍼스 지하에는 거대한 주차장이 들어서고 쇼핑몰과 같은 각종 편의시설이 우후죽순 들어섰다.

얼마 전부터는 이화여대가 학교 뒷산을 깎고 천여 그루의 나무를 베어내면서 기숙사를 짓고 있다. 본래 이곳은 건물 신축이 불가능했으나 서울시가 건물 신축 기준을 완화해주면서 가능해졌다. 이렇게 모두가 서로 밀어주며 힘을 모아 열과 성을 다하여 자연과 환경을 파괴하고 있다.

국가 백년대계로서의 교육 철학이나 사회적 책임으로서의 환경 보호라는 개념은 이들의 사고방식 범주에 아예 존재하지 않는다. 오직 서로 경쟁적으로 외형적 건물 올리기에만 혈안이 된 채 적나라한 물질 숭배주의로 충만되어 있을 뿐이다. 이렇듯 기본을 도외시한 채 겉만 번지르르한 속빈 강정으로 지어진 틀 속에서 세월호 참사와 세계적으로 망신을 산 한심한 메르스 대응은 그 필연적 결과라 할 것이다.

오늘날 우리 사회가 도대체 원칙을 철저히 타기하고 이 모양으로 된데에는 단지 대통령과 정치권 그리고 기업만 문제가 있어서 그리 된 것이 아니다. 본연의 학문과 양심을 추구하고 정신적 가치를 지향하는 대신 거꾸로 사회의 꽁무니만 좇으면서 그것을 오히려 조장하고 탐욕과 무능 그리고 천박함으로 중무장한 우리의 대학도 그 적극적인 공범자임은 누구도 부인할 수 없을 것이다.

대학의 힘은 건물에서 나오지 않는다

대학의 힘이란 성냥갑 같은 건물에서 나오는 것이 아닐 터이다. 세계의 내로라하는 명문대학교들의 교정을 살펴보면 하나 같이 오랜 풍상을 겪은 고색창연한 건물에 아름드리 고목나무들이 병풍처럼 꽉 들어차있다. 화려하고 거대한 건물, 첨단 시설, 화려한 집기들이 이른바 대학의 경쟁력이나 실력의 기준일 수는 없다.

겉모습에 휘둘리지 않는 삶을 연마하는 것이 곧 대학의 사명일 터이다. 대학의 본질이란 진리의 탐구와 같은 정신적 가치를 추구하고 수련하는 것이다. 그리고 자연을 존중하고 환경을 보호하는 것은 그 당연한 기본이다.

개발주의와 보수 그리고 진보

박정희 시대 이래 이 땅에는 개발주의가 완벽하게 관철되고 있다. 새마을운동부터 시작하여 4대강 사업, 제2롯데 등 전국은 365일 매일같이 개발 열풍이고 공사판화이다. 우리 사회 보수의 기본 사고방식은 이 개발주의에 존재한다. 그리고 진보 역시 이 개발주의를 넘어서지 못하고 어정쩡하게 편승하고 있다.

진보, 무엇이
문제인가?

사람들은 지금 희망이 없다고 말한다. 이전의 엄혹한 군사 독재정권 때는 "민주화만 되면 이 모든 문제가 해결될 수 있겠지"라는 희망으로 살아왔다. 그리고 87년 6월, "이제 좋은 세상이 왔구나!"라고 기뻐했다. 그러나 희한하게도 이른바 '진보 정권' 10년이 지나면서 사람들은 자신들의 기대를 모두 접어야 했다.

불신과 좌절이 온 사회에 확산되었고, "믿을 놈 하나도 없는" 현실을 목도하면서 희망을 포기한 대중들은 모두 "어떤 수단을 쓰든지 우선 나부터 잘 살아야 한다."는 정신으로 무장하게 되었으며 우리 사회에는 극단적 이기주의가 팽배해졌다. '진보 정권'이 역설적으로 대중들의 '희망'을 상실하게 만든 이 현실을 겸허히 인정해야 한다.

사실 우리나라에서 김대중, 노무현 정부, 이렇게 거듭 두 번씩이나 '진보 정권'을 탄생시킨 것은 역설적으로 이 땅의 대중들이 얼마나 민주주의를 갈망하고 있는가를 웅변해주는 증거였다. 기대가 컸기에 좌절도 그만큼 컸다.

'진보 정권'이 좌절하면서 우리들은 먼저 그간의 실패에 대한 근본적인 반성을 해야 했다. 기회란 반성의 토대위에서 비로소 가능한 것이다.

대중들은 자신들을 위하여 싸우고 그러다가 쓰러지는 모습을 너무도 보고 싶어 했다. 그들 눈에는 민주화 진영이 항상 싸우기는 하지만 자신들의 당과 자신들의 이른바 '이너서클(Inner Circle)'의 이익만을 위한 싸움으로 비쳐졌다. 만약 집권 시기에 여당을 포함한 정권 담당자 중

한두 명이라도 대중을 위하여 투쟁하다가 희생된 사람이 존재했다면 대중들의 신뢰는 여전히 강렬했을 것이다. 그러나 불행히도 그러한 경우는 존재하지 않았다. 신경숙 표절 문제에 대한 '창비'의 반성 없는 태도는 기득권에 매몰되어 군림하고 있는 '진보'의 민낯을 그대로 투영하고 있는 슬픈 자화상이기도 하다. 진보란 모름지기 개방적이어야 할 터이다. 개방적일 때만이 확장 가능성이 있다. 그러나 오늘날 적지 않은 진보는 거꾸로 '끼리끼리' 자기들만의 소통만을 추구하고 자기와 입장이 다른 사람들을 적대시하며 우월감을 드러내는 폐쇄성을 그 특징으로 하고 있다. 쇠락은 필연적이다.

고(故) 조영래 변호사 같은 인품과 능력 그리고 지도력을 갖춘 분이 일찍 타계하신 것은 참으로 운동진영으로서 커다란 손실이었다. 고 김병곤, 고 이범영, 고 박관현 선배도 마찬가지이다. 하늘이 재주 많은 것을 시기하고 아껴서 빨리 데려간 것인지 생각할수록 안타깝다.

사람들이란 자기가 감동을 받았던 영화의 한 장면씩은 가슴에 품고 살아가게 된다. 그런데 우리 운동권은 대중들에게 그런 감동적인 장면을 남겨 주는 데 실패했다. 사람들은 말이 아니라 행동을, 구호가 아니라 구체적인 정책과 조치를, 자기의 당이 아니라 대중을 위하여 헌신하는 모습을 보고 싶어 했던 것이다.

대중에 대한 '섬김'의 실종

필자가 잘 아는 선배분이 계신다. 학생 시절부터 평생 '운동'에 몸담아 오시고 비록 크지는 않지만 사업체도 몇 개 가지신 분이다. 평생 운전 면허증도 없고 그 흔한 카드 한 장도 없다. 타고난 자연주의자라서이기도 하지만, 동시에 일하는 사람을 위한 소박한 마음이기도 하다.

나 편하자고 괜히 카드 수수료를 낭비할 필요 없이 장사하는 사람들에게 한 푼이라도 더 돌아가게 해야 한다는 것이다. 컴퓨터를 사용하지 않기 때문에 이메일주소조차 없다. 굴지의 환경기업 풀무원을 세운 장본인이지만 대기업 운영으로 넘어가자 홀연히 떠났다. 이제껏 미혼으로 혼자 사시는 그 분은 서울 근교에 15평짜리 허름한 아파트에 전세로 살고 있었는데, 그것조차도 "그 넓은 곳에 자기 혼자 살고 있어서 미안하다"고 말씀하셨다. 참으로 우리 운동권이 이러한 정신과 태도를 견지해왔다면 최소한 대중들의 신뢰를 이토록 잃게 되지는 않았을 것이 아닐까?

최소한 초심을 보여주어야 했다. 물론 운동 경력을 발판으로 삼아 '출세'를 하기 위하여 의도적으로 운동에 접근한 사람도 있었기도 하겠지만 그런 사람은 그야말로 극소수일 것이다. 생각해보면, 운동권 출신이라는 자부심을 가지고 살고자 한다면, 운동을 처음 시작할 때의 순수한 그 열정으로 조국과 대중에 대한 봉사 정신을 항상 가슴에 품고 살아야 했었다.

필자는 유학 시절 학비가 부족하여 식당을 열고 몇 년 동안 장사를 한 적이 있었다. 그때 배운 것은 무엇보다도 사람에 대한 서비스 정신이 중요하다는 사실이었다. 장사도 결국 서비스가 중요하고, 이를테면 정치도 서비스 정신이 가장 중요할 것이다. 운동이 지향했던 것도 결국 대중에 대한 서비스, 즉 '섬김'이라고 생각해본다. 대중에 대한 이러한 서비스 정신, '섬김'이 부족했기 때문에 운동이 무너진 것이 아닌지.

'현장론'의 재강화

각자 운동 시기 지녔던 '현장 중심의 사고방식'으로써 자기가 지금

발을 딛고 살고 있는 바로 그 삶터로부터 시작하여 그곳 현장 대중들과 당면 문제의 해결을 위한 지속적인 실천을 해야 했다고 생각한다. 그로부터 출발하여 환경 문제, 각종 제도 개선 문제 등 공익 문제에 평소 자기가 관심을 가지고 있고 또 자신이 있는 분야에서 최선을 다하여 자기 몫을 다해야 했다. 그것이 비록 작아보일지라도 그 총화(總和)는 엄청난 힘으로 작용하게 된다.

그러나 실제로는 이와 반대로 우리는 언제나 거대 담론만을 얘기하고, '투쟁'도 예를 들어 반(反) 정권 투쟁이나 반새누리당 투쟁 등 오직 '스케일 큰' 정치 투쟁만 해왔다. 그 '투쟁 대상'들을 하루에 몇 번씩 비난하면서 스스로 '운동권'이라는 자기 정체성을 지켜온 셈이었다. 하지만 이러한 스케일 큰 '정치 과잉'의 투쟁만이 계속 되다 보니 필연적으로 구체성, 즉 현장성과 대중성이 결여되어 갔던 측면을 부인하기 어려울 것이다. 예전부터 운동권에서는 항상 '정치투쟁론'과 '현장론'의 양대 노선 투쟁이 치열하게 전개되어 왔다. 지금은 '과잉된' 정치투쟁 일변도를 넘어서 '현장론'이 강화되어야 할 시기로 보인다. 그리하여 생활에 토대를 두는 주거지 단체, 직업직능적인 결사체, 그리고 생산자 그룹의 활동이 중요하며, 이렇게 생계 조직과 직장 조직, 마을 조직이 삶의 터전에서 뿌리를 내리고 실천해 나갈 때 비로소 민주주의가 분명하게 성취될 것이다.

북한강과 남한강이 만나는 명소로 몇 년 전에 4대강 사업으로 강제 철거 위기에 몰렸던 양수리 두물머리에 '발전'이 아닌, '밭전(田)'위원회가 있다. 여기에 협동조합 '두머리 부엌'이라는 유기농 밥카페 겸 하우스맥주 펍이 자리 잡고 있다. 이 '두머리 카페'는 한 선배분이 감옥에 다녀온 형사보상금을 내놓아 만들어졌다. 이들은 지역에서 가능한 대안과 희망을 찾아보기 위해 다양한 형태의 실천을 하고 있다. 없으면 직접 만들고 궁하면 통하게 하는 것, 이것이 "공사 대신 농사", "발전 대신 밭전"을 주창해온 이들의 정신이다. 그리하여 일찍이 한국 유기농 운동의 시원이 되었던 이곳 팔당 두물머리는 이제 지역운동의 새로운 형태를 모색하고 있다. 이러한 지역 조직들이 전국적으로 활성화되고, 이들 풀뿌리 조직들이 다시 정치 세력화해야 한다.

필자는 과거에 지인을 통하여 '민주화운동기념사업회'가 일종의 '집현전'을 만들어 정책과 방향에 대한 모색을 해나가는 방안을 몇 차례 제안하기도 했으나 아무도 귀를 기울이는 사람이 없었다.

이렇게 자신이 발을 딛고 있는 바로 그 자리의 '현장'과 '지역'에서 각종 공익을 위한 '운동'을 (비록 그것이 작아 보이지만) 성실하게 실천하지 못한 것이 오늘날 진보 진영 쇠락의 가장 중요한 요인이라고 생각한다.

언젠가부터 될성부른 사람만 나타나면 '대통령 만들기'가 유행이다. 그러나 인물이란 그렇게 인위적으로 결코 만들어질 수 없다. 오히려 그렇게 되면 그나마 가졌던 장점도 자만심을 가지게 되어 곧 무너져버리는 경우가 많다. 인물이란 결국 스스로 성장하고 발전하는 것이다. 오직 자기의 자리에서 성실하게, 그러나 투철하게 실천하는 과정에서 비로소 인물이 만들어질 수 있다.

아울러 고정된 관념에서 자유로워질 필요가 있다. 이를테면 우리 사회가 정규직과 비정규직의 양대 계급으로 나뉘어 가고 있는 추세를 면밀하게 분석하고 이에 대응해나가야 할 것이다. 기존의 노동자 개념에만 고식적으로 계속 붙잡혀 있어서는 오늘의 문제를 결코 해결할 수 없다. 그것은 단순한 게으름의 차원을 넘어서 고통에 시달리는 이 땅의 대중에 대한 죄악이다.

'박정희'를 넘어서지 못한 운동

박정희에 저항하여 목숨을 걸고 싸웠던 주위의 적지 않은 사람들이 희한하게도 박정희를 어느 정도 평가해야 한다고들 말한다. 하지만 이는 박정희의 개발독재를 인정한다는 결론에 이르게 된다. 그렇기 때문에 개발 지상주의와 성장 지상주의, 신자유주의에 포섭되어갈 수밖에 없었다.

결국 이는 '초심'을 잃게 만들고 정체성을 상실하게 만든 중대한 요인이었다고 생각한다. 우리는 박정희의 반민주성만이 아니라 반인간화의 측면을 동시에 반대한 것이었다. 여기에서 인간주의란 삶의 가치를 지향하는 생명존중 사상으로서 자연주의요 환경보호이며, 개발 독재에 대한 반대를 중심 내용으로 하는 것이기도 하였다.

한국인의 특성을 얘기할 때 가장 많이 나오는 말이 바로 "빨리 빨리"이다. 그런데 '빨리 빨리'의 반대어 '천천히'는 '川川'으로부터 비롯된 말로 추정된다. 즉, 유유히 흘러가는 냇가의 물처럼 느긋한 모습을 나타내고 있는 것이다.

한나라 양웅(揚雄)의 《太玄·難》에 "大車川川, 上輚於山, 下觸於川."라는 문구가 있다. 즉, "커다란 마차는 천천(川川)하여, 위로는 산에 거리끼고, 아래로는 내에 닿는다."라는 뜻이다. 즉, 천천(川川)이라는 말은 '무겁고 느릿느릿한 모습'을 의미한다. 정말이지 냇가의 흘러가는 물은 여유롭고 유유히 굽이굽이 흘러 내려가는 것이다. 앞뒤를 다투는 일 없이 차례차례 함께 더불어 흐르고, 그러면서도 결코 쉬지 않고 내려간다.

하지만 냇물이 흘러가는 모습으로부터 비롯된 '천천히'라는 말은 단순히 '서서히', '느릿느릿'의 의미만 가지는 것이 아니다. 때로는 계곡을 우당탕퉁탕 격하게 부딪치는 격류로 되기도 하고, 구불구불 흐르다가 또 거꾸로 역류하기도 한다. 냇물은 대부분의 시간을 유장하게, 즉 '천천히' 흘러가지만, 그것은 동시에 언제든지 격동과 파격과 역류로 전화될 수 있는 것이며, 그리하여 결코 '살리기'의 대상인 것이 아니라 그 자체로 역동적으로 '살아가는' 것이다.

창덕궁의 정원을 살펴보면 우리 선인들이 자연과의 조화를 얼마나 중시했는가를 알 수 있다. 전국의 사찰 역시 마찬가지이고, 조선 왕릉 또한 자연과의 조화를 가장 큰 원칙으로 삼았다. 기실 우리 민족문화의 전통은 자연과의 조화의 추구였다. 하지만 이러한 전통은 일제 식민지 시대와 박정희 시대의 개발 독재를 거치면서 철저히 붕괴되었다. 정치권과 관료 그리고 재벌의 소수특권층 지향적인 '근대화와 개발'이 '근대화'나 '경제 성장'의 이름으로 평가되어서는 안 될 것이다. 그것은 파괴, 단절 그리고 죽음으로 연결될 뿐이다.

이제 자연과의 조화가 복원되어야 한다. 자동차와 스마트폰으로 상징되는 소비와 속도 중심 그리고 인간 위주의 사고방식으로부터 벗어나야 한다. 갈수록 심각해지고 있는 도시 미세먼지의 반은 자동차 타이어와 도로의 마모에서 비롯된다는 주장도 있다. 아파트로 상징되는 개발과 탐욕의 사고방식을 떨치고 과연 인간의 삶이란 무엇인가에 대하여 본원적인 성찰을 해야만 할 때이다.

물극즉반(物極則反), 모든 사물은 극에 이르면 전변(轉變)하는 법이다.

이제부터라도 약간의 불편함과 부족함을 기꺼이 받아들이는 그러한 삶의 방향으로 나가야 할 터이다. 예를 들어, 현대를 살아가는 사람들은 거의 대부분 흙을 더러운 것으로 간주하여 멀리 하며 산다. 특히 아이들에게 항상 흙을 묻히지 말라고 교육한다. 그러나 흙이야말로 만물의 근원이요 생명의 기원이다. 우리네 인간 또한 결국은 흙으로 돌아간다. 전국의 그 많은 도로는 물론이고 골목골목 집 앞까지 가득찬 아스팔트 포장은 생태 환경을 파괴하고 생태의 자연 순환을 단절시키는 중요한 장애로서 가능한 한 걷어내야 한다. 서울이 그럴 듯하게 보일지 몰라도 그 녹지비율은 30%로 전국의 최하위 수준이다. 생명의 근원인 흙을 오히려 더러운 것으로 인식하고 멀리 하라며 교육하는 역전된 사고방식, 이러한 뒤바뀐 인식을 바로잡아야 비로소 내일로 가는 올바른 눈과 생각을 가지게 된다.

공공재의 사유화

돌이켜 볼 때, 가장 아쉽게 생각되는 점은 운동 진영은 항상 제도권 정당과 '제휴'와 '연대'를 주장했지만, 정작 '제휴'와 '연대'의 주체는 세워내지 못한 채 결국 소수의 명망가들이 제도권 정당으로 '흡수, 영입, 수혈'되면서 운동은 위축되고 축소되어갔다는 사실이다. 그리하여 제도권 정당으로 옮긴 그 명망가들이 얼마나 '출세'했는가의 '높이'가 그 노선과 방향이 얼마나 정확했는가의 척도로 둔갑되기에 이르게 되었다. 이렇게 하여 운동 진영은 제도권 정당에 '진입' 하기 위한 경쟁의 장으로 전락되었던 점을 뼈아프게 반성해야 한다고 생각한다.

수십 년 간 이런 과정을 되풀이하면서 운동진영은 '출세'가 목표로 되는 본말전도의 현상을 피하기 어려웠고, 이러한 상황에서 운동 진영은 갈수록 왜소해지고 초라해졌다고 본다.

사실 민주화는 운동권만의 투쟁에 의하여 성취된 것이라기보다는 주변의 수많은 사람들이 유형무형으로 보내준 지지와 도움에 의하여 함께 이뤄낸 일종의 공공재(公共財)였다. 그러나 운동권 진영은 이를 너무

빨리 사유화한 셈이었다.

필자는 박정희, 전두환 정권 때 6년 가까이 수배를 당했다. 돌이켜 보면, TV에 크게 수배 사진을 보여주는 그러한 상황에서도 끝내 잡히지 않을 수 있었던 것은 무엇보다도 대중들의 보호 덕분이었다고 생각한다.

"늦었다고 생각할 때가 가장 빠른 때이다"라는 말을 믿고 싶다. 비록 우리의 목표가 꼭 성공을 거두지는 못할지라도, '사(私)'와 '당(黨)'을 버리고 대중과 함께 '공(公)'을 행하는 실천을 전개해야 한다고 생각한다.

최소한 그것이 '운동권'이라는 그 이름을 헛되이 만들지 않고 정명(正名)을 실천하는 길이며, 우리의 자존심을 위하여 그리고 민주화운동으로 살아온 그 자부심을 위하여 남겨진 마지막 임무가 아닐까?

'강철', 김영환은 역사에 증언을 해야 한다

1986년 "강철 서신"이라는 문건이 배포되면서 이른바 '주사파'(주체사상파, NL파)가 급속하게 확장되기 시작하였다.

필자는 90년대 초 전민련(전국민족민주운동연합) 활동을 하고 있었다. 당시 주사파의 대부, '강철'의 친구이자 동료 한 명도 전민련에 근무하고 있었다. 하루는 남북한의 유엔 동시가입 뉴스가 보도되었는데, 그 '동료'는 북이 그럴 리가 없다며 고개를 갸웃하며 끝까지 믿지 않으려 하였다. 그리고 남북한 범민족대회 개최 당시에는 시종일관 어떻게 하면 북측에게 더 유리할 것인가만 소리 높여 주장만 하던 기억이 지금도 생생하다. 그러던 그들이 어느 날부터인가 돌연 북한을 맹비난하기 시작하였고 또 탈북자 지원 운동을 한다는 소문을 풍문으로 들었다.

당시 필자는 참된 '주체적 운동'이라면 남한의 현실에 발을 딛는 주체적인 현실과 이론을 토대로 해야 한다고 확신하였으며, 그러한 의미에서 주사파와 같은 그러한 이론과 운동은 진정한 '주체적' 이론이나 운동이 아니라고 생각했다. 물론 당시 무자비한 광주학살의 원흉 전두환 정권의 서슬 퍼런 폭압 속에서 "적의 적은 친구다"라는 식으로 북한이라는 존재에 의존하는 경향은 이해될 수 있는 측면이 존재하고 있었다. 하지만 보수 세력의 '반공논리'에 철저하게 이용되며 단기적으로든 장기적으로든 남한 대중들의 의식에 부합되기 어려워 결국은 '북한 프레임'에 묶임으로써 두고두고 커다란 짐이 될 것이라고 판단하였다. 실제로 필자는 김범우라는 필명으로 1989년에 쓴 《실천적 대중운동론》(도서출판 아침)에서 "통일 운동은 남한 대중의 의식 및 역량에 기초해야만 하며 아울러 남한 대중의 이익에 봉사해야만 한다. 북한 측 입장을 반영하는 측면이 아무런 매개 없이 노정될 경우, 그것은 일반 대중과 심각하게 유리되는 현상을 초래하게 될 것이다. 이렇게 남한 대중을 사고의 중심에 놓는다고 해서 그것이 북한 측 입장을 배제하는 또 하나의 분열적 사고가 아니냐는 반론이 있을 수 있다. 그러나 남한 대중을 위한 길은 반드시 우리 민족 전체를 위한 길이 될 것이다. 뿐만 아니라 우리의 통일 운동은 오로지 대중적 결집에 의존할 때만이 발전될 수 있다(189~191쪽)."라고 기술한 바 있다.

80년대 중반 우리 사회에 홀연히 출현하여 광풍을 휘몰아친 '주사파'는 민주화운동을 단기적으로는 크게 흥하게 만들었지만, 장기적으로 민주화운동을 쇠락하게 하고 망하게 만든 핵심적인 요인 중의 하나라고 생각한다.

필자는 강철 김영환을 몇 번 본 적이 있으나 대화를 나눠본 적은 없다. '진지하고 성실한 사람'으로 알려져 있는 그가 입을 열어 '변절' 혹은 '사상전향', 이 용어가 싫다고 한다면 '자신의 변화 발전' 등과 관련하여 자신의 과거와 오늘의 현실에 대한 소회를 증언하는 것이 중요하다고 생각한다.

왜 과거의 문제를 이제 와서 꺼내느냐라는 문제 제기가 있을 수 있다. 그러나 그것은 비단 과거에 이미 종결된 개인사의 문제가 아니라 이제 그 끝을 모르고 잇달아 발생하는 '종북몰이'는 도대체 이 권력은 북한이 없었으면 과연 어떻게 존속할 수 있었을까 의심스러울 정도로 일상화되었다. 그리하여 '주사파'는 현재진행형의 문제이다.

그간 우리 역사는 멀리 친일파 문제를 비롯하여 최근의 세월호 참사에 이르기까지 어떠한 사건이나 어느 인물의 특정한 행위에 대하여 '맺고 끊음'의 과정이 결여된 채 정확한 평가를 내리지 않으면서 진행되어 왔다. 그리고 이러한 현상들이 누적되고 반복되면서 우리 사회에서는 시시비비가 정확히 가려지지 않고 항상 두루뭉술하게 능구렁이 담 넘듯 적당히 넘어갔으며, 결국 반성과 성찰이 없는 사회를 낳고 결국 원칙과 기준이 결여된 사회를 만들어냈다. 이는 장기적으로 기득권의 세습화와 정통성 시비를 초래하였고, 사회적 반목과 대립의 혼란상을 가중시켜왔다.

기실 오늘 우리 사회 도처에서 발생하고 있는 갖가지 문제들은 이러한 관행의 누적으로서의 '적폐'이다. 따라서 한국 사회 '주사파'의 문제는 그 형성에 결정적 역할을 한 인물이 현재 탈북자지원 활동을 한다고 해서 그냥 묻을 수 있는 그러한 성질의 것이 아니며, 반드시 본인이 증언과 성찰을 함으로써 그 '역사적 매듭'을 지어줘야 한다. 이는 이 나라 역사에 대한 정확한 기록과 평가에 의하여 우리 사회에 역사적인 의미를 남기기 위해 그리고 한국 민주주의의 내일을 위해 반드시 필요하다고 믿는다. 동시에 이는 역사에 본인이 기여할 기회이자 책무라고 생각한다.

아울러 '주사파'가 출현하기 직전 1980년대 중반 '서노련'(서울노동운동연합)의 깃발을 들고 당시로서 가장 극렬한 극좌 경향의 용어와 구호를 사용하면서 비현실적 극좌 행동을 선동하고 다른 (운동권) 사람들을 막무가내로 호통 치며 기세등등한 '투쟁'을 했던 김문수의 솔직한 소회도 들어보고 싶다.

무실역행(務實力行), 원칙을 견지하고 작은 문제부터 힘써 해결하라

진보의 살 길은 '싸가지의 유무'에 있지 않다

진보 진영이 유례없는 침체기에 놓여 있다.

그러나 싸가지가 없다거나 잘난 척만 해서 진보가 쇠락했다는 주장에는 동의하기 어렵다. 진보진영의 쇠퇴 요인으로는 상황 대처 능력의 부재와 리더십의 위기를 비롯하여 정확한 평가와 진단의 부족 그리고 정책의제 개발 노력의 결여 등 다양할 것이다. 하지만 늘 보수를 경멸만 하거나 SNS에서 '비꼼의 잔치'를 벌인다고 이 상황이 극복될 리 없다. 그러한 행태는 오히려 냉소주의의 만연과 함께 더욱 큰 패배를 초래할 뿐이다.

진보란 대중의 이익에 봉사하는 것

"정치가는 다음 시대를 생각하고, 정상배는 다음 선거를 생각한다."

선거전술이나 정치공학에만 매몰되는 것은 정상배나 할 일이지 결코 정치가가 할 일이 아니다.

사실 정치란 그리고 진보란 무슨 거창한 것이 아니다. 정치 그리고 진보의 핵심은 한 마디로 대중의 이익에 봉사하는 관점을 견지하는 데 있다. 가난한 사람, 우리 사회의 구조적 모순으로 인하여 억압 받고 고통 받는 사람들을 위해 일하는 것이 바로 정치 그리고 진보의 요체이다. 이 원칙을 저버린 그 어떠한 방향도 결코 진보가 될 수 없다(여기에서 진보와 민주는 구분 없이 사용한다). 일희일비, 일시적인 현상에 사로잡히고 찰나적인 인기에 영합하여 부화뇌동해서는 안 될 것이다. 동시에 고식에 머물러서도 안 되며, 현실에 유연하게 적응해 나가야 할 터이다.

나무만 보고 숲을 보지 않다

세월호 참사 이후 이른바 국가혁신의 과제로 부각된 여러 이슈 중 이를테면 '5급 고시' 폐지에 대하여 사회 일각에서 반대하고 특히 많은 진보 진영의 논객들이 반대하고 있다. 아마도 외교부 유명환 전 장관 자녀 특채 사건 등이 떠오르기 때문일 것으로 판단된다. 하지만 세상사 대부분의 경우, 어떤 일이든 부분적인 부작용은 불가피하다. 역지사지로 입장을 바꾸어, 만약 내가 책임져야 하는 경우라면 과연 어떻게 해결할 수 있을 것인가를 생각해야 한다.

어떤 문제를 해결하기 위해서는 무엇보다도 핵심 고리를 파악하는 것이 중요하고, 일의 선후와 경중을 잘 가려내야 하며 근본과 부차(副次)를 정확하게 분별해야 한다. 나무에 가려 숲을 보지 못해서는 안 될 것이다. 물론 특채 문제는 매우 우려스러운 난제에 속한다. 그러나 실제 '고시 기수'에 의하여 구조화된 현 관료집단의 지배구조는 고시 기수라는 문제의 핵심 고리를 해체하지 않고서는 불가능하며, 이를 반대하는 것은 결국 현재의 관료 시스템을 그대로 유지해나가자는 기득권 혹은 보수파의 논리로 귀결되기 쉽다. '5급 고시' 폐지에 대한 반대는 정부가 이를 추진하는 데 대한 반발로부터 비롯된 측면도 무시할 수 없는 부분이다. 그러나 정부의 정책이라고 하여 무조건 반대하는 자세는 올바른 태도가 아닐 뿐 아니라, 오늘날 국민들이 대단히 혐오하고 있는 "반대를 위한 반대"의 당파적 경향성일 것이다. 이러한 "반대를 위한 반대"는 사실 무능과 무책임의 외현(外現)이며 동시에 상대방에 기대어 자신의 기득권을 지키려는 적대적 공존의 얄팍한 책략에 불과하다. 역사적으로 거슬러 올라가면, 상복을 6개월 입어야 하는가 아니면 3년을 입어야 하는가라는 등의 전혀 비실용적이고 한심하기 짝이 없는 문제들로 사생결단 쟁투를 벌였던 당쟁의 역사를 오늘날 또다시 되풀이하는 것이다.

한편 일부 진보진영에서는 관료집단을 우호세력으로 간주하기도 한다. 심지어 일종의 '존경심'까지 보이기도 한다. 자타공인 진보진영 인사이자 상당 기간 고위직으로 일했던 어떤 후배는 필자에게 "4급 이상 공무원들은 모두 대단한 사람들입니다."라며 고위직 공무원을 높이 평가하는 말을 하였다. 필자는 그 '대단하다'라는 용어가 아부나 처세 또는 승진 분야에서 대단한 능력을 가지고 있다는 의미로 사용되었다면 충분히 일리가 있다고 생각한다. 그러나 필자의 눈이 밝지 않은 탓인지 모르지만, 이제까지 자기 직무와 국리민복의 측면에서 '대단한' 공무원은 유감스럽게도 거의 발견하지 못했다. 그 친구는 뒷날 그 '훌륭한 스펙'으로 다시 야권 직선 기관장의 '실력자'로 중용되었으나, 기대를 모으던 그 기관장은 얼마 지나지 않아 커다란 좌절을 겪어야 했다. 그 '실력자'의 관료주의적이고 보수주의적인 행태 그리고 사실상의 무능에 모든 이유를 돌릴 수는 없겠지만 좌절 요인 중 그로부터 기인된 바도 적지 않을 것이라 추측된다.

또 언젠가 어느 자리에서 필자 얘기가 나왔는데, 진보진영에서 비교적 잘 알려진 한 인사가 "그 친구, 직장에서 분란을 일으키는 친구라고 들었다."라며 부정적인 얘기를 했다고 한다. 필자는 바로 그러한 사고방식이야말로 진보가 아니라 진정한 '보수주의자'의 사고방식이며, 바로 그러한 사고방식과 자세로 인하여 진보진영이 오늘 이렇게 퇴락했다고 확신한다. 마땅히 자기가 몸을 담고 있는 일터에서 민주주의는 실천되어야 하고, 그렇지 않고 외부에서만, 입으로만 하는 것은 언행불일치, 위선이며, 이러한 그릇된 풍조들의 만연으로 인하여 우리 사회가 무책임하고 무능해지는 것이다. 또한 김대중이나 노무현 그리고 김근태는 왜 '순응'하지 않고 '분란'을 일으킨 것인가? 그 '분란'이야말로 이 땅의 민주주의를 일으켜 세운, 진보의 본령이요 삶의 철학이 아닌가? 정작 그 언급을 한 인사도 계속 정부에 비판적인 발언을 하는데, 왜 본인은 정부 정책에 그냥 순응하지 않고 분란을 일으키는 발언을 하는 것일까?

오히려 그 '대단한' 고위 공무원들로 인하여 이 나라가 무능한 관료 공화국으로 전락하였고, 세월호 참사 역시 이들 무능 무책임한 집단이 장본인이라는 점에 대해서는 확신한다. 고시라는 관문을 통하여 똑똑한 젊은이들이 공무원사회에 진입하는 것은 사실이지만, 진입한 지 3, 4년이 채 지나지 않아 그들 중 절대 다수가 이미 놀라운 적응력을 보여

초록동색으로 완벽하게 다른 공무원과 동일한 모습을 보여줄 뿐이다.

실사구시의 관점 견지해야

공공기관의 기관장 임기 문제에 대해서도 진보 진영은 반대 견해가 다수를 점하고 있다. 아마도 독재가 연상되기 때문이리라. 그러나 현재와 같이 2~3년에 그치는 기관장 임기야말로 관료집단의 전횡과 무능을 초래한 중요한 요인 중의 하나임을 인식해야 할 것이다. 마치 삼국지에 나오는 '십상시(十常侍)의 난'처럼 모든 공공기관에서 관료집단이 그저 단기간 부나방처럼 '왔다 가는' 기관장을 허수아비로 만든 채 모든 것을 농단하는 관료공화국이 초래되고 있는 현실을 직시하지 않으면 안 된다.

또한 구체적인 방안 제시를 항상 작은 문제로 치부하는 경향을 극복해야 한다. 작은 문제의 총화(總和)가 바로 큰 문제가 된다. 문제의 해결은 추상(抽象)에 있지 않고 언제나 구체(具體)에 있다. 작은 문제를 해결하지 않고서 큰 문제 해결을 하는 경우는 거의 없으며, 큰 문제를 해결한다고 목소리 높이는 사람치고 생각이 그 만큼 큰 사람을 보기 어렵고 또 문제를 잘 해결하지도 못하는 경우가 대부분이다.

왜 우리 사회의 가난하고 어려운 처지에 놓인 사람들이 정작 야당을 찍지 않는 것일까? 한마디로 도움이 안 된다고 생각하기 때문일 것이다. 국민들은 실제(實際)에는 관심도 없고 오로지 목소리만 높이고 허장성세, 결국 아무런 일도 하지 않고 또한 해본들 한 치의 성과도 내지 못하는 무능한 사람을 혐오한다.

시민의 권리 실현을 위한 장기전

주지하는 바와 같이, 이 땅에서는 대통령 5년 단임제를 비롯하여 '5급 고시', 검사의 기소권 독점주의, 대통령 직속의 감사원, 국회 상임위 입법절차 그리고 전작권의 양도[8]에 이르기까지 이 나라의 거의 모든 제도가 국제 표준의 궤도에서 이탈한 그리고 미달하는 세계 유일의 '한국적' 시스템으로 충만되어 있다. 그러므로 이러한 전근대성과 비민주성을 넘어 참된 민주주의를 실현하기 위하여 공무원 선발 및 승진제도 개혁을 비롯하여 선거제도 개혁을 통한 '독점적' 양당 제도의 보완, 정책정당의 구체적인 방안 및 제도적 뒷받침, 감사원과 검사 위상의 제자리 찾기, 국회의장과 장관을 위시한 모든 공공기관장 임기의 정상화 연장 등의 국가 기본의 재구축을 차근차근 이뤄나가야 한다.

진보진영은 무엇보다도 시민 권리 실현을 위한 제도적 장치를 갖추는데 힘써야 할 것이다. 이러한 원칙을 각 정당들이 실천해나가도록 강제해야 한다. 그리고 그것은 단기간이 아니라 끈질긴 행동으로 실천해나감으로써 하나하나 쟁취해나가야 할 것이다.

묵묵히 주어진 길을 걷다

이들 과제들은 하루아침에 모두 이뤄낼 수 없는 장기전일 수밖에 없다. 욕속부달, 욕심이 지나치면 성취할 수 없고, 천리길도 한 걸음부터이다. 기본이 완벽히 부재한 이 나라에서 모름지기 먼저 나 자신부터

---

8   일부에서 유럽 국가 혹은 NATO 역시 전작권을 미군 사령관이 행사한다고 주장하지만, NATO는 각 회원국들이 NATO에 할당(assigned)해준 것 이상의 작전 능력을 가지지 못한다.

기본을 갖춰나갈 일이다.

무실역행(務實力行), 원칙을 견지하고 작은 문제부터 그 해결 방안을 힘써 찾고 실행해나가야 할 터이다. 그렇게 묵묵히 그리고 태연하게 주어진 길을 걸어 나간다.

때로는 우회하는 길이 가장 가까운 길일 수 있다.

이 세상의 녹색을 지키기 위하여
– 나의 가로수 보호운동 기록

아침 출근길에

플라타너스와 가죽나무 가로수의 무성한 잎을 보면서 걷는 출근길은 기분이
꽤나 좋다. 몇 년 전만 해도 플라타너스는 물론 가죽나무 가로수도 몽땅 가지
가 잘린 채 6월이 되어도 겨우 작은 잎들만 연약하게 자라나는 수준이었을 뿐
이었다. 몇 년 전부터 서울시청 및 구청에 줄기차게 민원을 제기하여 이제 가
로수 가지를 함부로 칠 수 없게 되었고, 특히 가죽나무 등 가지치기가 금지되
어 있는 가로수에 대한 가지치기에 대해 강력히 항의하여 가죽나무를 온전히
자라나도록 했었다. 그래서 그 나무들을 바라보는 내 마음도 뿌듯하다.

그런데 무엇보다 가장 기분 좋고 상쾌한 일은 여의도 LG 쌍둥이 건물 앞에
있는 은행나무 가로수들이 이제 제법 나무다운 모습을 하고 나름 녹색을 뽐내
고 있는 사실이다. 이 LG 쌍둥이 건물을 삥 둘러 3면에 심어져 있는 은행나무
는 지난해까지만 해도 크리스마스트리 정원수처럼 철저히 다듬어지고 '정리
된' 모습이었다. 지난해 태풍이 크게 불 때는 다른 은행나무 가로수와 달리 모
두 잎과 가지들이 새로 돋아나 연약한 상태였으므로 태풍에 마구 할퀴어 마치
털을 뽑아놓은 닭의 몰골이었다. 나는 이 길을 지나다니면서 그 모습이 퍽 안
쓰러웠지만 사유지로 생각하여 문제제기를 하지 않고 있었다. 그런데 하루는
남산에 올라갔다가 그곳 은행나무 가로수를 사정없이 난도질한 모습을 보고
서울시에 항의하는 과정에서 LG 빌딩의 은행나무 가로수 문제도 함께 제기하
게 되었다. 다음날 구청 관계자가 전화를 걸어와 그곳 은행나무는 가지치기를
전혀 하지 않았다고 하여 나는 내가 매일 보고 다니는 길인데 직접 현장에 와

서 확인하라고 하였다. 그날 늦게 그 관계자가 다시 전화를 걸어와 확인해보니 은행나무를 모두 가지치기를 했다면서 미안하다고 하였다.

그러면서 생각하지 못했던 사실이 밝혀졌다. 그곳이 사유지가 아니라 LG 측이 건물을 완공한 수십 년 전 이미 기부채납을 한 곳이라는 것이었다. 그렇다면 이제까지 그 수십 년 동안 LG 측은 권한도 없으면서 공공의 가로수를 마치 자신들의 정원수처럼 마음대로 '관리'해왔던 것이었다. 더 한심한 일은 그 수십 년 동안 구청 측은 그 사실조차 알지 못하고 있었다는 점이었다. 그나마 다행이었던 점은 구청 관계자가 신속하게 조치를 취하여 그곳을 가로수 지역으로 정하고 은행나무 가로수 주변에 칠쭉 등을 심어 아예 화단으로 조성했다는 것이었다. 구청 관계자에 의하면 LG 측 관계자는 자신들의 '관리 대상'이었던 은행나무 가로수가 이제까지 조경 전문가들의 자문을 받으면서 훌륭하게 관리해왔다고 주장했다고 한다. 그러나 그들이 말하는 '전문적인 관리'란 은행나무 가로수를 오로지 자신들의 건물 외양을 꾸미기 위한 장식품으로 이용해온 것에 지나지 않았다. 그래서 결국 앙상한 줄기만 남은 은행나무가 되었던 것이었다.

'인간의 관리'로부터 해방되어 '무자비한' 가지치기를 하지 않게 된 은행나무들은 이제 불과 1년밖에 되지 않았지만 제법 무성하게 자라나 아침마다 그 모습을 보면 가슴이 뿌듯해지고 안심이 된다.

나무는 문화이다

언뜻 생각해봐도 서울의 거리 풍경이 2, 30년 전보다는 정말이지 상당히 보기 좋아졌다.

과연 그 이유는 무엇일까? 도심 곳곳에서 여러 모양으로 높이 올라간 큰 건물의 영향이 큰 것인가? 아니면 거리들이 갑자기 깨끗해진 것일까? 물론 그러한 원인들도 부정할 수 없겠지만 가만 생각해보면 지난 2, 30년 동안 울창하게 자라난 가로수를 비롯해 시내 곳곳의 나무들이 매우 큰 역할을 한 것을 알 수 있다. 이렇듯 우리는 알게 모르게 나무의 덕을 크게 보고 있는 것이다. 실로 한 도시의 풍경을 만드는 데 있어 나무가 기여하는 비중은 절반 이상이라고 봐야 할 것이다. 서양의 도시 풍경을 보면 백 년은 넉넉히 되어 보임직한 아름드리 나무들이 도시들의 아늑하고 상큼하며 고즈넉한 정취를 그대로 드러내주게 만들고 있지 않은가?

생명의 근원 나무, 21세기 새로운 문화 창조의 키워드

이 세상에 자연처럼 아름다운 것은 없다. 그래서 모든 꽃과 나무는 아름답다. 그 누구도 꽃들이 펼쳐내는 그 아름다운 색깔을 결코 완벽하게 흉내 낼 수 없다. 갖가지 색깔과 모양을 자랑하는 꽃만 아름다운 것이 아니라 새록새록 피어나는 파아란 잎사귀 또한 모방할 수 없는 아름다운 천연의 색깔이요 우리들에게 가장 편안한 느낌을 제공하는 바로 그 모습이다. 뿐만 아니라 나무는 우리 인간에게 정신적으로 이루 말 할 수 없는 정신적 안정을 가져다준다.

우리나라는 사계절이 분명하여 나무의 종류도 다양하고 볼거리도 많다. 봄에 새싹이 돋아나면서 만화방창 여기저기에서 꽃들이 무리지어 피어나고, 온 세상을 파랗게 물들이는 여름의 짙푸른 녹음, 가을에 보석처럼 빛나는 형형색색의 단풍, 눈이 부시도록 하얀 겨울의 눈꽃 등 다양한 아름다움을 만끽할 수 있다. 우리 곁에서 사는 나무들은 나뭇잎의 색깔도 매우 맑고 선명하며, 또한 단풍이 우리나라처럼 예쁘게 드는 나라가 없다. 세계에서 가장 예쁜 단풍이 드는 곳은 미국 동북부 지역과 우리나라이다. 아무쪼록 이러한 하늘의 축복을 넉넉한 마음으로 향유하며 살아가야 할 터이다.

나무는 생명의 원천이다. 한 그루의 나무가 존재함으로 하여 자연 그리고 우리 인간들의 생명이 존재하는 것이다. 나무 한 그루는 여섯 사람이 필요한 산소를 공급하며, 대기 중의 먼지 등을 흡수하여 공기를 정화시켜준다. 뿐만 아니라 지금 우리나라에 있는 숲은 1년 동안 180억 톤의 물을 저장하는 거대한 녹색 댐의 역할을 한다.

그러므로 나무를 베고 숲을 없애는 것은 우리의 생명을 스스로 고갈시키고 지구를 멸망에 이르게 하는 어리석음과 완전히 동일하다. 예를 들어, 지금 우리가 살고 있는 서울이 온갖 공해와 오염에 찌들어 있어도 그나마 이 정도라도 근근이 살아갈 수 있는 중요한 이유 중의 하나는 바로 서울 주변을 둘러싸고 있는 북한산과 남산, 청계산, 수락산, 북악산, 관악산이 있고 또 시내에는 국립묘지를 비롯하여 종묘공원, 비원, 선릉 등의 녹지들이 있기 때문이다.

지금 인간들의 무제한적이고 탐욕적인 개발과 훼손으로 인한 오존층의 파괴와 이산화탄소 발생의 폭발적 증가 등의 요인으로 말미암아 우리의 생태환경이 급속도로 깨지고 있다. 우리 인간들이 살아가는 이 지구는 이제 생존의 경계에서 매우 위험한 경종을 울리고 있다. 팽창과 개발로만 치닫는 일방적인 발전 논리를 벗어나 친환경적인 생태론적 생명의 논리를 정립하고 이를 실천하는 것이 시급하며, 그 중에서도 나무와 숲을 보호하고 가꾸는 것은 우리의 생명과 지구를 지키는 일의 첫걸음이 아닐 수 없다. 아무도 알아주지도 않았지만 혼자서 프랑스 황무지에 묵묵히 한 그루 한 그루 나무를 심었던 엘제아르 부피에를 굳이 거론할 필요도 없이 우리 스스로 우선 각 가정에서 마음에 드는 나무를 심고 가로수도 잘 심고 보호해야 하며, 조그만 공원들에도 그곳에 적당한 나무들을 심어야 한다.

나무는 문화(文化)이다. 도심 거리에 어떠한 나무가 어떠한 모습으로 자라고 있는가만 봐도 그 나라 국민들의 문화 수준을 한 눈에 알아챌 수 있다. 그리하여 산야든 노변이든 가정이든 그곳에서 자라나고 있는 한 그루 한 그루 나무가 바로 우리나라를 대표하는 우리의 문화상품인 것이다.

상하이에는 헝산루(衡山路)라는 옛 프랑스 조계(租界) 거리가 있다. 그곳에는 조계지로서의 고풍스러운 건물과 당시 심어진 큰 플라타너스 가로수들이 함께 자연스럽게 어우러져 상하이의 독특한 문화를 만들어냄으로써 여행객으로 하여금 눈을 감아도 자연 떠오르는 잊지 못할 사진으로 남게 한다. 파리의 상젤리제 거리도 마로니에 가로수로 그 이름이 더욱 유명해졌다. 나무 자체는 전통(傳統)의 일부이며, 동시에 문화를 구성하는 중요한 한 요소이다. 그런데 우리는 어떠한 건물을 짓거나 고칠 때면 항상 부근에 있는 나무를 모조리 베어버리고 있다. 그것은 스스로 우리의 전통과 문화를 말살시키는 일이다.

지금 지은 지 2, 30년 된 아파트들이 이른바 '안전'을 이유로 하여 앞을 다투어 재건축을 추진하면서 그나마 2, 30년 동안 자라나 이제 나무다운 울창한 모습을 보여주려 하는 나무들을 베어내고 있다. 기존의 모든 것을 '파괴'하고 새로 지은 아파트 단지에는 나무도 변변치 않고 오직 콘크리트 건물만 덩그러니 서있으니 이 얼마나 앙상한 모습인가? 기껏해야 묘목장에서 급히 가져온 허약하기 짝이 없는 가느다란 나무들이 볼 품 없이 서있을 뿐이다. 아파트 단지에 아름드리나무들이 제법 자라나 봄에 벚꽃이 흐드러지게 피어나고 가을에 단풍나무 빨갛게 물들게 되면 오히려 주변 환경이 훨씬 좋아지고 집값도 오르지 않을까? 집에도 근사한 나무가 있어야 비로소 풍치가 어우러지고 고급스럽게 보이는 것과 마찬가지로 아파트 단지도 큰 나무들이 제대로 서있어야 아파트 자체도 품위가 있게 되는 법이다.

이제 우리도 살벌한 경쟁 일변도의 생활을 벗어나 살기 편하고 아늑한 느낌을 가질 수 있는 환경이 필요하며, 그러기 위하여 문화와 낭만이 깃든 도시 풍경을 만들어가야 한다. 이러한 도시를 만들어가는 데 있어 나무가 만들어내는 풍경이 대단히 큰 몫을 한다. 지금 우리나라에도 시내 곳곳에 3, 40년 정도 자란 나무들이 많다. 우리도 시내 곳곳에서 100년 넘게 자란 나무들을 볼 수 있어야 한다. 이제 나무를 우리와 함께 하는 가족으로 인식하고 더불어 사는 이웃으로 돌봐야 한다. 모든 시민들이 이러한 의식을 갖게 될 때 비로소 우리도 세계에 자랑할 수 있는 유명한 거리를 탄생시킬 수 있을 것이다.

느티나무가 있는 풍경

때죽나무, 팽나무, 느티나무, 굴참나무, 신갈나무, 떡갈나무, 조팝나무, 산수유, 배롱나무, 꽃아롱배나무, 튤립나무, 마로니에…….

이름만 들어도 정겨운 이 나무들의 이름을 틈틈이 익혀두자. 여기 국회의사당 부근에도 상당히 많은 종류의 나무들이 자라고 있다. 점심을 먹고 나서 근처 공원의 동산과 길들을 따라 천천히 산책하면서 나무들과 만나고 그들의 이름을 알아보자. 그것은 우리네 삶에 또 하나의 즐거움을 더해줄 게 틀림없다.

지금 서울에 있는 동(洞) 이름에는 나무와 관련된 이름이 많다. 그래서 잠원동(蠶院洞)과 잠실(蠶室) 벌판에 뽕나무, 대조동(大棗洞)에는 대추나무, 노량진(鷺梁津)에 수양버들, 동숭동에 잣나무, 율현동(栗峴洞)에 밤나무, 송파동(松坡洞)의 소나무 언덕에 소나무들이, 오류동(梧柳洞)에 오동나무와 버드나무가, 번동(樊洞)에 오얏나무가, 그리고 도화동(桃花洞)에는 복사꽃이 소담스럽게 자라나는 모습이 그려워진다.

왜 그리 가로수를 괴롭히는가?

가로수는 인간에게 신선한 산소와 싱그러운 녹색 환경을 제공하고 작열(灼熱)하는 여름에 시원한 그늘을 주는 등 우리 인간에게 없어서는 안 될 존재이다. 지구온난화 현상이 심각해지는 상황에서도 봄철 우리나라의 온도 상승이 낮은 수준으로 나타났던 것은 나무들이 잎을 피워내는 효과 때문인 것으로 조사되었다.

그러나 지금도 가로수는 계속 가지가 잘려나간다. 서울 시내 적지 않은 곳에서 매년마다 플라타너스(버즘나무) 가로수는 거의 전봇대 수준으로 마구잡이로 잘려지고 있고, 사실상 가지치기가 금지된 은행나무와 회화나무 등도 손대고 있다.

이렇게 가지를 몽땅 잘라낸 나무는 그렇지 않아도 대로변이라는 악조건에서 힘겹게 살아가고 있는 가로수에게 커다란 스트레스를 주게 되며 심지어 생명 자체까지 위협할 수 있다. 더구나 가지치기를 실시하지 않은 나무에 비해 두 달 가까이 잎이 늦게 나오기 때문에 가로수 역할을 제대로 할 수 없다.

가지치기의 시기도 문제이다. 현재 대부분의 가지치기는 2월에 진행하고 있는데, 이 시기는 나무가 잎이 피어나기만을 준비하고 있는 시기이다. 이때 가지치기를 하게 되면 봄에 새파란 잎을 피워내기 위하여 겨우내 영양분을 모아 놓은 가지를 모두 자르는 것이기 때문에 새로운 잎을 피워내기 위해 뿌리에서부터 다시 영양분을 모아 잘려진 나무 끝에서 잎눈을 새롭게 만들어내야 한다. 이는 가로수 본연의 의미를 상실하게 할 뿐 아니라 그렇지 않아도 도로라는 열악한 환경 속에서 인간을 위해 힘들게 생존하고 있는 가로수들을 지나치게 괴롭히는 행위이며, 나아가 지력(地力)을 낭비하게 하는 심각한 문제를 초래하는 것이다.

그런데 이렇게 무자비하게 잘라대는 행위는 모두 '위법 행위'에 해당한다.

즉, 「서울특별시 가로수조성 및 관리조례 시행규칙」(규칙 제3396호-이하 규칙으로 함)을 명백하게 위반하고 있는 것이다. 지금 시행되고 있는 가지치기는 명백히 가지를 몽땅 잘라내는 '강전지(强剪枝)'로서 약(弱)전지 위주로 해야 한다는 동(同) 규칙 제7조를 위반하고 있을 뿐 아니라, 현재 가지치기의 대상인 가로수들이 동 규칙 제8조의 "가지가 전기, 통신시설물에 닿아 안전에 문제가 있는 경우와 도로표지, 신호등과 같은 도로 안전시설의 시계를 가리는 경우"에 해당하지도 않기 때문이다.

또 동 규칙 제8조 4항에는 "고압선, 교통표지판, 신호등, 건물 등에 닿는 가지는 닿는 부분만 자르고 수형을 다듬어 주어야 한다."고 분명하게 규정되어 있다. 그리고 제10조에는 각 가로수의 품종별로 가지치기의 형태를 제시하고 있는데, 현재 가로수에 대한 가지치기의 주요 대상 가로수인 버즘나무(플라타너스)의 경우 동 규칙에서 제시된 형태를 벗어나 마치 전봇대 모양처럼 흉물스럽게 몽땅 잘라내고 있다.

'불평즉명(不平則鳴)', "공평하지 못하면 요구하라"

'불평즉명(不平則鳴)', "공평하지 못하면 요구하라"는 뜻으로 중국 당나라의 유명한 시인 한유(韓愈)가 한 말이다.

우리 주위에 개선해야 할 문제가 있으면 비록 그것이 자그마한 문제일지라도 개선 요구를 해나가야 한다. 모두 큰 문제에만 주목하고 작은 문제라고 해서 모두 방치하게 되면 결국 이 사회의 모든 문제의 해결이란 요원해질 수밖에 없다. 역설적으로 작은 문제를 꾸준히 해결해 나가는 사람이 결국 큰 문제도 해결해낼 수 있다고 생각한다. 그리하여 사회 구성원들이 각자 자기가 발을 딛고 있는 자기 주변의 문제부터 제기하되, 개인적 이익만을 위한 사적(私的) 민원을 최대한 지양하면서 공의(公義)와 공익(公益)을 위한 문제제기 혹은 민원을 지속적으로 제기해 나가야 한다.

이러한 '공익적 민원 운동'이 하나 둘 합쳐질 때 비로소 좋은 사회, 좋은 나라를 만들어갈 수 있을 것이다. 이전 군부 독재 시기에는 치열한 민주화 투쟁이 요구되었다고 한다면, 형식적 민주주의 실현에는 일정한 성과를 거두었지만 실질적인 사회의 민주화와 공평의 실현이 여전히 효과적으로 이뤄지지 않고 있는 현재에 이르러서는, 이러한 성격의 공익을 위한 민원 운동이 활발하게 전개되어야 할 것이다.

각종 민원을 제기하는 필자에게 주변에서는 왜 그리 피곤하게 사느냐며 귀찮지 않으냐 묻는다. 하지만 전혀 피곤하지도 귀찮지도 않다. 그저 일상을 살아가는 삶의 한 부분이고 그러한 과정에서의 당연히 해야 할 일련의 행동일 뿐이다.

2006년 2월 19일, 나는 퇴근길에 가로수를 마구잡이로 잘라내는 광경을 목격하였다. 나는 이를 바로잡지 않으면 안 된다고 생각하고, 이튿날 관할구청인 서초구청에 가로수 가지치기에 대한 민원을 제기하였다. 구청 측은 대수롭지 않다는 듯 그리고 항상 그러하듯 일부러 어려운 용어를 구사하면서 회답을 하였다.

이에 나는 근본적인 해결이 필요하다고 보고 본격적인 문제제기에 들어가 가로수에 대한 가지치기가「서울특별시 가로수조성 및 관리조례 시행규칙」조례를 위반하고 있는 사실을 찾아냈고, 이러한 법률에 저촉되는 현재의 가지치기의 위법성을 구체적으로 적시하여 그 시정을 요구하는 내용의 민원을 다시 제기하였다.

이러한 방식의 문제제기에 구청 관계자는 크게 놀랐는지 나에게 전화 연락을 하고 직접 내 근무지까지 찾아와 협조를 간청하였다. 민원인이 합의를 해주지 않으면 구청장에게 자신이 문책을 당한다는 것이었다. 이에 나는 이 기회에 조례를 만든 서울시의 유권해석을 받아보자고 제안하여 서울시에 관련 민원을 제출하였다. 서울시는 약 한 달이 지난 후에야 "버즘나무 가로수의 경우 가지가 연평균 1.6m 정도 자라고 좋은 수형을 만들기 위해서는 매년 1~2 회 가지치기 작업을 실시하여야 하나 각 자치구의 재정 여건상 매년 실시하지 못하거나 인근 가로수와의 수형을 맞추기 위해 일부 강하게 가지치기 하는 경우도 있음을 널리 이해하여 주시기 바랍니다."는 요지로 결국 양해해달라는 요지의 답변을 해왔다.

이에 나는 개인의 힘으로는 한계에 이르렀으며 시민단체와 함께 연대해야 성공할 수 있다고 판단하고 방향을 전환하였다. 그리하여 민간 싱크탱크이며 연구소인 '희망제작소'에 가로수 가지치기에 관한 의견을 게재하였는데 이 의견은 많은 호응을 얻었고 '좋은 아이디어'로 선정되기도 하였다. 그리고 2006년 12월에 '희망제작소'에 가로수 가지치기 공문 발송을 요청하여 서울시와 서울 시내 25개 구청, 그리고 서울시의회와 한국전력에 "현재의 가지치기 재고해야"라는 요지의 공문을 발송하게 되었다. 이 과정에서 상하이의 플라타너스 가로수가 가지를 계획적으로 크게 벌여 키우고 전선 및 케이블을 그 가지 사이로 지나가게 하는 광경을 보고 그 사진을 담아와 한전과 서울시에 보내 참조하도록 하기도 하였다(한국의 경우, 전선이 지나가는 가로수는 전선 위를 무조건 싹둑 잘라 모두 젓가락 모양의 흉물로 전락한다).

그런데 서울시는 2007년 2월 21일, "플라타너스 가로수 가지치기 이젠 체계적으로 한다"는 발표를 하였다. "플라타너스의 경우 매년 강한 가지치기로 인해 시민이나 언론으로부터 비난을 많이 받아오고 있는데"라고 인정하면서 "무분별한 강한 가지치기는 당연히 엄격히 금지하는 한편, 적정한 높이, 적정한 형태의 가로수를 만들기 위한 가지치기는 매뉴얼에 입각해 서울시 전체를 통일적으로 추진하기로 했다"는 내용이었다.

완전하지는 않지만 마침내 서울시의 인정을 받아내고 새로운 방침을 끌어내게 된 것이다. 물론 나 개인의 노력만으로 이뤄진 것은 아니지만 이 과정에서 그래도 나름대로 일정한 기여를 했다는 마음에 우선 가로수들에게 좀 체면이 섰다고 느껴졌다.

악화되고 있는 가로수 환경

그런데 가로수 전지 문제는 특히 담당 공무원들의 순환 보직에 의하여 담당자가 바뀌면 원점부터 다시 시작하는 경향이 있고 또 업자들이 끊임없이 '로비'를 하기 때문에 나는 지금까지 '할 수 없이' 문제제기를 계속 하고 있다. 2009년도에는 이제까지 자제하는 듯 했던 당국의 가로수 전지 정책이 바뀌어 시내 전역에서 플라타너스 가로수에 대한 대대적인 전지가 있었다. 특히 강남구와 서초구는 예산이 남아돌아서인지 거의 매년 가로수 가지치기를 강행한다. 당시 나는 서초구에서는 법원 앞길을 걷다가 칠엽수와 회화나무 등 전지할 수 없는 가로수들까지 한꺼번에 마구잡이로 전지를 한 것을 보고 민원을 제기하여 관계자들의 사과도 받아냈다.

이렇게 가로수에 대한 민원 활동을 지속적으로 하면서 일선 관계 공무원들의 태도가 오히려 전에 비하여 더욱 좋지 않게 변했다고 느낀다. 이전에는 민원이 제기되면 고과에 반영되는 등의 이유로 하여 그래도 상당히 관계 공무원들이 신경을 쓰는 모습이었으나, 갈수록 민원을 나 몰라라 하는 경향이 많아지고 아예 답변조차 없는 경우도 적지 않게 발생하고 있다. 아마도 이전 시기보다 공무원들의 부패 사건이 다섯 배나 늘었다는 신문보도와도 관련이 있을지 모른다.

몇 년 전인가 나는 서울시 가로수 관련 담당 과장이 바뀐 뒤 이 문제에 대하여 통화한 적이 있었는데, 당시 가로수 관리의 모범 사례로 마포로와 대학로 플라타너스는 가지치기를 하지 않아 너무 훌륭한 나무 모양을 하고 있다고 말한 적이 있었다. 그런데 공교롭게도 그 다음해 대학로와 마포로의 그 늠름하던 플라타너스 가로수들은 '보란 듯이' 줄기가 싹뚝 잘리고 말았다. 이 조치가 나의 발언에 역행하여 일부러 한 것이라고 믿고 싶지는 않지만, 내심 기분이 대단히 좋지 않았다.

인간과 나무의 진정한 공존을 위하여

한 그루의 나무만 봐도 그 나라의 문화 수준을 간파해낼 수 있고 동시에 시민의식을 가늠해낼 수 있다.

지금 잘려나간 가로수들의 애처로운 모습에서 우리나라 공무원들의 뒤떨어진 문화와 반(反)생명적 관행주의를 적나라하게 읽어낼 수 있다. 내가 처음 가로수 민원을 제기할 무렵 도로변에 있는 가로수 밑동의 철제 틀이 너무 오래되어 철제 틀이 가로수 줄기 안에 박히게 된 것을 보고 그 철제 틀을 바꿔 나무를 보살펴 달라고 요청한 적이 있다. 구청 측에서는 바로 조치하겠다고 답변했는데, 며칠 후에 가보니 이게 웬일인가! 아예 철제 틀에 박힌 가로수 줄기 부분을 완전히 파내서 오려내 버린 것이다. 내가 괜히 문제제기해서 나무를 오히려 더욱 괴롭히게 만든 결과 때문에 얼마나 그 나무에 미안했는지 모른다.

난 지금도 우리나라의 각 구청 공무원들이 왜 이렇게 집요하게 가로수를 자르고 있는지 도무지 이해할 수가 없다. 마치 나무를 적으로 간주하는 것처럼 오로지 최대한 많이 잘라내려 노력할 뿐이다. 관행이라면 너무나도 무지한 관행인 것이고, 전지(剪枝) 업자들과 '불건전한' 관계에 의한 것이라면 더더욱 시급히 개선되어져야 할 것이다. 가로수 한 그루를 심는 데 드는 돈은 20만 원이고, 가지치기에는 한 그루 당 15만 원이 지출된다고 알려져 있다. 오래 전의 수치이기 때문에 지금은 그 액수가 더 많을 것이다. 한마디로 평소 웬만한 일에는 내 소관이 아니라고 고개를 돌리는 사람들이 그토록 '열심히' 가지치기 작업에 심혈을 기울이는 것은 바로 이렇게 돈이 생기기 때문이다.

지금도 구청 관계자의 "한정된 도시공간에서 나무와 인간이 공존할 수 있도록 하고자 가지치기를 실시하고 있다"는 답변이 역설적으로 너무나 인상적이다. 나는 진정으로 나무와 인간이 공존하는 그러한 정책과 사고방식이 정착되기를 바라마지 않는다. 건설 현장에서 이미 존재하고 있던 나무를 단지 공사에 지장을 준다는 의미에서 '지장목(支障木)'이라고 부르는 것은 결코 '공존의 관점'이 될 수 없다. 진정 지구라는 우리가 살아가고 있는 삶의 터전을 훼손시키고 지장을 주는 것은 나무가 아니라 바로 인간 그들이다.

오늘도 나는 제기한다. 이 세상의 녹색을 위하여

자동차 면허증도 없이 항상 걸어서 다니는 '뚜벅이'인 나는 길을 걸으며 유독 길거리의 가로수들을 쳐다보고 다닌다. 나무들을 보면 기분이 좋다. 그런데 최근 들어 말라죽는 가로수들이 적지 않게 생겨나 걱정이 된다. 구청에 신고를 하고 다른 나무로 대체해달라고 요청을 하고 있지만, 지구온난화와 환경 파괴로 인하여 지금 이 땅의 가로수들이 죽어가고 있다고 생각한다.

그런데 몇 년 전에 마포대교 남단의 포플러 나무 7, 8 그루가 전혀 잎이 돋아나지 않은 채 죽어가는 것을 발견하였다. 나는 곧 서울시에 신고를 했는데, 며칠 뒤 한강사업본부에서 연락이 왔다. 누군가 그 나무들에 구멍을 파고 약을 넣어 죽였고, 그래서 경찰수사에 의뢰했다는 것이었다. 그 나무들은 30년 정도 자란 거목들이었다. 나는 이 사건은 시민들에게 경각심을 주어야 한다고 생각하여 TV 방송국에 취재 요청을 하였다. 기자가 현장에 가서 취재를 했다고 연락을 받았는데, 방송이 나오지 않았다. 나는 한강사업본부 관계자에게 연락을 하여 정확하게 다시 물었더니 누군가 나무에 구멍을 파고 약을 넣는 장면을 찍은 사진이 있고 그 사진을 경찰에 넘겼다는 말을 들었다. 나는 곧 TV 기자에게 그 사실을 알렸다. 그러나 그 뒤 아무런 소식이 없었다.

언젠가는 등산을 가던 길에 경복궁역 효자동의 약 200미터에 이르는 도로에 가로수는 없고 대신 나무로 만든 대형 화분에 덜렁 무궁화가 볼 품 없이 심어져 있는 모습을 보았다. 다음 날 민원을 제기하였다. 그랬더니 관계자의 전화가 걸려와 그곳이 복개공사를 한 곳이라 가로수는 심지 못하고 대신 청와대 주변인 점을 고려하여 국화인 무궁화를 심었다고 하였다. 그래서 나는 원래 무궁화가 가로수에 적합하지 않아 잘 자라지도 못하고 가로수의 기능인 녹색 제공도 하지 못하면서 결국 국화인 무궁화를 오히려 모독하게 되므로 다른 나무로 교체해야 한다고 권고하였다. 그래도 관계자가 계속 봐달라는 조로 사정하여 나는 가로수에 부적합한 무궁화를 굳이 유지하려는 그 어려움을 감수하겠다면 그렇게 하시되 내가 계속 감시하면서 문제를 제기하겠다고 하였다.

나는 앞으로도 계속 제기할 것이다. 이 세상의 녹색을 지키기 위하여.

3장

공무원은 '공'을 위하여 존재하고 있는가?

진정한 '공'을 위하여

한 조사 결과에 따르면, 고위공무원과 기업 임원이 가장 많은 월 소득을 올린 직업군(職業群)인 것으로 발표되었다.

이제까지 공무원들이 국가를 위하여 박봉을 감내하며 일한다는 것은 이미 옛말이 되었다. 공무원이라는 직업은 젊은이들이 가장 선망하는 대상으로 된지 이미 오래고, 이를 반영하여 각종 공무원시험은 수백 대 일, 심지어 1000 대 1의 경쟁률을 넘어서고 있다. 공무원은 최고의 신랑감으로 꼽히고 있고, 공무원연금 개혁에도 아랑곳하지 않고 노량진에 즐비한 공무원시험 학원은 불야성을 이룬다. 공무원은 가히 이 시대 최고의 직업으로 군림하게 되었다.

사실 야당 정치 세력이 선거를 통하여 정권을 인수하고 10년이나 통치하였으며 시민사회의 역량도 대단히 성장하여 그 발언권도 강력해졌다. 그러나 곰곰이 생각해보면 우리 사회를 실질적으로 '관리'하는 조직 중 이미 공무원 조직은 가장 막강한 '힘'을 발휘하는 중요한 세력 중의 하나로 되었다. 따라서 가장 우수하고 능력 있는 인재를 선발하여 공무원 조직을 구성해야 한다는 점은 아무리 강조해도 지나치지 않을 것이다.

그간 한국 사회에서 공무원 개혁은 거의 이뤄지지 못했다. 아니 사실 대로 말하면, 제대로 된 시도조차 없었다고 해도 무방하다. 그간 우리 나라에서 역대 정권이 정부 조직의 근간을 이루고 있는 공무원 조직을 개혁해내지 못한 것은 우리 사회를 근본적으로 바꾸어내고 진전시켜내 지 못한 대단히 큰 요인 중의 하나였다. '국민의 정부'나 '참여정부'의 두 번에 걸친 '진보 정권'이 집권했을 때에도 오히려 공무원 관료집단을 '전문가집단' 및 '권력의 기반'으로 간주하면서 철저히 의존했고, 결국 거기에 이끌려 '업혀간' 성격이 강했다.

우리나라 사회처럼 정부 주도형의 중앙 집중 성격이 강한 사회일수 록 공무원 관료집단의 권력은 막강해진다. 더구나 역사적으로 뿌리 깊 은 관존민비 사상의 두터운 토양 위에서 이러한 경향성은 더욱 강화된 다. 하지만 공무원 관료집단이 지닌 거대한 힘은 여전히 외부에 잘 알 려지지 않은 채 과소평가되고 있었다.

오죽하면 정권은 잡았으되 곳간 열쇠와 부엌살림은 계속 공무원 집 사에게 맡기는 '청와대 하숙생 신세'라는 말이 나왔겠는가? 권력은 5년 마다 바뀌지만, 오직 관료집단만은 바뀌지 않고 언제나 강고하게 온존 한 채 그 핵심적인 자리를 장악하고 있기 때문이다. 사실 구조적 관점 에 살펴보면, 정권이란 전체 공무원조직에서 '빙산의 일각'일 뿐이다.

이제 그 물 속에 잠겨 있는 거대한 이 공무원 관료조직을 효율화시키 지 않고서는 이 나라와 민족의 미래는 어두울 수밖에 없다. 공무원 조직은 한 나라를 구성하는 핵심적인 틀이며 혼(魂)이라 할 수 있기 때문이다. 관료개혁은 장기적인 전략 하에 개혁을 수행할 튼튼한 주체를 조직하여 계속 확인, 점검하면서[1] 강력하고 끈질기게 추진하는 것, 그것이 관건이다.

핵심적 문제는 구조적이고 제도적인 모순에 존재한다.

---

[1] 계속 확인하고 끈질기게 추진하는 것이 핵심이다. 관료집단은 한두 번 지나가는 소리로 말해봤자 그저 관행으로 여기며 별로 개의치 않는다. 그러나 몇 번이고 계속하여 확인, 점검하고 끝까지 추진한다는 강력한 의지를 보이게 되면 마치 언제 소극적이고 부정적이었느냐는 것처럼 '솔선수범하여' '신속하게' 움직이게 된다. 그러나 실현 불가능한 과제를 밀어붙이게 되면 모든 일이 처음부터 어긋나게 되므로, 반드시 실현 가능한 과제를 우선 선정하여 그로부터 성공 사례를 만들어내는 것이 중요하다. 한번 추진한 일은 반드시 완성하고, 성공하지 못할 일은 처음부터 추진하지 말아야 한다.

'공(公)'이란
무엇인가?

　'공(公)'이라는 한자는 '八'과 'ㅿ'가 합쳐진 글자로서 '八'은 "서로 등을 돌리다, 서로 배치되다"라는 뜻이고, 'ㅿ'는 '私'의 본자(本字)이다. 《韓非曰》에는 "스스로 경영하는 것을 ㅿ라 하고, ㅿ와 배치되는 것을 公이라 한다."고 풀이하고 있다. 그리하여 '공(公)'은 "私와 서로 등을 돌리다 혹은 배치되다", 즉 "공정무사(公正無私)하다"는 뜻이다. 한편 '사(私)'란 '禾'와 'ㅿ'가 합쳐진 글자로서 '벼(禾)'나 '농작물(農作物)'를 의미하였는데, 즉 개인의 수확물이나 소유물을 의미한다.

　'공(公)'과 '사(私)'는 항상 대립되는 의미로서 사용되어 왔는데, 이는 한자어에서도 나타난다. 즉, '병공집법(秉公執法)'은 "공정하게 법을 집행하다"는 뜻인데, 반대어는 '순사왕법(徇私枉法)'으로서 "사사로운 정에 이끌려 법을 왜곡하다"는 의미이다.

　한편 독일에서 '공무(Öffentlicher Dienst)'이라는 용어에 포함되어 있는 'Öffentlich(공공)'라는 용어는 '열린'이라는 뜻의 'offen'으로부터 형성되어 모든 것이 은폐된 것이 아니라 "모두의 눈으로 보아 명확하게 보이는 것처럼 열려있는 것"을 가리키는 단어이다. 이 형용사는 프랑스 계몽사상의 정신을 받아들여 19세기 독일에서 슬로건처럼 많이 사용되었고, 현대의 하버마스에 이르기까지 유럽의 사회 시스템론에서 중요한 역할을 수행하고 있다. 여기에서 '공공(公共)'의 것은 결코 권력자에게 귀속하는 것이 아니라 대중의 어느 누구에게도 열려있다'는 개념을 뜻하고 있다.

그리하여 'Öffentlich'는 "누구에게나 열려 있다"로부터 비롯하여 '공개된, 투명한'이라는 뉘앙스를 지니게 된 단어이다. 이는 공무원이 정당한 이유 없이 직무상의 정보를 국민에게 은폐하는 것은 허용되지 않음을 의미하고 있다. 'Öffentlich'의 반대어는 'privat'로서 원래 "모두의 눈으로 보아 흠결이 있다"는 뜻으로서 이로부터 "닫혀있다"는 의미를 거쳐 '사적인'의 의미로 확대되었다. 또 '공(公)'의 의미로 사용되는 영어 단어 'public'은 고대 라틴어로부터 기원했는데 본래 'people'의 의미를 지니고 있었다.[2]

과거(科擧) 제도와 완전히 동일한 고시제도

무엇보다도 전 근대적인 고시(考試) 제도를 철폐해야 한다. 사법고시를 비롯하여 외무고시는 이미 폐지되었지만 행정고시는 여전히 '5급 공채'라는 이름으로 유지되고 있으며 입법고시 역시 여전히 위용을 자랑하고 있다. 이러한 고시제도는 단 한 번의 시험만으로 모든 것이 결정되며, 이 시험을 제외하고 다른 방법으로는 고급공무원 시스템에 진입할

---

2   강현철, "재미로 풀어보는 법령용어", 〈법령정보〉, 2007년 4월호, 24-25쪽.

수 있는 대체 방안이 거의 존재하지 않는다는 점에서 현재의 고시제도 는 전근대적인 과거(科擧)제도와 한 치의 오차도 없이 완전히 동일하다.

그간 우리나라의 고위직 공무원은 거의 대부분 고시라는 획일적인 경로를 통하여 충원되어 왔다. 그리고 이러한 고시제도는 항상 기수(期 數)로 묶어지면서 관료집단의 자기 세력 확대재생산의 제도적 토대로서 효과적으로 기능해왔다.

이렇게 상위 공직자의 충원이 고시 출신자의 내부 승진만으로 독점 됨에 따라 우리나라 고위 공직 사회는 폐쇄성이 강하게 나타나며, 이에 따라 복잡다양하고 전문화된 행정수요에 대응하기 어려운 구조를 가지 고 있다. 특히 행정고시에서 이름만 바뀐 현행 5급 공채, 즉 고시제도는 공무원 채용에 있어 사실상 일반 행정가 선발을 그 핵심 내용으로 하고 있기 때문에 다양하고 전문화된 각 부처의 수요를 충족시키지 못하고 있다.

진입 장벽이 너무 높은
폐쇄적 관료조직

    프랑스는 수백 년에 걸쳐 좋은 공무원 제도를 만들기 위하여 정비하고 개선시켜온 나라로서 그 경험은 우리에게 대단히 중요한 모델로 적용될 수 있다.

    프랑스는 유명한 국립행정학교, 즉 에나(ENA)를 통하여 고위공무원을 채용한다. 2003년의 경우 총 선발인원은 100명으로서 이 중 50명은 외부 경쟁시험, 41명은 내부 경쟁시험, 9명은 '제3의 시험'을 통하여 선발된다. 외부경쟁 시험은 28세 이하이고 대학 졸업 이상의 학력을 가진 자에게 주어진다. 내부경쟁 시험은 현직 공무원에게만 지원 자격이 주어지고, 학력 제한 없이 5년 이상의 공공 부문 근무경력을 충족시킨 자들을 대상으로 시험을 실시한다.

    '제3의 시험'은 40세 미만이고 전문직 또는 지방자치단체 의원으로 8년 이상의 경력을 지닌 자에게 응시자격을 준다. '제3의 시험'은 고위공무원의 사회적, 지리적 배경을 다양화시켜 공무원 충원의 민주화에 기여하기 위하여 도입된 제도이다. 프랑스는 이렇게 하여 고급 공무원의 사회적 배경의 균형을 추구하고 전문가의 공직 진출 가능성을 제고시키기 위해 노력하는 한편, 그밖에도 계급제의 단점인 충원 형태의 경직성을 완화하기 위하여 공개채용시험 외에 다양한 충원 형태를 운영하고 있다. 특별채용과 전체 공무원의 20%에 이르는 임기직 공무원 제도의 활성화로써 계급제 하에서 인력 운영의 탄력성을 높이고 있는 것도 그 일환이다.

프랑스의 공무원 제도 중 우리가 눈여겨봐야 할 점은 공무원의 승진 제도에 있어 외부에 대한 개방제도가 대단히 발전되어 있고, 그리하여 공무원 내부자의 승진 비율이 절반을 넘지 않도록 규정되어 있다는 사실이다. 즉, 공무원 승진에 있어 각 부처별 기관별로 차이는 있지만 거의 모든 경우에 외부 인원 선발 비율이 내부자의 승진 비율보다 높도록 하고 있는 것이다. 다만 여기에서 직렬(전문성)의 범위는 엄격하게 적용되며, 외부자와 내부자는 동일한 시험을 치른다.

이러한 제도의 도입이야말로 이른바 '공정 사회'를 실천하는 중요한 첫걸음일 것이다.

한편 우리나라에서 석·박사급의 전문직 인력은 우리나라의 정부 공무원 관료조직에 아예 진입조차 어렵다. 우리나라 공무원 조직은 외부인의 진입에 대하여 특별히 높은 장벽을 설치하고 있다. 석·박사급 전문직 인력이 정상적인 코스를 통하여 진입할 수 있는 곳은 오직 5급 임기직이나 4급 팀장 수준이 고작이다. 전문가들을 경시하고 아예 승진 자체도 원천 봉쇄하는 봉건적 신분제를 채택하는 나라는 결코 장기적으로 발전할 수 없다.

외국의 경우를 살펴보자. 예를 들어, 미국 의회조사처는 전문가가 중시되고 전문가가 지휘하는 조직이며, 그런 토대 위에서 비로소 미국 의회조사처가 자랑하는 그 뛰어난 조사 및 분석이 도출될 수 있는 것이다. 미국 공무원 직제에서 일반 사서(司書)는 GS-7등급(GS: General Schedule, 미국 공무원은 GS-1등급부터 GS-15등급까지 분류되어 있다. GS의 숫자가 클수록 고위직이다)이고 전문성과 경력에 의하여 GS-9등급부터 GS-12등급으로 분류된다(그 이상의 등급도 특수한 경우에 가능은 하다). 이에 비하여 미국 의회도서관의 의회조사처 수석 연구원의 경우는 GS-18등급까지 승진할 수 있다. 여기에서 알 수 있듯이, 전문가 그룹은 확실하게 사서의 상위에 있다. 독일 의회도서관도 일반 사서와 레퍼런스(입법지원 담당) 사서로 구성되는데 레퍼런스 담당 사서는 연구직으로서 일반 사서의 상위에 있다. 또한 일본 국회도서관 입법고사국(立法考査局)의 전문조사원의 대우는 행정부 1급에 준한다.

그러나 우리의 경우에는 이와 철저히 정반대로 입법조사처나 국회도서관에서 박사급 전문가는 거꾸로 행정공무원과 사서의 지휘를 받는 위상에 놓여 있다. 조직의 존재 이유 자체를 부정하는 이러한 식의 본말전도의 왜곡은 결국 조직의 정상적이고 건강한 발전을 근본적으로 불가능하게 만드는 핵심적 요인으로 작용한다. 이렇듯 비정상과 왜곡의 현상이 보편화되어 있기 때문에 이 땅의 공무원 사회가 오로지 승진만을 위해 줄서고 업무보다는 충성과 아부가 만연한 관료집단으로 전락할 수밖에 없다. 다시 강조하지만, 행정공무원은 어디까지나 행정 사무 및 관리(administer)라는 본연의 업무에 충실함으로써 전문가그룹의 보조적 위치에 놓여야 하며, 그럴 때 전문성을 지닌 조직, 활성화된 정상 조직으로 발전할 수 있다.

국가의 근간인 공무원 조직은 당연히 가장 우수한 인재를 임용해야 하고, 항상 그러한 방향으로 노력해야 한다. 그런데 현 시점에서 우수한 전문 인력이 공무원 조직에 많이 진입하기 위한 가능한 방안으로서는 전문가 집단의 공개 채용(공채) 및 특별 채용과 개방직의 확대가 유효할 것이다.

우리나라가 대부분의 제도를 모방하고 있는 일본도 정작 특별채용 비율이 전체 채용비율의 54%를 차지한다. 하지만 일본의 시스템을 한사코 모방해온 우리나라의 특채 비율은 고작 5%에 지나지 않고 있다. 일본의 경우 2010년까지 민간인 출신의 전문가 채용을 공무원 총수의 40%까지 끌어 올리는 정책을 추진하였다.

'조직 논리'만 앞세우면 가장 나쁜 사람이 가장 윗자리에 앉게 된다

무릇 신진대사(新陳代謝)란 생명체의 필수 요소이다.

《동의보감》을 보면, "불통즉통 통즉불통(不通卽痛 通卽不痛)"이라는 말이 있다.

"통하지 못하면 아픈 법이고, 통하게 되면 아프지 않다."는 말로서 사람의 몸이 아프지 않고 건강하기 위해서는 순환이 원활하게 진행되어 신진대사에 문제가 없어야 한다는 의미이다.

현재와 같이 연공서열만을 공무원 조직 운용에서 가장 중요한 금과옥조로 삼으면서 신진대사가 원활하게 이루어지지 않을 때 당연히 공무원 조직은 문제가 발생한다. 그리고 곧바로 심각한 상태로 발전해 결국 조직 전체가 활력을 상실하면서 붕괴되는 상황까지 가게 된다.

특히 현재와 같이 공무원이라는 직업이 젊은이들이 선망하는 최고의 직업이 되고 있는 상황에서 일종의 '특혜를 받는' 공무원으로 단지 오래 근무했다는 근속연수의 기준에 의하여 즉, 이른바 '연공서열'의 순차에 의하여 승진이 결정되고 월급과 보너스 그리고 연금이 많아지며 휴가도 늘어나는 이러한 비합리성은 극복되어야 한다.

우물이 자기 때문에 존재한다고 믿는 우물 안 개구리

일반적으로 공직사회는 어떠한 문제에서든 바꾸는 것을 꺼려하고 대단히 소극적인 보수 성향을 보인다. 흔히 관공서에서 공무원들로부터 가장 흔하게 듣는 말은, "선례가 없어서"라든가 아니면 "규정이 없어서" 그리고 "예산이 없어서"라는 것들이다. 이 말들은 따지고 보면 모두 새로운 일은 도와줄 수 없다는 이야기들이다. 다시 말해서 과거에 해오던 일 이외에는 절대로 하지 않겠다는 의미이며, 그리하여 공무원 사회에서 '창의'와 '창조적 사고방식'이란 처음부터 철저히 봉쇄되어 있는 셈이다.

예를 들어, 국민권익위원회는 2012년 5월에 공무원들이 외부 강연을 할 때 중앙공무원 교육원의 기준에 준해서 강사 수당을 받도록 부처 및 공직 유관단체 등에 권고했다.

이 기준에 따르면 전·현직 총리는 시간 당 100만원, 전·현직 장관은

공무원 외부 강연 수당

구분	금액
전·현직 총리	1시간당 100만원
전·현직 장관	최초 1시간 40만원(1시간 초과 시 시간당 30만원)
전·현직 차관	최초 1시간 30만원(1시간 초과 시 시간당 20만원)
전·현직 4급 이상	최초 1시간 23만원(1시간 초과 시 시간당 12만원)
전·현직 5급 이하	최초 1시간 12만원(1시간 초과 시 시간당 10만원)

자료 : 중앙공무원 교육원

최초 1시간에 40만원을 받을 수 있다. 4급 이상과 5급 이하 공무원은 최초 1시간에 각각 23만원, 12만원까지 받을 수 있도록 규정하고 있다.

참으로 '관료다운', '공무원스러운' 발상이다. 모든 것이 급수로 통한다. 이처럼 모든 것을 계급, 즉 급수로 결정한다는 이러한 사고방식이야말로 이 땅의 관료주의를 범람하게 만든 주범이다. 당연히 강연이란 당연히 그 강연 내용의 질(質)에 의하여 보수가 결정되어야 할 터이다. 이것을 오로지 '급수'하나만의 기준에 의하여 기계적으로 칼로 무 자르듯 결정하는 이러한 관행은 비정상을 정상으로 간주하고 비상식을 상식이라 내걸고서 작동되는 관료사회의 그릇된 집단적 사고방식이다. 더구나 그것이 전혀 문제가 없고 당연한 철칙이라는 듯 천연덕스럽게 내놓는 이러한 관료들의 태도에서 우리 사회 공무원들의 어이없는, 대화가 통하지 않는 의식구조의 일단을 그대로 엿볼 수 있다.

이른바 '철밥통'과 '복지부동(伏地不動)'이라는 말은 공무원을 상징하는 용어로 되었다. '철밥통'이란 중국에서 공무원 등의 안정된 직장을 한번 임용되면 평생 자리가 보장된다는 '평생 직장'이라는 의미에서 '철반완(鐵飯碗)'이라 지칭한 데서 비롯된 용어이다. '복지부동'은 최근에는 "땅에 엎드려 있으면서 눈만 움직인다."는 뜻으로 '복지안동(伏地眼動)'이라는 말까지 생겨났다. '우물 안 개구리'는 우물이 자기를 위하여 존재한다고 생각한다. 나아가서 우물이 자기 때문에 만들어졌고 당연히 자기를 위하여 존재한다는 철저한 자기 위주의 주관에 빠진다.

이렇게 하여 오늘날 관료조직은 국가와 국민에 대한 봉사와 헌신이라는 본연의 임무는 안중에도 없다. 오로지 자신들의 조직불리기와 승진에만 혈안이 되어 매달리고 있을 뿐이다. 이른바 '공직 사회'란 승진이 최고의 가치인 사회이며, 그리하여 항상 "인사 적체가 심각하다"라는 탐욕에 가득한 아우성뿐이다. 그 속에서 관료조직은 줄서기와 아부 풍조 그리고 패거리 문화만이 넘쳐나고 있다. 제법 유능하고 똑똑한 젊은이들도 이러한 관료조직에 3,4년 근무하게 되면 모두 초록은 동색으로 "자기를 위하여 우물은 존재한다."는 동일한 잣대의 관행과 의식으로 너무도 자연스럽게 무장하게 된다. 나이는 어리지만 하는 짓은 이미 충분히 연로(年老)하다. 그렇지 않은 소수자는 조직 구성원 전체로부터 철저히 집단 따돌림, 즉 왕따 되어 결국 스스로 그만 두거나 평생을 '비정상인'으로 조롱과 모욕을 받으며 쓸쓸하게 한직으로 떠돌아야 한다.

'바꾸다'라는 뜻의 '개(改)'는 '기(己)'와 '복(攵)'이 합쳐진 글자로서 '己'는 꿇어앉은 아이를 의미하는 상형문자이고, '攵'은 채찍을 손에 쥔 형상을 의미한다. 그리하여 '개(改)'란 "아이를 가르쳐 그릇된 것을 바르게 한다."는 뜻이다. 개혁(改革)의 '혁(革)' 역시 '바꾸다'의 뜻이다.

조직이 개인보다 우선시되면 하이에크의 말처럼, "가장 나쁜 놈이 꼭대기에 올라가게 된다." "악화(惡貨)가 양화(良貨)를 구축(驅逐)한다(Bad money drives out good)"는 그레셤의 법칙도 여기에서 정확하게 적용된다.

'신분 보장이 되는' 공무원 자신들의 영역은 절대로 타인들이 침범해서는 안 되는 '일반인 접근금지 구역'으로 '단호하게' 선포된다. 비록 그것은 겉으로는 '공(公)'을 내세우고 있지만, 실제로는 전혀 참된 '공(公)'이 아니라 오직 '집단의 이익'으로 포장된 '상표 사기'의 '공(公)'에 불과하다.

이제까지 공무원 개혁은 언제나 공무원에게 맡겨놓았던 셈으로 실로 고양이에게 생선을 맡겨 놓은 꼴이었다. 한국 축구가 비약적으로 발전한 데에는 히딩크라는 외국인 감독의 부임이 큰 역할을 하였다. 무엇보다도 기존의 고질병이었던 학연이나 지연에 의한 선수 선발을 뛰어넘어 실력을 위주로 한 선발이 가능했던 것이다.

'공(公)의 실현'이 전제로 되어야 할 공무원의 신분보장

공무원이란 영어로 'public servant'로서 문자 그대로 국민을 위하여 서비스를 제공하는 사람이며, 한자어로는 '국민의 종'이라는 뜻의 '공복(公僕)'이다. 우리 헌법 제7조에는 "공무원은 국민 전체에 대한 봉사자이며, 국민에 대하여 책임을 진다."라고 규정하고 있다. 현재 시행되고 있는 공무원의 신분 보장과 정년 보장은 본래 권력의 압력에 굴복하지 말고 정파를 초월하여 국민에 대한 봉사를 하라는 의미에서 제공되는 것이다.

그간 우리나라에서 특히 공무원의 신분 보장이 강조되었던 이유로는 독재 정권하에서 공무원에 대하여 권력을 남용했던 것에 대한 반작용이라는 측면을 들 수 있다. 그러나 이와 함께 오히려 독재 권력이 공무원 조직을 활용하기 위한 수단으로써의 공무원 조직에 대한 특혜를 제공해온 측면 역시 부인하기 어렵다고 파악된다.

그러나 과연 공무원에 대한 이러한 신분 보장과 정년 보장이 반드시 필요한 것인가? 오히려 이러한 공무원의 신분 보장과 정년 보장 그 자체가 헌법이 규정한 바의 '국민 전체에 대한 봉사'를 게을리 하게 만드는 제도적 온상이 되지는 않았는지에 대하여 심각하게 고려해야 할 것이다.

공무원에 대한 철저한 신분 보장으로 인하여, 즉 공무원의 '철밥통' 시스템이 고착화되는 그 순간, 주인으로서의 국민들이 공무원에 대하여 필요불가결한 통제 및 관리를 수행하는 것은 원천적으로 봉쇄되고 만다. 이렇게 하여 '견제 받지 않는' 공무원이 대중의 위에 군림하게 되는 관료주의의 폐단과 나아가 공직 사회의 부정부패와 무능 그리고 비효율이 초래되게 된다. 대중을 위한 '공(公)'을 실현하자는 취지에서 제도화되었던 신분 보장이 오히려 '공공성'의 실현을 가로막고 결국 무능과 부패를 초래하는 가장 커다란 장애 요인으로 변모하게 되는 것이다.

즉, '공(公)'을 실현하는 목적을 위한 수단으로써, 그리하여 성실하고 묵묵히 대중에게 봉사하기 위하여 부여된 공무원의 '신분 보장'이 이제 거꾸로 '신분 보장' 그 자체가 모든 것에 우선하는 신성불가침의, 별도의 증명이 필요 없는 공리(公理)처럼 변질되어 버렸다.

이러한 공무원 신분보장은 성과관리의 측면에서 치명적인 부작용을 가져오고 있다. 일반기업에서는 성과가 낮은 직원을 퇴출시킬 수 있는 시스템이 작동하고 있다. 반면 정부에서는 공무원이 아무리 나쁜 평가를 받더라도 불이익은 기껏 한직으로 내몰리거나 승진대상에서 누락되는 것으로 그만이다. 이나마도 일관성 있게 추진되어 무능력자가 도태될 수 있다면 참으로 다행한 노릇이다. 이렇게 하여 결국 '공무원 불패'의 신화가 만들어지는 것이다.

공무원에 대한 신분보장 시스템은 내부의 '제 식구 챙기기'와 결부되어 '공무원은 아무리 문제가 되어도 퇴출될 염려가 없다'는 정년보장의 도구로 전락되기 쉽다. 이렇게 하여 '철밥통' 시스템을 지탱하는 강력한 안전장치로 작동하고 있는 것이다. 그리고 결국 이러한 통제장치의 철저한 부재는 부패와 무능을 초래하고, 이것이 세월호 참사와 같은 참화를 빚어냈던 것이다.

목적과 수단이 전도되어서는 안 된다. 공무원 고용에 대한 유연성과 퇴출 가능성을 열어두지 않는다면, 공무원이 '주인인' 대중의 통제에서 벗어나고 오히려 그 위에 군림하는 본말전도의 현상을 바로잡기란 불가능하다.

오늘날 선진국은 공무원에 대한 신분 보장을 크게 약화시키고 있는 추세이다. 과거 오랫동안 공무원의 정치적 중립성 확보를 위해 각종 법규로써 이들의 권익과 신분을 강하게 보호해왔지만, 무능하고 태만한 공무원들의 신분까지 보장하는 데서 초래되는 정부의 생산성 저하를 더 이상 방치할 수 없기 때문이다. 특히 지금과 같이 70~80%의 수많은 유능한 젊은이들이 정상적인 취업을 할 수 없게 된 '비상 상황'에서 공무원의 신분과 정년을 철저하게 보장해주는 제도는 이제 다른 직업군(職業群)과의 형평성과 효율성 제고라는 측면에서도 근본적으로 재고해야 할 시기이다.

공무원에 대한 감독 기능, 대폭 보강되어야

국민들이 정부 조직에 대하여 감독을 하는 것은 국민들이 당연히 보유한 기본적인 권리이다. 국민의 감독 의식이야말로 권력 기제를 견제하는 정신적 보장이며, 국가권력이 국민의 감독을 받는 것은 인민 주권 원칙의 핵심이다.

자신이 고용한 공복(公僕)이 과연 '공(公)'을 위해 복무하고 있는가, 그 과정에서 잘못과 부패는 없는지, 그리고 시스템은 효율적인지 등의 문제에 대하여 면밀하게 관리 감독해야 한다. 이는 공무원들을 자신의 세금으로 고용한 고용인이자 주인으로서의 당연한 권리이며 책임이다. 그리하여 그들이 직무를 수행하지 못하거나 무능하거나 혹은 부패할 경우, 대중들은 당연히 그들을 곧바로 파면할 권리를 갖게 되는 것이다. 헌법 제29조 제1항은 "공무원의 직무상 불법행위로 손해를 받은 국민은 법률이 정하는 바에 의하여 국가 또는 공공단체에 정당한 배상을 청구할 수 있다. 이 경우 공무원 자신의 책임은 면제되지 아니한다."라고 규정되어 있다.

하지만 우리 사회는 그간 공복(公僕)에 대한 관리 감독이라는 문제에 있어 너무 소홀했고, 이러한 '감독의 부재'로 말미암아 '공복' 조직은 '주인'을 섬기는 본래의 임무로부터 '이탈'하여 거꾸로 '주인' 위에 군림하는 본말전도의 조직으로 변모하였다. 이는 공권력을 사적으로 이용하고(공권사용, 公權私用), 공적인 일을 사적으로 처리하며(공사사판, 公事私辦), 사적인 일은 공적으로 처리하고(사사공판, 私事公辦), 권력으로써 사적 이익을 도모하는(이권모사, 以權謀私) 현상으로 나타난다.

주지하다시피 이러한 조직은 필연적으로 무능해질 수밖에 없으며 부패할 수밖에 없다. 영국 케임브리지 대학 역사학 교수였던 액튼 경(Lord Acton)은 "권력은 부패하기 쉽다. 절대 권력은 절대적으로 부패한다."고 하였다.

국가권력 기구의 불법 행위에 대한 적발과 제보의 권리는 대중들에게 주어져 있는 것이고, 이는 법률이 다루지 못하는 허점을 보완하는 기능을 수행함으로써 특권을 견제하고 사회 불공정을 개선하는 역할을 담당하고 있다.

이는 수신·제가·치국·평천하로 표현되는 전통적 도덕수신관(道德修身觀)의 보편적 제약하의 신민(臣民)과는 전혀 상이한 사회적 존재이다. 이른바 신민(臣民)은 권리의 주체가 아니라 도덕 의무의 주체로서 전체 사회에 참여하였으며, '자기를 버리고' 무상의 봉사와 헌신을 강요당하는 존재였다. 그리고 이러한 '신민의식'은 오늘날에도 여전히 '관존민비' 의식과 결합되어 우리 사회에 뿌리 깊게 잔존해 있다.

이제 시민에 대한 봉사자로서 그리고 시민의 피고용자로서의 공무원의 능력에 대한 검증과 평가 시스템이 정비되어야 하고, 공무원의 업무에 대한 감독 시스템이 공정하면서도 정교하게 작동되어야 하며, 공무원의 각종 불법 행위에 대한 감사 시스템도 치밀하게 시행되어야 한다. 실로 공무원에 대한 이러한 관리 감독 시스템의 정비는 대중들이 위임한 국가 시스템의 기본이며 또한 전부라고 할 수 있다.

공무원 부패의 경우, 공무원에 대한 분명하고도 정교한 평가검증과 감사 시스템의 부재에 편승하여 한 치의 죄의식도 없이 마치 자기는 아무런 범법 행위도 하지 않았으며, 다만 자기가 당연히 가져야 할 '몫'을 당연히 차지하는 것일 뿐이라는 '관행' 의식으로 '무장'한다.

특히 이러한 경향은 '업무수행 능력'이 아니라 '인간 관계와 순응성'이 특별히 중시되는 '가족주의적' 풍토에 의하여 더욱 강화된다. "저승사자라도 필요하면 네트워크를 갖는다."는 것이 관료집단이다. 흔히 중국을 일컬어 '꽌시(關係)'의 나라라고 하지만, 네트워크 잘 만들기로는 우리나라가 오히려 한 술 더 뜨고 한 걸음 더 나간다. 고시 기수를 비롯하여 출신지역(본인의 출신지역으로 모자라면 아버지 고향까지 끌어온다), 고등학교와 대학교 동문, 직장 동아리, 종교모임, 점심 저녁 식사모임(특히 점심을 같이 먹는 관계는 중요하다. 여기에서 많은 관계가 형성되고 유지된다. 그래서 점심을 어떤 사람들과 같이 할까 약속을 잡는 것은 오전 근무의 중요한 '업무'가 된다), 술모임 등등 끌어올 수 있는 모든 네트워크와 상상이 가능한 모든 관계가 동원된다. 또한 '관(官)'끼리 서로 봐주는 '우리가 남이가?'의 끈끈한 정신 그리고 자기들끼리 통하는 '끼리끼리'의 '미풍양속'에 의하여 그 재생산 구조를 확고하게 구축해 나간다. 혹시 '적발'이나 '징계'의 위기에 직면하게 되는 경우가 되면 이번엔 시간 끌기 작전으로 버틴다.

이렇게 되다 보면 으레 다른 더 큰 사건이 터져 자기의 일은 관심사에서 밀려나게 되며, 그러한 틈에 그간 '밥을 함께 먹어온 것'으로 쌓아놓은 관계를 발판으로 인간적인 정(情)에 호소하고 전방위적인 로비를 벌인다. 대부분 이러한 과정을 거쳐 결국 '태산명동 서일필'의 용두사미로 귀결된다.

공무원에 대한 효과적인 감독을 수행하기 위해서는 특히 현재 대통령 직속으로 되어 있는 감사원이 국회에 소속되어야 한다. 행정부 소속의 기관이 행정부를 감사하는 것은 한마디로 어불성설이다. 그러한 조건에서는 예를 들어 4대강 사업 감사에서 볼 수 있던 것처럼 '살아있는 권력'의 입맛에만 맞게 요리된 감사결과를 내놓게 될 뿐이다.

원래 감사원은 행정부를 견제할 목적으로 의회에 설치하거나 아니면 제4부로 독립적인 위상을 가져야 한다. 실제 미국에서는 감사원(Government Accountability Office)이 의회 내에 설치되어 있고, 이곳에 공인회계사, 변호사, 분야별 전문가를 비롯해 3,200명의 인원이 근무하고 있다. 우리나라와 같이 감사원이 대통령 직속으로 설치되어 있는 것은 무소불위 권력을 독점했던 군사독재정권의 유산으로서 이와 같은 잘못된 '배치'는 시급히 바로잡혀져야 한다.

독립적인 감사원이
절실하다

필자는 과도한 가로수 가지치기 등 환경문제를 비롯하여 일반직 공무원과 동일한 업무를 수행하면서도 그 이외의 모든 측면에서 차별받고 있는 별정직 공무원의 일반직 공무원으로의 전환 필요성 등 주변에서 발생하는 갖가지 문제에 대하여 구청을 포함하여 120 다산콜센터 그리고 국민권익위원회 등에 민원을 자주 제기해왔다. 그것이 한 사람의 시민으로서 최소한의 권리이자 의무로 생각하기 때문이다.

몇 년 전에는 은행 업무와 관련하여 국민권익위원회에 민원을 제기한 바 있었다.

모 은행이 이자 계산에 있어 어떤 경우든 고객 위주가 아니라 철두철미 마치 '수전노'처럼 자기들 이익만을 적용하는 행태에 대한 민원이었다. 이 민원은 금융감독위원회로 이첩되었는데, 금융감독위원회는 은행 규정에 의한 적용이므로 어쩔 수 없다는 단 두 줄뿐인 답변을 1개월 만에 회신하였다.

필자는 민원처리에 대한 불만 사유를 기입하는 국민권익위원회 온라인 회신란에 "과연 금융감독위원회의 역할이 무엇인가? 은행을 감독하라고 존재하는 것이 아닌가? 그렇게 은행 규정만 내세운다면, '금융감독위원회'라는 간판은 내려야 하고 '금융기관협의회'라고 이름을 고쳐야 한다."라고 비판하였다. 필자는 세 번에 걸쳐 이 민원을 제기했지만, 그때마다 금융감독위원회는 모두 같은 방식으로 처리할 뿐이었다.

　　얼마 뒤 그 금융감독위원회가 저축은행 사태에 그간 감춰져 있던 비리와 유착관계가 드러나면서 큰 사회적 이슈가 되었다. 금융기관을 감독하기는커녕 그렇게 함께 비리의 커넥션을 맺고 있었으니 필자가 아무리 민원을 열심히 내본들 눈 하나 깜짝 하지 않았으리라.

　　자기의 고유 업무인 감독은 전혀 이행하지 않고 거꾸로 피감기관과의 유착만을 일삼는 이러한 공공기관의 존재로 인하여 국가와 국민의 이익이 심각하게 위협받고 있다. 그리고 이러한 행태는 결국 우리 사회의 존립 기반을 근본적으로 동요시키게 만든다.

　　국가의 공공기관들은 국민의 이익을 위하여 봉사하는 것이 그 기본적 임무인 공복(公僕)의 기구로서, 따라서 주인으로서의 국민이 그에 대한 감시와 견제 장치를 가지고 있어야 함은 너무도 당연한 일이다.

　　그러나 현재 우리나라의 경우 감사원이나 금융감독위원회와 같은 외부 감사기관들은 특수 사안에 대한 한시적 특별 감사에 그쳐 상시적인 감사가 불가능하게 된다.

올바른 감사는 건강한 사회의 필수불가결한 조건이다

　　하루가 멀다 않고 공직사회의 비리와 위법 로비 그리고 각종 불법 관행들이 보도되고 있다.

감시와 견제가 없는 권력은 절대적으로 부패한다. 3권 분립 역시 이러한 우려에 토대하여 이뤄진 제도이다.

국가의 공공기관 및 그에 소속하는 공무원들은 국민의 이익을 위하여 봉사하는 것이 그 기본적 임무인 공복(公僕)의 기구 및 구성원으로서 주인인 국민이 그에 대한 감시와 견제 장치를 가지고 있어야 함은 너무도 당연한 일이다. 감사 제도는 사회 조직의 필수적인 요소이자 임무이며, 올바른 감사는 건강한 사회의 전제 조건이다.

하지만 오늘날 우리의 공직 사회에서 발생되는 비리와 위법 사항들에 대한 감사는 대부분 용두사미식으로 흐지부지되거나 '솜방망이 징계'에 그친다. 반면 이렇듯 '자기 식구 감싸기'에 급급한 감사제도는 내부 고발자 등 조직 내부에서 진실을 말하는 자에 대해서는 도리어 가혹한 보복에 나선다. 결국 이러한 공직 사회의 감사는 국민들의 분노와 탄식으로 이어지는 악순환이 계속되고 있다.

대통령 직속의 감사원, 지구상에 한국 외에 없다

본래 우리나라도 제헌헌법 제정 당시 감사원 설치에 있어 미국 방식을 검토하였다. 미국 방식이란 의회에 감사원을 설치하고 감사원이 국정감사를 1년 내내 상시적으로 진행하는 것이다.

그러나 권위주의 체제인 한국의 특성으로 결국 미국 방식을 도입하지 않고 감사원(심계원)을 대통령 직속으로 설치하였다. 당시 수사와 감사를 수행하는 미국 의회처럼 한국 의회도 국정조사와 국정감사 두 가지를 수행해야 한다는 주장이 제기되면서 '대통령 감사'인 감사원과 의회감사인 국정감사로 나뉘게 되었다. 이렇게 하여 대통령이 감사원을 가져가면서, 세계 유일한 '기형적' 국정감사가 출현하게 되었다.

"권력에 대항하여 진실을 말할 의무를 가진 독립된 기관"
- 감사원

1) 독일 검사원

현재 독일과 프랑스 그리고 미국에서 운용되고 있는 감사 시스템은 눈여겨 볼 필요가 있다.

독일의 연방회계검사원은 헌법기관으로서 입법부, 사법부, 행정부 등 어느 부에도 소속되어 있지 않다. 독일의 연방회계검사원은 1948년 제정된 독일연방기본법 제114조 제2항에 의하여 헌법상 최고기관으로서의 지위를 확보하게 되었다. 이에 의하면 연방회계검사원의 구성원은 법관과 같은 독립성을 보장받고 연방정부 및 연방기관들의 예산과 재정운용에 대하여 회계검사, 경제성 검사 그리고 합법성 검사를 수행한다. 연방회계검사원 원장은 임기가 12년이고 단임제인데, 연방정부의 제청으로 연방의회에서 비밀투표로 선출하고 연방의회 재적의원 과반수의 표를 득표한 자가 선출되며, 대통령은 선출된 자를 반드시 임명해야 한다.

공공기관에 대한 감사에 있어 연방회계검사원 및 그 직원의 임무 수행을 위하여 필요하다고 인정되는 문건은 요구일로부터 일정한 기한 내에 반드시 제출되어야 한다. 이때 자료제출 의무는 문서가 현존하지 않지만 정상적인 행정에 있어서 기본이 되는 경우에 있어 그 문서를 작성하여 제출하는 것까지 포함한다. 즉, 감사 대상기관은 요청한 문서가 존재하지 않는다는 이유로 자료의 제출을 단순히 거부할 수 없고 이를 작성하여 제출하여야 한다. 만약 감사직원의 정보요청 요구에도 불구하고 감사대상기관이 이를 무시하고 제출하지 않을 경우 감사직원은 즉시 이를 상부에 보고하여 직원회에서 조치를 결정한다. 감사 기준은 적법성, 경제적 효율성 그리고 능률성이다.

모든 감사보고서는 일반에게 공개된다. 이로써 일반 국민들의 감시가 활성화될 수 있고, 감사 직원에 대한 로비활동도 제한할 수 있다. 그리고 감사기관에 대한 개선 압력을 행사할 수 있다.

연방회계검사원의 구성원은 중견공무원이 될 자격을 가져야 하며, 동시에 다양한 전문적 경험을 보유해야 한다. 원장과 부원장 중 1인 그리고 기타 위원 총수의 3분의 1은 법관 자격을 가진 자여야 하며, 경제학 또는 공학을 전공한 자도 적절하게 포함해야 한다. 신규 채용은 총무처에 의뢰하여 우수한 직원을 추천받아 6개월 간 시보 임용한다. 시보기간이 경과하면 그 자질, 능력 등을 인사위원회에서 종합 검토한 뒤정식 채용하거나 불합격시키며 불합격자는 본래 근무지로 복귀시킨다.

2) 프랑스 감사원

한편 프랑스 감사원은 제5공화국 헌법 제47조에 기초한 헌법기관으로서 역시 입법, 행정, 사법부 어디에도 소속되지 않은 독립기관으로 존재한다. 프랑스의 감사 시스템은 일원화되어 있고, 신규 채용은 ENA 졸업생 중에서 성적 우수자를 선발하여 충원한다.

프랑스 감사원의 직군은 재무감사 직군, 재경감독 직군, 근로감독 직군, 내무부 행정감사관, 문화감사 직군, 사회행정감사 직군, 교육연구 행정감사 직군 그리고 내무부 행정감사관으로 구성되어 있다. 대부분의 감사는 감사원 내부에서 이뤄지지만, 확인이 필요한 경우 담당감사관이 수시로 현지 감사를 시행하고 있다. 감사는 행정 각부 기관으로부터 모든 지출계산서 및 증빙서류 원본을 제출받아 실시한다. 원칙적으로 3~5년 동안의 회계집행 사항을 전수 감사하도록 되어있으나 실제로는 인력 및 시간적 제약으로 전체의 1/4 정도를 표본 추출하여 감사를 시행하고 있다. 하지만 모든 계산서 및 증빙서류를 제출하기 때문에 심리적으로 전수 감사를 받는 효과를 거두고 있다.

프랑스 감사원의 구성원은 판사와 동등한 신분 보장을 받으며 봉급도 일반 공무원의 두 배 정도를 받는다. 이들은 권력이나 감사대상 기관의 눈치를 볼 필요도 없이 오직 감사 업무의 성과에 의해서 자신의 고과(考課)가 평가된다. 자크 시라크와 지스카르 데스탱 전 대통령도 일찍이 재무감사 직군으로 활동하여 명성을 떨쳤으며, 이는 권력이나 감사대상 기관의 눈치를 살피지 않는 것이 사회적인 입신양명의 지름길로 인식되는 프랑스의 풍토를 그대로 반영하는 현상이기도 하였다.

3) 미국 회계감사원

마지막으로 미국 회계감사원의 경우, 1921년 제정된 예산회계법 제7장에 의하여 회계감사원이 "권력에 대항하여 진실을 말할 의무를 가진 독립된 기관"으로 규정되어 설치되었다. 당시 의회지도자들은 예산 감시기관이 행정부의 외부에 설치되어야 한다고 판단하여 원래 재무부 관할 하에 있었던 회계 감사 기능을 의회에 이전시켰다. 회계감사원장은 상하 양원 각각 5명으로 구성된 추천위원회에서 3명을 추천하고 대통령이 상원의 인준 동의를 거쳐 임명하며 임기는 15년 단임이다. 대통령은 추가 후보를 추천할 권한이 없다.

미국 회계감사원은 연방정부의 예산 지출과 운영에 대한 감사를 임무로 하며, 연방정부의 예산을 사용하는 모든 사업과 활동을 조사할 수 있는 권한을 가지고 있다. 회계감사원 업무의 10%가 회계 감사이고 나머지 90%는 사업 평가가 차지하고 있다.

회계감사원의 감사결과는 수시로 모든 상하원 의원과 행정부에 제출된다. 그러므로 미국 의원들은 우리처럼 매년 국정감사를 하지 않아도 이 감사보고를 통해 각 부처의 운영상황을 손금 보듯 파악할 수 있고, 이를 토대로 의정활동을 펼친다.

감사제도의 발전을 위한 제안

사실 감사 제도는 인류 역사의 모든 시기에 존재해왔다.

우리 역사에서도 마찬가지이다. 조선 시대의 감사 기관은 바로 사헌부(司憲府)였다. 사헌부는 조정 관원의 기강 확립을 위하여 잘못을 저지른 관원을 탄핵하여 직위에서 축출하는 탄핵과 규찰 활동을 담당하였고, 상대(霜臺)[3], 오대(烏臺), 백부(柏府)[4]라는 별칭으로 불리기도 하였다. 지방에도 분대(分臺 : 분사헌부)라는 감찰관을 파견하도록 하여 관련된 업무를 수행했다. 사헌부 관원들은 소신 있게 업무를 추진할 수 있도록 면책의 특권을 누렸다.

사헌부 관원은 재주가 뛰어나고 가계가 좋은 자를 임명했다. 사헌부 관원은 사간원 관원과 함께 고과(考課)를 받지 않았고, 당상관들도 이들의 인사를 받으면 정중하게 답례하도록 규정하는 등 우대를 받았다. 한편 간쟁, 탄핵, 시정, 인사의 언론 활동을 주요 직무로 하는 사간원은 상

---

3 서릿발과 같이 엄하다고 하여 붙여진 명칭.
4 한나라 때 사헌부인 어사대에 잣나무가 심어져 있었는데, 수많은 까마귀가 그 위에 앉았다는 데로부터 오대(烏臺) 혹은 백부(柏府)라는 명칭이 유래하였다.

관과 하관의 위계와 질서가 엄격했던 사헌부와 달리 상관과 하관 사이에 격의가 없고 직무 중에도 음주가 허용되는 등 분방한 분위기가 제공되었다.

효과적인 감사 시스템의 존재는 건전한 국가 공직사회의 필수적인 전제 조건이다.

감사 시스템은 관료집단이 국민의 공복으로서의 그 직무를 충실하게 수행하고 있는가를 평가하는 중요하고 핵심적인 국가 제도이다. 기실 감사제도의 미비 및 불철저함으로 인하여 우리 사회의 심각한 관료집단의 무능과 부패가 배태된 것이고 세월호 참사도 초래된 것이었다.

무엇보다도 먼저 감사원이 독립된 기구로 재조직되어야 한다. 우리나라처럼 감사원이 대통령 직속으로 되어 '대통령 감사'로 전락한 나라는 지구상에 우리 외에 존재하지 않는다.

감사원이 대통령 직속 기구로 되어 있고 감사원장을 대통령이 임명하게 되면, 감사원은 필연적으로 권력의 눈치를 볼 수밖에 없게 되고 당연히 올바른 감사는 사실상 어렵게 된다. 국가 공공 기관에 대한 감사를 충실히 하라는 감사원 본래의 존재 의미를 살리기 위해서는 감사원이 정치와 행정, 의회와 행정부 사이에서 중립적인 위치에 있고, 정치적 '독립'을 보장하는 법률적 제도적 장치가 보장되어야 한다.

감사의 구체적 방법론에 있어서는 독일의 경우처럼 감사 임무 수행을 위하여 필요하다고 인정되는 기본적 문건은 요구일로부터 일정한 기한 내에 제출되는 것이 제도화되어야 한다. 물론 이때 자료제출 의무는 문서가 현존하지 않지만 정상적인 행정에 있어서 기본이 되는 경우에 있어 그 문서를 작성하여 제출하는 것까지 포함한다. 그리고 프랑스 감사제도의 경우처럼 행정각부 기관으로부터 모든 지출계산서 및 증빙서류 원본을 제출받아 감사를 실시하도록 보장되어야 한다. 그리하여 비록 인력과 시간적 제약으로 표본 추출하여 감사를 시행할지라도 모든 계산서 및 증빙서류를 제출하였기 때문에 심리적으로 전수 감사를 받는 효과를 거둘 수 있도록 해야 한다.

한편 감사원장의 임기는 독일은 12년이고 미국의 경우 15년이다. 기관장의 임기는 현재 우리나라에서 중요하게 인식되지 못하고 있으나 사실 대단히 중요한 문제이다. 기관장의 임기가 장기적으로 보장되어 있을 때 해당 조직은 장기적인 플랜을 가지고 체계적으로 발전될 수 있으며 조직의 효능성도 증대된다. 임기가 제대로 보장되어 있지 않고 짧을 경우에는 기관장은 임명자의 눈치를 보게 될 수밖에 없고, 조직은 항상 동요 상태로 되어 안정적인 조직 운용이 근본적으로 불가능하게 된다. 우리나라 장관들의 임기가 1년 남짓밖에 되지 않는 현실은 우리 사회가 항상 불안정하게 되는 중요한 요인 중의 하나라고 할 것이다. 역설적이지만 기관장 임기가 짧고 불안정하기 때문에 관료들의 권한이 그만큼 더욱 확대되고 남용되는 상황을 초래한다고 볼 수 있다. 결국 우리나라 감사원장의 임기는 미국이나 독일처럼 현재의 임기보다 훨씬 연장되는 것이 장기적으로 바람직하다.

물론 일체의 감사보고서는 일반 국민들에게 공개되어야 한다. 이는 국민으로부터 위임받은 기구로서 당연한 임무이고, 아울러 감사 조직을 포함한 공공 기관에 대한 일반 국민들의 건강한 감시와 견제를 활성화할 수 있게 만든다.

감사원 조직은 공복(公僕)으로서의 책임 수행에 대한 감시라는 국민으로부터의 권한을 위임받아 설치된 기구이다. 올바른 감사 제도의 법적, 제도적 장치가 보장되고 이를 통하여 국민의 기대에 부응하여 진정한 의미에서의 감사 시스템이 작동할 때 비로소 건강한 사회가 이뤄질 수 있을 것이다.

국회에 의원들이 선출하는 감사관이 존재해야

현재 국회 행정조직의 감사관실은 국회 공무원들로 구성되어 있다. 당연히 순환 근무에 의한 전문성 부족과 '자기 식구 감싸기'의 온정주의를 크게 극복하기 어렵다. 특히 국회 조직은 감사원 감사도 사실상 불가능한 '감사 무풍지대'이고 (행정부 조직에 비하여) 상대적으로 규모가 훨씬 작아 직원들이 거의 서로 안면이 있는 인간관계이기 때문에 온정주의의 가능성은 더욱 커질 수밖에 없다. 이렇듯 내부 출신 공무원으로 순환근무하면서 구성되는 국회 조직의 감사 시스템은 근본적으로 허약할 수밖에 없다.

미국 의회의 경우 의회 행정조직에 대한 감사는 의원들이 임명한 감사관에 의하여 수행된다. 미국 의회 의사규칙 Rule II의 제6조는 "하원에 감사관실을 둔다. 감사관은 의장과 다수당 원내대표 및 소수당 원내대표 간의 공동 협의로 임명된다…… 본조에 따른 직무수행 중 어떠한 회계부정을 적발한 경우 의장, 다수당 원내대표, 소수당 원내대표, 하원 행정위원회 위원장 및 소수당 간사에게 동시에 통지해야 한다."고 규정하고 있다.

우리 국회도 미국 의회의 사례처럼 매 회기마다 국회 조직의 주인인 국회의원들이 실제 감사 능력과 의지가 있는 인사(회계사, 변호사 등 자격 소지자)를 국회 감사관으로 임명하여 국회 내에 진정한 감사기구가 작동될 수 있도록 해야 한다.

국회의 입법권
회복을 위하여

국회 입법,
누가 수행하는가?

국회 행정조직은 일반인에게 잘 알려지지 않아 매우 생소하다.

일반적으로 '국회'라고 하면 흔히 국회의원만을 떠올리게 되지만, 국회 내에는 수천 명에 이르는 국회 공무원이 존재한다. 그리고 그 국회 공무원 중 최상층이 상임위원회의 이른바 '전문위원' 조직이다.

주지하는 바와 같이, 우리나라의 많은 법률은 일본 법률을 모방 계수하였다. 일제 식민지시기에 일본 법률을 그대로 사용한 것은 물론이고 해방 후에도 많은 법률을 수정 없이 그대로 이어받았으며, 새로이 법을 만들고 수정할 때도 일본의 법률은 '텍스트' 역할로 기능하였다.

다음은 그 대표적인 사례이다.

"事務總長은 議長의 監督 下에 議院의 事務를 統理하고" (일본 현행 국회법 제28조. 일본은 중의원, 참의원으로 구성되어 이를 議院이라 칭한다).

"事務總長은 議長의 監督을 받아 國會의 事務를 統理하고" (한국의 1970년 국회법 제22조)

"事務總長은 議長의 監督을 받아 國會의 사무를 統轄하고" (한국의 현행 국회법 제21조)

위의 사례에서 잘 알 수 있듯이, 우리나라의 법률의 적지 않은 부분이 일본의 법률을 '텍스트'로 삼아 그대로 번역하여 사용하고 있다.

그런데 묘하게도 우리의 국회법에는 일본「국회법」과 유사하지만 그러나 완전히 상이하게 규정되어 있는 조항이 있다. 그 대표적인 사례가 바로 이 '전문위원 조항'이다.

일본 국회법 제43조는 "상임위원회에는 전문 지식을 가진 직원(이를 전문원, 專門員이라 한다) 및 조사원을 둘 수 있다"라고 규정되어 있다. 이에 비해 우리나라의 국회법 제42조(전문위원과 공무원) 조항은 "위원회에 위원장 및 위원의 입법 활동을 지원하기 위하여 의원 아닌 전문지식을 가진 위원(이하 "전문위원"이라 한다)과 필요한 공무원을 둔다."라고 규정되어 있다.

비슷하지만, 동일하지 않다. 우리나라 국회법의 경우, 국회의원의 '위원'과 공무원으로서의 전문위원의 '위원'은 동등한 지위에 놓여있는 것이다.

남용될 수 없는 '위원'이라는 용어

'전문위원'이라는 용어는 과연 타당한 용어인가?

결론을 미리 말하면, 국민의 대표로서 선출된 국회의원과 국회의 입법관료인 공무원을 마치 동렬로 자리매김 해놓은 듯한 이러한 조항은 개선되어야 한다. 실제로 현재 각 상임위원회 회의석상에서 국회의원을 지칭하는 '위원'과 '국회 공무원'인 전문위원(수석 전문위원을 포함하여)을 호칭하는 '위원'의 호칭이 같이 사용되어 혼선을 빚고 있다.

'위원'이라는 용어는 국회법 제48조 (위원의 선임과 개선, 改選) 및 동법 제60조(위원의 발언) 조항에서 명백히 알 수 있는 바와 같이 본래 국회의원만을 지칭하는 용어로서 국회의원 이외의 국회 조직 내부의 공무원이 '위원'이라는 명칭을 사용해서는 안 된다.

이 조항을 그대로 모방하면서 '전문원'이 '전문위원'으로 둔갑한 데는 어떠한 우여곡절이 있었는지 모르지만, 우리나라 국회법 제42조는 전문위원을 국민의 대표로 선출된 국회의원과 동렬에 위치시키고 있는 잘못된 규정이며, "상임위원회에는 전문지식을 가진 직원(전문원이라 한다) 및 조사관을 둔다."는 내용으로 수정해야 한다.

사실 '대의기구로서의 핵심사항 및 기본 원칙을 규정하는' 국회법에 국회 소속 공무원인 전문위원의 '전문 조항'을 두고 있다는 사실 자체가 이미 커다란 문제의 소지를 가지고 있다.

명(名)과 실(實)이 부합되어야 할 '전문' 위원

일반인들은 이를테면 '국회 **위원회 수석전문위원'이라고 들으면 대부분의 사람들은 해당 분야의 대단한 전문가라는 이미지를 떠올릴 것이다. 그러나 사실 '국회 수석전문위원'이란 대부분 공무원 시험을 통해 수십 년 국회에서 근무하고, 그것도 여러 부서를 상당히 빠른 주기로 '순환 근무'해온 공무원 출신이다. 위원회에 소속된 직원들의 경우, 별정직인 수석전문위원을 제외하고는 모두 일반직 공무원으로 충원되고 있는데, 이들은 각 분야의 전문가 출신이 아니고 공무원 시험, 특히 이른바 '입법고시'를 통하여 채용되는 행정 관료들로 구성된다.

물론 전문성이란 '개인이 조직에 들어오기 전 그가 사회화 과정을 겪으면서 취득하는 특정 분야에 대한 전문적 지식'을 의미하는 통상적인 의미로서의 '개인적 전문성' 외에도 '조직에 들어와 업무를 수행하게 됨으로써 그 업무를 통하여 획득하게 되는 전문적 지식'을 뜻하는 '업무상 전문성'의 중요성도 부인할 수 없다. 그러나 현재 국회 전문위원의 경우, '개인적 전문성'의 측면에서 대단히 취약할 뿐 아니라 '업무상 전문성'의 측면에서도 잦은 순환 보직 근무의 관행으로 인하여 근본적인 취약성을 노출시키고 있는 것이 현실이다.

전문위원의 검토보고에 대한 실증적인 조사를 수행한 한 논문[5]은 국회 위원회 조직의 활동에 대하여 다음과 같이 기술하고 있다.

"위원회 조직에 자료를 요청하느냐구요? 위원회 조직에서 제공되는 자료는 기껏해야 검토보고서 하나이고 자료를 요청할 필요성을 못 느낍니다. 위원회 조직이 입법지원 조직이라고 생각하지 않습니다. 단순히 회의준비나 진행업무만 수행하는 행정조직일 뿐입니다."(K 비서관),

"검토보고서를 활용하지 않습니다. 검토보고서의 내용이 너무나 불충분하기 때문에 의원이 검토보고서를 보지 않습니다. 전문위원들이 전혀 전문적이지 못합니다. 주로 담당하는 업무가 회의진행이나 돕고 위원들 잔심부름입니다. 따라서 위원회 조직을 활용한다면 행정적인 업무 때문입니다. 회의가 언제, 어디서 열리는지 알 필요성이 있으니까

---

5   박현주, "국회사무처 입법지원기능에 관한 실증적 연구", 1998년

요. 오히려 위원회 조직을 행정업무만 담당하도록 조정하고 다른 전문 조직을 강화하는 것이 더 낫다고 봅니다."(L 비서관)

비록 시간이 약간 흘러간 자료이고 또 소수의 국회의원 보좌관과의 인터뷰 글이기는 하지만, 그러나 여전히 현실을 비교적 정확하게 반영하고 있다고 할 것이다.

실제 분야별 각 위원회에 배치되는 공무원들은 전문성이 아닌 순환 보직 시스템에 의하여 국회사무처의 입법관료들로서 구성된다. 그리고 특별 채용되는 수석 전문위원의 경우도 절대다수가 5급 공무원 시험을 통하여 공채된 후 20~30년 동안 국회에서 근무한 입법관료로 충원되고 있다. 구체적으로 위원회 직원들의 현 부서에 재직한 평균연수를 살펴보면, 수석전문위원의 경우 5.4년, 2급 전문위원의 경우 4.2년, 3급 공무원 1.8년, 4급 1.5년, 5급 0.9년으로서 전문적 지식을 획득하는 기간으로서는 너무나 짧은 것으로 나타나고 있다.[6]

국회 조직에서 매우 중요한 역할을 담당하는 '전문위원'이라는 직책은 문자 그대로 '명(名)'과 '실(實)'이 '상부'할 수 있도록 제도적인 뒷받침이 보완되어야 할 것이다.

'일을 하는' 국회의원으로의 변화가
정치개혁의 핵심이다

현행 검토보고제 폐지, 의회제도 정상화의 첫걸음

---

6 조준우, "한국과 미국의 의회보좌제도의 비교", 석사논문, 2003년

몇 년 전에 한 국회 전문위원이 직권을 남용하여 의원급 예우에 준하는 접대를 요구하는 등의 물의를 빚은 사건이 각 언론에 보도된 적이 있었다. 또 몇 년 전에는 국회 수석전문위원이 산하기관에 압력을 행사하고 알선수뢰 혐의로 구속되는 사건이 있었다.

그런데 이러한 일련의 사건 배경에 국회 전문위원의 이른바 '검토보고제' 권한이 존재하고 있다는 사실에 대해서는 거의 알려지고 있지 않다.

이 나라의 입법권은 과연 누구에게 있는가?

2004년 10월 21일 노회찬의원이 대표 발의한 「국가보안법폐지법률안」에 대하여 국회 법제사법위원회 수석전문위원은 2005년 5월 '검토보고'를 한다.

언뜻 봐서는 문제가 없는 듯하지만, 사실 심각한 문제가 존재한다.

바로 국가보안법 폐지라는 중차대한 문제를 국회 공무원에게 '검토' 하도록 하는 것이 과연 타당한가라는 문제이다.

과연 국회 공무원인 수석전문위원은 국가보안법 폐지를 논할 '능력' 과 '자격'이 있을까? 국회 전문위원은 법률가도 아니고 또 국민이 선출하여 자격을 부여한 대표도 아니며, 국회 사무처 조직에서 오랫동안 순환 근무를 하고 연공서열 순위에 의하여 승진한 국회 공무원일 뿐이다.

또 「비정규직법안」 관련 검토보고서에 있어서도 여러 의원들이 제출한 법안에 대한 국회 전문위원 검토보고서는 "이 법안은 무엇이 문제다", "저 법안은 무엇이 문제다" 하면서 '검토'가 아니라 '판결'을 하고 있다. 결국 검토보고서는 사실상 '판결문'이다.

더구나 상임위원회에서 의원들이 진행하는 '심사보고서'는 거의 대부분 국회 전문위원이 작성한 '검토보고서'와 완전히 동일하다.

한편 18대 국회에서 약사법 관련 법안의 경우, 모두 79개의 약사법 개정 관련 법안이 접수되었다. 그러나 이 중 상임위원장과 정부 제안 법안만 '원안 가결'되었을 뿐 나머지 법안은 모두 '대안반영폐기'나 '임기만료폐기' 되는 운명에 처해야 했다.

구체적으로 현재 국회의원의 입법권은 모든 국민이 관심을 가지고 의원들이 관심을 갖는, 그래서 언론에 오르내리는 법안의 경우에만 국회의원의 입법권이 행사될 수 있다. 반면, 개별 의원들이 발의한 법안은 국회 전문위원의 검토보고라는 관문에 막혀 입법의 뜻을 이루기 대단히 어렵게 된다. 이와 관련하여 실제 상임위 소속 입법관료들 스스로도 검토보고의 영향력이 압도적이라고 인식하고 있다. 2010년 12월 상임위 입법관료 121명을 대상으로 검토보고의 영향력에 대하여 조사한 결과 무려 90.8%의 압도적 영향력을 가지고 있다고 응답하고 있다.[7]

결국 국회의원이 국회 관료를 통제할 수단과 장치는 별로 존재하지 않은 채, 사실상 국회의원이 전문위원 검토보고의 '결정'을 기다리는 하위의 위상에 놓이게 된다. 이렇게 하여 국회의원이 자신이 제안한 법안을 통과시키기 위해서는 거꾸로 전문위원에게 치열하게 로비해야 하는 경우가 발생한다.

국회의 유신 '적폐'

국회법 제58조 제1항은 "위원회는 안건을 심사함에 있어서 먼저 그

---

7   배용근, "국회 상임위원회 전문위원 검토보고서의 영향 요인과 발전 방안", 「의정논총」, 2011, 제6권 제1호.

취지의 설명과 전문위원의 검토보고를 듣고"라고 규정하고 있다.

일반인들은 국회 상임위원회에서의 '검토보고'라고 하면 당연히 국회의원이 그 책임 주체가 되어 수행할 것이라고 생각하게 된다. 그러나 사실은 국회의원이 아니라 국회 소속 공무원이 검토보고의 '준비'와 그 '발언'까지 모두 담당한다. 즉, 국회 상임위원회에서의 검토보고는 법률안의 심사 과정 중 전체 위원회에서 법률안의 제안 설명이 끝난 뒤 전문위원이 낭독하도록 되어 있다.

그 결과 채택되는 소위원회의 수정안 내용도 전문위원의 검토 내용과 대개 일치하는 경우가 많고, 전문위원의 검토보고에서 지적되지 않은 문제점은 위원회 심사과정에서 대체로 거론되지도 않는 성향을 보인다. 예산안에 대한 예비심사 검토보고 역시 마찬가지이다. 특히 예산에 대한 검토보고는 법안 검토보고서보다 더욱 커다란 힘을 발휘한다. 국회 전문위원이 '돈줄'을 쥐고 있기 때문에 각급 기관들은 그야말로 '고양이 앞의 쥐' 신세가 된다.

이렇게 하여 전문위원의 검토보고는 위원회 심사의 대강의 범위와 차원을 제시해 주며, 논의의 초점과 방향을 정립해 주는 결과를 가져온다. 뿐만 아니라 실제 심의 결과 채택되는 소위원회의 수정내용 구성에서도 매우 큰 영향력이 발휘된다.

더구나 의사 진행에 대한 세부 규칙이 정해지지 않은 가운데 국회의 입법관료들이 제시하는 선례에 대한 해석에 의하여 의사 진행상의 문제점들을 해결해 나갈 수밖에 없는 한국 국회의 현실에서 위원회 입법관료들이 위원회의 심사과정에 미치는 영향력은 대단히 커지게 되어 있다. 실제로 위원회 운영상의 시나리오가 위원회 입법관료들에 의하여 작성되고 있으며, 위원장은 이들이 준비한 각본에 따라 위원회를 운

영하고 있다.[8]

TV 등 언론에 보도되어 이슈가 되거나 아니면 의원이 개별적으로 '로비'를 받은 특별한 몇몇 법안 외에 거의 모든 경우 사실상 입법관료들의 검토보고서에 의하여 결정된다(물론 상임위원장이 직접 추진하는 법안의 경우에는 일반적으로 입법관료가 챙긴다. 반면 일반의원의 경우, 입법의 뜻을 이루기가 상당히 어렵다. 일반적으로 상임위원회 법안 심사 과정에서 상임위원장이 직접 추진한 법안이나 정부 제출 법안이 통과되는 비율이 높다. 예를 들어, 19대 전반기 국회 2년 간 국회에 제출된 총 8717건의 법안 가운데 상임위원장은 지도부 중 가장 많은 평균 46.9건의 법안을 발의했고 평균 4.1건의 법안을 가결시켰다. 평균 8.6%의 법안 가결률이다. 전체 평균 법안 가결률 5.3%보다 3.3%p 높다). 필연적으로 각종 '로비'가 이들 입법관료에게 집중되는 현상이 초래되고 있다.

그러나 현재 우리나라와 같이 법안에 대한 검토보고를 그 법안을 제출한 국회의원이나 해당 상임위원장이 직접 하지 않고 국회 공무원인 전문위원에게 그 보고의 '발언권'을 부여하는 제도는 다른 나라 의회에서 찾아볼 수 없다.

물론 전문위원 등의 국회 관료가 국회의원의 입법정책 활동을 보조하고 지원할 수는 있다. 그러나 전문위원은 대표성을 위임받은 일반 시민의 정치적 대리인이 아니라는 점에서 국회의원과 전문위원을 위원회의 등질적(等質的) 구성요소로 삼는다는 것은 적절하지 못한 일이다. 이러한 점에서 전문위원이 '익명성의 원칙'이나 '자기주장 제한의 원리' 등을 무시한 채 위원회에서 발언하거나 전문위원 검토보고를 위원회 운영상의 법률 요건화하고 있는 점은 반드시 시정되어야 한다. 전문위

---

8   이와 관련해서는 박재창, 《한국의회개혁론》, 오름, 2004을 참조할 것.

원을 비롯한 위원회 지원 입법관료는 지위 고하를 막론하고 '의원에 대한 복종성'의 원칙하에 국회의원인 위원의 보조적이며 부가적 조력자 이상이 되어서는 안 되기 때문이다.[9]

미국의 경우, 위원회의 스태프(Staff)들은 정당에 소속된다. 위원회에 상정된 안건은 산하 소위원회에 회부되는데, 이때 위원회 스태프들은 의원들을 보좌하여 자기가 소속된 정당의 입장에서 연구, 조사 및 분석 업무를 수행한다. 그리고 그 결과를 구두 또는 서면으로 위원장 및 간사 그리고 자기 당 소속 의원들에게 보고한다.

따라서 "위원회는 안건을 심사함에 있어서 먼저 그 취지의 설명과 전문위원의 검토보고를 듣고"라고 규정하고 있는 국회법 제58조 제1항에 있어 국회의 현행 검토보고 제도는 단순한 지원과 보조라는 범주를 넘어서 '선출되지 않은' 관료인 국회 전문위원에게 막강한 결정 혹은 심판의 권한을 제공함으로써 국회의원의 입법권을 심각하게 침해, 통제한다는 점에서 위헌 소지가 있다고 볼 수 있다. 또 이와는 다른 측면에서 국회 관료의 검토보고 작성이 주로 정부 부처 및 이익단체가 제공하는 정보에 의존하여 진행되기 때문에 검토보고가 결국 행정부의 입장을 대변하는 수준에서 크게 벗어나지 못한다는 비판도 존재한다.

이러한 문제점을 시정하기 위해서는 우선 국회법 제58조 제1항의 "위원회는 안건을 심사함에 있어서 먼저 그 취지의 설명과 전문위원의 검토보고를 듣고"라는 규정을 "위원회는 안건을 심사함에 있어서 먼저 그 취지 설명과 전문원의 검토보고를 들을 수 있다"라고 수정함으로써 전문위원의 검토보고를 임의적, 선택적 사항으로 바꾸어야 한다. 또

---

9   앞의 책.

국민이 부여한 입법권을 국회의원이 완전하게 수행하고 이를 보장하기 위해서는 본회의 법안 심의에 있어 법안을 제출한 국회의원이 입법취지를 발표하는 것과 마찬가지로, 상임위원회의 법안 검토보고 또한 법안제출자인 국회의원이 (심사보고의 형태로) 직접 발표하는 방안이 바람직하다.

전두환 '국보위'에서 법률 요건화한 검토보고제

그런데 '전문위원'의 검토보고를 규정한 이 조항이 원래부터 존재했던 것은 아니다. 원래는 "위원회는 회부안건을 심사함에 있어서 먼저 그 취지의 설명을 듣고"라고 하여 검토보고의 주체에 대하여 규정하고 있지 않았다. 그러던 것이 전두환이 정권을 장악한 뒤 소위 국보위(국가보위입법회의)의 '선거법등 정치관계법 특별위원회'가 1981년 1월 22일 개최된 회의에서 국회법을 전면 개정하면서 제56조 (위원회의 심사) 조항을 "위원회는 회부안건을 심사함에 있어서 먼저 그 취지의 설명과 전문위원의 검토보고를 듣고"라고 개정함으로써 전문위원의 검토보고를 명문 규정으로 전환시켰다.

이는 무엇보다도 '구 정치질서'를 극도로 혐오한 신군부 측이 국회를 약화시키고 희화화하려는 명백한 의도를 가지고 추진한 것이다.

따라서 이 '전문위원의 검토보고' 조항은 '국보위 입법' 폐단을 시정하고 의회 제도를 정상화한다는 의미에서 당연히 폐지되어야 할 것이다.

'유신'에 의해 국회의원의 전문위원 선발권 뺏겨

현재 국회 전문위원은 국회 사무총장이 사실상 임명권을 가지고 있다. 하지만 본래 국회 전문위원은 상임위원회에서 의원들이 선발했었다. 그러던 것이 유신에 의하여 뒤바뀌었다.

1972년 12월 27일, 이른바 유신헌법으로 장기집권 체제의 근거를 만든 유신정권은 곧이어 1973년 2월 7일, 국회법을 개정하였다. 그 개정에서 특히 "전문위원은 당해 상임위원회의 제청으로 의장이 임명한다."는 국회법 제42조 제2항 규정을 "전문위원은 사무총장의 제청으로 의장이 임명한다."는 규정으로 바꿔놓았다.

이렇게 하여 상임위원회 활동에 필요한 '전문적인' 인물을 상임위원회에서 의원들이 논의하여 선임하던 것을 여당 임명직인 국회 사무총장이 사실상 임명하도록 한 것이다. 이는 사실상 국회 전문위원에 대한 의원의 선출권을 없애고 여당에 의한 입법권 장악을 제도화한 것이다. 동시에 전문위원으로는 거의 행정부 관료로 충원함으로써 국회에 대한 통제를 더욱 강화한 것이다.

이는 이후 1981년 국보위에 의한 전문위원 검토보고제 규정과 결합되어 전문위원에 대한 통제권을 상실하게 만들고, 결국 의원들의 입법권을 사실상 무력화했다는 점에서 중요한 의미를 지니고 있다.[10]

---

10 또한 이와는 다른 관점에서 현재 국회의원이 거수기 노릇만 한다는 주장도 있다. 신기남 의원은 2013년 7월 16일자 주간경향과의 인터뷰에서 "예산 편성권은 정부 부처에 있고, 국회는 예산 동의권만 있다. 또 법률안 제출권의 경우 거의 대다수가 정부 입법이다……. 감사권도 없다. 그러니 국회의원은 거수기 노릇만 한다."라고 말하였다.

국회 불신의 근본 원인은 자신의
본업을 하지 않는 데 있다

국회 상임위원회, 과연 어떻게 진행되어야 하는가?

대학생들을 대상으로 한 여론조사에서 대학생 응답자의 85.3%가 불신하는 집단 1위로 정치인을 꼽았다.

우리 사회에서 국민들이 가장 불신하는 집단은 바로 국회이다.

불신의 요인은 다양하게 존재한다. 그러나 필자는 오늘날 국회 불신의 근본 요인은 국회가 국민이 자신들에게 부여한 입법권이라는 본업을 거의 수행하지 않고 사실상 방기하고 있는 사실과 밀접한 관련을 맺고 있다고 진단한다.

흔히 의원들의 의정활동의 80%가 상임위원회에서 이뤄진다고 알려진다. 그리하여 어느 나라 의회든 각 상임위원회는 정책 경쟁의 장으로서 그 주체들인 의원들이 자연스럽게 정책을 개진하면서 진행된다.

미국 의회의 경우, 우선 행정부는 법안 제출 권한이 없다. 그리하여 의원에 의하여 법안이 제출되면 소관 상임위원회에 회부된다. 법안을 회부 받은 소관 위원회는 관련 부처의 의견이나 정보를 검토하고 해당 법안이 과연 심사 가치가 있는가의 여부를 결정한다. 위원회는 '법안의 무덤'으로 불릴 만큼 많은 법안이 위원회의 문을 통과하지 못한다. 미국의 제102대 의회의 2년 동안 1만여 건의 법안이 발의되었지만, 위원회를 통과하여 본회의에 상정된 법안은 1,405건으로 13.7%에 지나지 않았다. 위원회에 회부된 법안은 상임위원회 위원장에 의하여 소위원회에 넘겨지는데, 소위원회는 청문회 개최(미국 청문회의 경우, 입법을 위한 청문회가 높은 비율을 점한다)와 꼼꼼히 조문 하나하나를 심사하는 축조(逐條)심사를 수행한다. 물론 상임위원회에서의 이 모든 활동은 의원들 자신들이 직접 수행한다.

프랑스 의회 역시 본회의든 상임위원회든 발언을 포함한 모든 진행이 의원들에 의하여 직접 수행된다. 의원들이 참석한 회의에서 법안의 각 조문에 대한 조문 투표를 실시한 뒤 법안 전체에 대한 전체 투표를 실시한다.

우리보다 정치발전 수준이 한 단계 낮다고 간주되는 대만의 의회인 입법원의 입법과정도 우리의 경우보다 훨씬 성실하게 수행된다. 〈그림〉에서 알 수 있듯이, 「식량관리법(糧食管理法)」라는 단 하나의 법안 심사를 위하여 2013년부터 대만 입법원 경제위원회에서 27차례의 1독회와 위원회 심사, 대체 토론 및 축조 심사의 2독회를 거쳐 최종적으로 2014년 5월 30일의 3독회에 의하여 수정되었다.

이러한 상임위원회가 국제적 기준으로서 일반적인 모습이다.

그렇다면 우리 국회의 상임위원회는 어떻게 진행되는 것일까?

다음은 우리 국회의 한 상임위원회 회의록에서 인용한 세 장면이다.

장면 1.

소위원장 000 : ……. ~에 관한 법률안 1건을 상정하겠습니다. 000 전문위원(여기의 전문위원이란 국회의원이 아니고 국회에 근무하는 공무원이다 - 필자 주) 보고해 주시기 바랍니다.

전문위원 000 : ……. ~에 관한 법률안, 개정안입니다……. 다음 2쪽 주요 내용은 생략하겠습니다. 3쪽입니다. 주요 심사 사항을 말씀드리겠습니다…….이상입니다.

소위원장 000 : 이것 다 00부랑 협의가 끝난 거예요?

전문위원 000 : 예, 협의가 다 끝난 겁니다.

소위원장 000 : 그러면 그대로 하면 되겠네.

……(중략)……

전문위원 000 : 이게 제정안이기 때문에 사실 축조 심사를 해야 되는데 이 부분은 어떻게 할까요?

소위원장 000 : 꼭 해야 돼요?

000 위원 : 축조 심사를 한 것으로 하면 되지요.

소위원장 000 : 축조 심사한 거라고 하지 뭐. 그렇게 해서 의결합니다.

장면 2.

소위원장 000 : 다음에 ……. 이상 5건을 일괄해서 상정합니다. 이것도 000 전문위원.

전문위원 000 : ~법률 개정안 5건에 대한 심사 자료를 보고 드리겠습니다.

먼저 000 의원안입니다······.

······(중략)······

000 의원안입니다······.

······(중략)······

정부안입니다.

······(중략) 이상입니다.

······(중략)······

00부차관 000 :······(중략)······

소위원장 000 : 전문위원, 어떻습니까?

전문위원 000 : 특별한 이견은 없습니다.

장면 3.

소위원장 000 :······.~이 두 건을 일괄해서 상정합니다. 전문위원 보고하

시지요.

전문위원 000 :······.주요 심사사항으로는······. 신설 여부를 판단해 주시

기 바랍니다. 그리고 신설할 경우에······. ~을 검토하셔야 될 것입니다.

······(중략)······

전문위원 000 :······(중략) ~이 개정안은 타당한 것으로 검토를 했습니다.

······(중략)······

소위원장 000 : 정부안이 타당하다?

전문위원 000 : 예, 그렇습니다.

도무지 누가 주(主)이고 누가 부(副)인지 알쏭달쏭, 알아낼 수가 없다.

물론 보는 사람의 시각과 관점에 따라 서로 상이한 주장과 논리가 존재할 수 있을 것이다. 그리고 위에 인용한 사례가 전체 상임위의 모습일 수는 없을 것이다. 하지만 이러한 모습은 여전히 흔하게 발견된다.

졸속입법으로 거센 비난을 받았던 이른바 '단통법'도 의원들의 심사는 단 두 번에 그쳤다. 그것도 철저히 통신사의 이익 보호에만 급급한 정부의 부탁에 의한 '청부입법'이었다.

'통법부', 행정부 예산안 99% 그대로 통과

국민들의 세금으로 이뤄지고 국가 살림의 중심인 예산에 대한 국회의 심의는 참으로 중요한 업무가 아닐 수 없다.

그러나 우리 국회의 '예결특위'에서는 해마다 '쪽지 예산'과 자기지역 예산 따내기만 성행한다. 우리나라 역대 국회의 행정부 예산안 수정은 겨우 1%에 그치고 있다. 99% 정부여당의 의도 그대로 통과되니, 이야 말로 '통법부'의 전형적 모습이다. 민의의 대표기관으로서의 국회의 존재 이유에 대한 부정이다.

더구나 그 속내를 살펴보면, 국회는 예산에 대한 감시를 '느슨히' 하는 대가로 정부로부터 1%의 예산을 받는다. 정부의 입장에서는 1%만 떼어주고 나머지 99%를 지켜낼 수 있으니 이보다 쉬운 거래가 따로 없다.

쪽지 예산, 철폐해야

예를 들어, 2014년도 예산안을 기준으로 국회 예결위원회가 감액한 3조 원 중 여당은 1조 6000억 원(55%), 야당은 1조 3000억 원(45%)을 나눠 가졌다. 즉, 겉으로만 보면 그리고 언론 보도로만 보면, 그토록 으르렁대기만 하던 여야가 사이좋게 그만큼의 증액 분을 챙겨간 것이다. 이는 다시 여야 예결위원들에게 배분된다. 각 위원들은 지역구 유지나 동료 의원들에게서 받은 예산 민원, 이른바 '쪽지 예산'을 슬쩍 끼워 넣기도 한다. 이렇게 하여 정부와 국회, 여당과 야당은 공생관계가 된다. 국민의 혈세가 이렇듯 허술한 과정을 거쳐 마치 '주인 없는 공돈'처럼 방만하게 사용되고 있다.

더구나 이 '쪽지 예산'은 계획성 없이 중구난방으로 결정된 것이 많아 대부분 사업타당성이 약하고 결국 집행조차 되지 않은 경우가 많다. 이는 국민의 혈세에 대한 범죄라 할 수 있다. '쪽지 예산'은 폐지되어야 하고, 공식적인 문서화 절차를 밟도록 해야 한다.

독립적인 회계감사원이 반드시 필요하다

독일에서 예산안은 매년 9월 1일 의회에 제출되어 연방의회의 제1독회를 거쳐 (정당 소속의 정책위원을 포함하여) 전문성을 갖춘 예산위원회의 심의만 꼬박 3개월이 소요된다. 그리고 최종적으로 본 회의에 회부되어 제2독회와 제3독회를 통해 의결된다. 미국, 프랑스 그리고 영국 등 다른 나라도 마찬가지로 기본적으로 최소한 3개월 이상의 심의 기간을 거치도록 되어 있다. 중요한 점은 이들 나라도 행정부가 예산안을 작성하기는 하지만, 반드시 회계감사원에 의한 사실상의 '사전 감사' 과정을 거쳐야 예산안이 작성될 수 있다는 사실이다. 그러므로 이러한 과정을 통하여 우리처럼 행정부가 독주하는 예산안이 아니라 의회와 회계감사원의 통제가 가능하게 된다.

결산 심사는 미국의 경우 별도의 심사제도가 없이 의회에 설치된 회계감사원에서 연중 상시적으로 실시하며, 프랑스나 독일 그리고 영국은 독립된 회계검사원의 회계감사 보고서를 제출받아 시행한다.

국가 예산은 국가 운영에서 가장 중요한 핵심적 사안이다. 이 중요한 예산 심의를 언제까지 지금처럼 비체계적이고 무책임하게 운용해야 하는 것인가?

그렇지 않아도 불경기에 지친 국민들의 허리띠를 졸라매 그 혈세로 어렵게 만들어진 국가 예산은 국가 발전과 국민 복리를 위하여 가장 소중하고 정확하게 적재적소에 사용되어야 한다. 그리고 이를 위해서는 회계감사원이 의회에 설치되거나 대통령 혹은 행정부로부터 독립적인 위상을 갖춰야 하며, 전문성을 보유한 예산위원회에서 충분한 기간을 두고 치밀한 심사를 거쳐야 할 것이다.

물론 결코 자랑스러울 수 없는 99% 통과율과 쪽지 예산부터 가장 먼저 사라져야 한다.

본업의 실종이야말로 현 국회 문제의 기원이다

우리가 전문위원 제도를 모방한 일본 국회에서도 정작 전문위원의 검토보고나 상임위원회에서의 전문위원 발언은 일체 찾아볼 수 없다. 순전히 우리가 '한국적으로 개조'한 것이다.

자신의 본업을 게을리 하는 그 어떠한 것도 결코 정상일 수 없고, 그로부터 모든 왜곡 현상이 배태되는 법이다.

이러한 치명적인 문제점의 개선을 위해서는 무엇보다도 의원들이 자신의 손으로 직접 '본업'인 입법의 전 과정을 실질적으로 챙겨야 하며, 따라서 현재 입법관료가 담당하고 있는 제반 입법 프로세스는 독일식의 정당 정책위원 제도와 미국식의 상임위 스태프의 정당 소속 시스템으로 대체되어야 할 것이다. 나아가 소선거구제의 중대선거구제로의 전환을 통하여 지역구 관리가 마치 의정활동의 전부인 것처럼 간주되는 본말전도의 악순환을 극복해나가야 한다.

정치가 바로서야 나라가 바로 선다.

국회의원 입법권의 원상 회복이 국회 정상화의 길이다

국회의 이러한 왜곡은 결국 현 국회 문제의 근본적 요인으로 작용하고 있다.

현재 국회의원들은 입법권이 형해화된 지 3,40년이 넘어가면서 그것이 마치 처음부터 자신이 하는 일이 아니었던 것처럼 간주하게 된 형국이다. 그리하여 이제 다시 입법의 전 과정을 본인에게 철저하게 수행하라고 하게 되면 귀찮고 힘들기 때문에 오히려 그 본연의 자기 업무를 자신의 업무로 간주하지 않으려 하는 상황이 되었다.

현재 의원들에 대한 '업무 평가'는 본연의 입법 업무의 수행으로 평가되지 않는다. 오직 당에 대한 충성도나 언론 노출도 등의 인기로 결정되며 또 그것은 그대로 차기 공천과 직결된다. 이 때문에 항상 당리당략을 앞세운 '반대를 위한 반대'와 몸싸움과 말싸움 그리고 '튀는 행동'으로 TV 언론에 얼굴 알리기에 몰두하게 된다. 결국 이러한 총체적 결과로 오늘의 국회의 무능과 왜곡이 초래되고 있다.

이렇게 하여 국회의원들은 정작 본연의 업무는 방기한 채 재선을 지상 목표로 설정하면서 오로지 지역구 사업 예산을 따내고 지역의 토건 사업을 유치하기 위하여 수단방법 가리지 않고 거꾸로 행정 관료에게 로비하면서 관료를 통제해야 할 의회 의원들이 오히려 관료의 하부 단위로 기능하고 있는 실정이다.

이러한 국회의 현 모습은 마치 학생이 자신의 본업인 수업도 듣지 않고 시험도 치르지 않으면서 대리 출석과 대리시험으로 때우는 꼴이며, 그러면서 학교 밖으로 나가 패싸움하고 연애하고 음주를 즐기고 있는 것과 마찬가지 모습이다. 초선 의원은 국회와 입법권이 본래부터 그러했으리라 여기고, 3,4선 정도 되면 거꾸로 된 이 사실을 알고 있기는 하지만 그렇다고 처음부터 다시 바꾸기에는 자신이 이미 온통 기득권이고 몸이 굼떠졌으며 연만(年晚)하시다.

만약 독일처럼 매주 입법과 정책 연구 조사에 힘을 쏟고 땀을 흘리면서 자신이 직접 입법 업무를 성실히 수행하게 된다면, 여야 공히 상대방 입장도 이해하게 되어 타협할 여지와 공간도 확대되고 그렇게 될 때 비로소 정치 풍토도 바뀔 수 있다.

자기 본업을 수행하지 않으면 필연적으로 스스로 끝없이 무능해지고 모든 일이 왜곡되는 것은 만사의 이치이다. 오늘 우리 한국 사회의 문제점 역시 모든 영역에서 자신의 임무를 정확하게 수행하지 않고 기본이 붕괴된 데 있다. 입법을 수행하고 감시하기 위하여 선출된 사람이 입법을 하지 않고 감시를 하지 않으면 그것은 곧 배임 행위에 해당된다. 지금 국회가 안고 있는 모든 문제의 근원은 바로 이 지점에 존재하고 있다고 할 수 있다. 한국 정당의 최대 취약점인 정책개발 능력 부재 역시 수백 명의 엘리트 정책전문위원의 정당 배치로 해결할 수 있다.

이제 국회의 입법권은 회복되어야 한다. 그것이 국회 정상화의 기본이며, 나아가 국가 정상화의 토대이다.

필자는 국회 전문위원의 검토보고 제도와 관련하여 신문에 기고를 한 바 있다. 이 글을 기고한 행위로 필자는 국회 사무처에 의하여 '품위 유지 위반'으로 징계위원회에 회부되었다.

〈경향신문 기고문〉 2012.2.27
국회의 현행 전문위원 검토보고제, 위헌 소지 크다
소준섭 국회도서관 조사관

선출되지 않은 관료에 의한 입법권 침해

얼마 전에 한 국회 전문위원이 직권을 남용하여 의원급 예우에 준하는 접대를 요구하는 등의 물의를 빚은 사건이 각 언론에 보도된 적이 있었다.

국회법 제58조제1항은 "위원회는 안건을 심사함에 있어서 먼저 그 취지의 설명과 전문위원의 검토보고를 듣고"라고 규정하고 있다.

일반인들은 국회 상임위원회에서의 검토보고를 당연히 국회의원이 그 책임 주체가 되어 수행할 것이라고 생각한다. 그러나 사실은 국회의원이 아니라 국회 소속 공무원이 검토보고의 '준비'와 그 '발언'까지 모두 수행한다. 실제 전문위원의 '검토보고'는 상임위원회에서 대다수의 경우 거의 그대로 통과되는 사실상의 '결정문'에 속한다. 따라서 행정부를 비롯한 각종 이익집단들은 필연적으로 국회 전문위원에게 로비를 집중하게 된다.

이렇듯 법안에 대한 검토보고를 그 법안을 제출한 국회의원이나 해당 상임위원장이 하지 않고 국회 공무원에게 '발언권'까지 부여하는 제도는 어느 나라 의회에서도 찾아볼 수 없다.

결국 "위원회는 안건을 심사함에 있어서 먼저 그 취지의 설명과 전문위원의 검토보고를 듣고"라고 규정하고 있는 현행 검토보고 제도는 '선출되지 않은'

국회 공무원에게 보조의 범주를 넘어 막강한 '입법 권한'을 제공하여 헌법이 국회의원에게 부여한 입법권을 심각하게 침해하고 있다는 점에서 위헌 소지가 매우 크다.

'전문위원 검토보고제'는 전두환 국보위 입법 폐단

'전문위원'의 검토보고 조항이 처음부터 존재한 것은 아니다. 원래 "위원회는 회부안건을 심사함에 있어서 먼저 그 취지의 설명을 듣고"라고 규정하고 있었을 뿐이다. 그런데 전두환의 정권 장악 후, 소위 국보위의 '선거법등 정치관계법 특별위원회'(조선일보 사장 방우영도 위원으로 참여하였다)가 1981년 1월 22일 회의에서 "위원회는 회부안건을 심사함에 있어서 먼저 그 취지의 설명과 전문위원의 검토보고를 듣고"라고 바꿔놓았다. 이는 '구 정치질서'를 극도로 혐오한 신군부 측의 국회 약화 시도에서 비롯되었다고 볼 수 있다.

국회를 무력화시키기 위하여 국보위가 개악한 조항이 지금까지 유지되고 있는 것은 우리 정치의 큰 수치이며, '국보위 입법'의 폐단을 시정하는 차원에서라도 반드시 폐지해야 한다.

〈경향신문〉 2012.6.3

국회, 경향신문에 기고한 소준섭 조사관 징계 추진

– 내부 비판자 보복인 듯

국회사무처가 '국회 전문위원 검토보고' 폐지를 언론기고를 통해 주장한 국회도서관 연구원의 징계를 추진 중인 것으로 3일 확인됐다. 사무처는 '품위 유지의무 위반'이라는 사유를 들고 있어, 내부 비판자 보복이라는 비판이 일고 있다.

국회사무처는 4일 징계위원회를 열어 국회도서관 소속 소준섭 조사관(사진)의 면직 등 징계방안을 논의할 것으로 전해졌다. 사무처는 소 조사관이 지난 2월27일 경향신문에 실은 '국회의 현행 전문위원 검토보고제, 위헌 소지 크다'라는 기고문 내용을 문제삼고 있다.

소 조사관은 기고에서 "(국회) 전문위원의 '검토보고'는 상임위원회에서 거의 그대로 통과되는 사실상 '결정문'에 속한다. 행정부를 비롯한 각종 이익집단들은 국회 전문위원에게 로비를 집중하게 된다"고 밝혔다. 이어 "국회 공무원에게 '입법 권한'을 제공하여 헌법이 국회의원에게 부여한 입법권을 침해하고 있다"고 '위헌' 가능성도 거론했다.

이 제도가 1981년 국보위(전두환 신군부의 임시행정기구)의 정치관계법 특별위원회에서 통과된 사실을 거론하면서 "국회를 무력화시키기 위하여 국보위가 개악한 조항이 지금까지 유지되는 것은 큰 수치다. 폐지해야 한다"고도 했다. 논란이 되자, 국회도서관장은 3월22일 소 조사관 징계의뢰서를 사무처에 제출했다.

이 징계 자체가 규정 위반이라는 지적도 있다. '징계소청 및 고충처리 규정'은 '징계에 대한 의결은 요구일로부터 30일 내에 하도록 돼 있으며 부득이한 경우에 한해 30일을 연장할 수 있도록 돼 있다'고 했다. '부득이한 사유'가 있다 하더라도 징계시한은 5월 22일로 끝난 것이 된다.

소 조사관은 전화통화에서 "충정에서 문제를 제기한 것인데, (사무처는) 기득권이 침해당하는 것으로 보고 싹을 없애려고 한다"고 했다.

〈미디어오늘〉 2012.6.4

신문 기고했다고 징계? 국회도서관 내부비판 탄압 논란

"전문위원은 전두환 때 만든 로비 창구" 비판에 징계위 회부, 결국 없던 일로… "반대로 처벌해야" 비판도

현행 제도상 국회 공무원이 국회의원의 입법권한을 침해하고 있다는 한 국회 공무원 직원에 대해 국회가 징계위에 회부해 내부비판에 대한 탄압이 아니냐는 비판이 제기되고 있다.

국회 중앙징계위원회(위원장 윤원중 사무총장)는 4일 징계위원회를 열어 지난 2월 27일 경향신문에 〈국회 전문위원 검토보고제, 위헌 소지〉라는 글을 기고한 소준섭 국회도서관 국제조사관(별정직 5급)에 대해 '품위유지 의무를 위반(국가공무원법상 제63조)', '체면 및 위신을 손상하는 행위(제78조 1항 1호 및 3호)' 등의 이유로 징계위에 회부했지만 불문에 부친다고 결정했다.

소 조사관은 미디어오늘과 인터뷰에서 "공무원이 제도 개선을 위해 의견을 제출한 것에 징계를 내리는 것은 어이가 없다"고 비판했다.

징계위원회는 특히 소 조사관의 변호사 입회도 거부했다고 소 조사관은 전했다. 이에 소 조사관은 미리 준비한 최후진술문만 징계위에 제출하고 징계위 참석을 거부했다.

국회 사무처 관계자는 변호사 대동을 거부한 이유를 알려달라는 기자에 대해 "내부 징계인데 기사 거리가 되느냐"며 답변을 거부했다. 징계 사유 등에 대

해서도 "내부 절차에 대해 비밀을 유지할 의무가 있어 확인해줄 수 없다"고 답을 꺼렸다.

소 조사관은 최후진술문에서 '민주주의의 길을 일관되게 걷도록 해줘서 영광입니다'에서 "기고문 발표 후 어느 누구로부터 문제제기나 토론제의를 들은 바 없다. 어느 날 느닷없이 징계요구서, 출석통지서만 받았다"며 "이런 처사야말로 저를 전혀 구성원으로 생각하지 않고 오로지 척결대상으로만 본 것이 아닌가 생각한다"고 진술했다.

그는 이어 "기고문에 대한 오독과 허위 보고에 토대해 진행된 징계는 거꾸로 엉뚱한 죄목을 씌운 무책임하고 권력을 남용한 관련자들에게 내려져야 한다"며 "표현의 자유가 심각하게 훼손되고 있는 오늘…민주주의 발전을 위해 살아온 저로서는 민주주의를 위한 실천을 일관되게 계속하고 있다는 자부심에서 대단한 영광으로 생각한다"고 진술했다.

소 조사관을 돕고 있는 호루라기재단 엄주웅 상임이사는 "국회 사무처는 치외법권 지역"이라며 "기사 거리가 되느냐고 하는데 내가 보기에는 언론 기고와 내부 비판이 징계 거리가 되는지 의문"이라고 지적했다.

국회 사무처 노동조합 게시판에는 소 조사관의 기고문이 모두 사실과 일치하며, 오히려 무리한 징계를 추진한 관련자를 문책해야 한다는 의견이 올라오고 있다. 아이디 '구경꾼'은 "징계는커녕, 오히려 저번에 유야무야 넘어갔던 ○○사건이 재조명되면서 검토보고제도 자체에 손질을 피할 수 없을 것 같네요"라고 했고, 'ㅎㅎㅎ'는 "전문위원들, 이번에 홀딱 벗겨지겠는데…"라고 썼다.

한편, 소준섭 조사관은 당시 기고문에서 입법 과정에서 필수적인 '검토보고'가 전문위원에 의해 수행되며, 이것이 상임위원회에서 거의 그대로 통과되는 사실상의 '결정문'에 속한다고 지적한 바 있다. 그는 이어 이 때문에 행정부를 비롯한 각종 이익집단들은 필연적으로 국회 전문위원에게 로비를 집중하게 된다고 지적했다.

소 조사관은 현 검토보고 제도가 1981년 전두환 정권의 국회 약화 시도에서 비롯됐다며 "'선출되지 않은' 국회 공무원에게 보조의 범주를 넘어 막강한 '입법 권한'을 제공하여 헌법이 국회의원에게 부여한 입법권을 심각하게 침해하고 있다는 점에서 위헌 소지가 매우 크다"고 밝혔다. 그는 이런 조항을 폐지해야 한다고 강조했다.

(기사 수정. 6월5일 오후 10시45분. 소준섭 조사관은 5일 오후 국회 사무처가 자신의 징계를 불문에 부치며 없던 일로 하겠다고 통보한 사실을 전해왔습니다. 소 조사관의 징계가 불문 경고라고 명시했던 문단을 일부 수정합니다.— 편집자 주)

새로운 각도에서 본 국회 발전 방안

정책정당으로의 '새로운' 길

현대 사회가 다원화되고 복잡해지면서 국회가 직접 다루기 까다로운 미묘한 사안들이 증가하게 된다. 반면 거의 모든 정책 사안에 있어서 주권자의 요구가 비등해진다. 분명한 사실은 이러한 위기 상황에서도 오직 재선을 지상 목표로 할 수밖에 없는 각 정당과 의회 구성원들은 문제 자체의 해결보다는 표를 의식하는 '연기(演技) 정치'에 골몰하고 있을 뿐이라는 점이다. 이렇게 하여 기존 대의민주주의 시스템은 대중적 요구를 반영하지 못하고 유리된 채 무력함만을 드러내고 있다.

대의민주주의 시스템이 드러내고 있는 이러한 취약점을 해결하기 위해서는 두 가지 요법이 제시되고 있다.[11]

첫째 방안은 국회의 정책기능을 대폭 강화하는 것이다. 시민사회의 영역이 확대되고 기존에 존재하지 않았던 새로운 문제들이 양산되는 상황에 대하여 대의기구가 정확하게 대응해야 하기 때문이다. 이를 위하여 국회 내에 정책을 전문적으로 분석하고 입안하는 정책 전문 조직의 대폭 강화가 주장되고 있다.

둘째 방안은 대의민주주의를 체제적으로 보완하는 것으로써 시민의회 방안이 모색되고 있다. 다만 이 방안은 주요 공공의제를 심의하는 시민심의 기구 설치를 핵심 내용으로 하고 있으나, 아직 학술적인 차원에서 검토되는 수준에 머물고 있다고 평가된다.

---

11   이와 관련해서는 김상준, "헌법과 시민의회", 《헌법 다시보기》, 창비, 2007년과 오현철, "국민주권과 시민의회", 《헌법 다시보기》, 창비, 2007년을 참조할 것.

닭과 달걀, 모두 필요하다

사람들은 입만 열면 모두 국회의원을 비난한다. 당리당략에 매몰되고 군림하려는 자세와 의식이 항상 도마 위에 오른다. 그러나 이렇게 비난한 지 수십 년이 되어가지만 변화가 없다. 그런데 루소가 이미 매우 적절하게 말했듯이 "좋은 제도가 좋은 미덕을 만드는 법이다."

아무리 국회의원들의 의식과 자세를 고치라고 주문하고 호통을 쳐봐도 그 악습들이 쉽사리 고쳐지기 어렵다. 공천제도 개선, 비례대표제와 결선투표 도입, 중대선거구 도입 등등 여러 측면에서 여전히 낙후되고 효율적이지 못한 우리 국회의 개혁을 위한 제도적 개선책과 보완책은 그간 수없이 제기되었다. 그럼에도 불구하고 아무 곳에서도 진전된 모습은 나타나지 못하고 있다.

여기에서는 각도를 달리하여 국회의원에 대한 입법지원 시스템의 강화에 의한 국회 제도의 개혁을 제안하고자 한다. 물론 국회의원이 먼저 변하지 않고서는 다른 어떤 것도 필요가 없다는 반론이 여전히 대세를 점한다. 흔히 사람들이 "닭과 달걀 중 어떤 것이 먼저인가?"라고 묻는 것은 결국 그 어떠한 일도 별무신통이고, 따라서 구태여 해볼 필요가 없다는 주장으로 대부분 연결된다. 이 문제 역시 마찬가지이다.

하지만 닭과 달걀 중 무엇이 먼저인가라는 문제는 사람들이 생각하는 것보다 사실 그다지 중요하지 않다. 정작 가장 중요한 사실은 닭과 달걀 모두 존재해야 한다는 점이다. 닭과 달걀 중 어느 것이 먼저인가라는 논리에 의하여 반드시 어떤 한 문제가 먼저 해결되어야만 또 다른 한 문제가 해결되어야 한다고 주장하는 것은 으레 아무 일도 하지 못하는 결과로 이어질 뿐이다.

미국 의회와 독일 의회의 특성

미국 의회는 우리의 국회와 달리 의원 개개인이 소속 정당에 대하여 상대적으로 독립성을 가지고 자신의 선거구민에 대한 대응성(對應性)을 주요한 고려 대상으로 설정하는 조직이다. 반면 국회의원에 대한 정당의 영향력은 미미하다. 즉, 미국 의회는 개별의원 중심으로 운영되어 정당 간 경쟁과 갈등이 많지 않다. 따라서 미국식 의회시스템은 의원 개개인의 자율성을 강화하고 이들의 전문성을 제고하려는 방식을 취한다.

이와 달리 독일의 경우에는 의원들의 국회 진출이 정당에 의해 좌우되며, 정당 간에는 거의 모든 정책에 있어 대립한다. 의원들도 소속 정당의 정책에 순응하며, 당론에 배치되는 발언을 하기 어렵다. 연방의회의 운영은 정당에 의해 좌우되는데, 이 정당은 계층제적 통제 중심으로 되어 있다. 이러한 구조에서 독일 정당의 정책 전문성은 주로 정당의 전문성에서 좌우된다. 이렇게 하여 자연히 정당의 전문성을 제고하는 논의들이 중요하게 되고, 이에 따라 교섭단체 정책연구위원들의 역할이 대단히 활성화되고 있다.

독일의 입법과정은 정당을 통하여 매개되며, 의회의 정책결정은 정당에 의하여 주도되고 있다. 그러나 사안마다 의원총회를 소집 운영하기에는 시간과 노력이 너무 많이 들고 또 참여 의원이 많으면 심도 있는 논의가 될 수 없다.

이에 대한 개선책으로 독일 의회는 입법 활동과 정책전문성을 실질적으로 지원할 수 있는 시스템을 발전시켜 왔다. 즉, 위원회에서 정당 간에 협상을 하기 전에 각 정당이 상임위원회별로 특정 주제에 대하여 깊이 있는 토론과 연구의 진행을 통하여 전문성을 높이는 시스템을 운영하고 있는 것이다.

이를 위하여 독일 의회는 각 정당 내 상임위원회마다 소그룹이 운영되고 여기에 각 정당의 정책연구위원들이 매주 화요일마다 만나서 짧게는 6주에서 길게는 6개월에 걸쳐 상임위 의제를 사전에 토론하고 조율하기 때문에 의원 개개인의 전문성도 향상되고 각 정당의 전문성도 당연히 증대되며 이는 의회의 전문성 제고로 이어진다. 소그룹에서 채택된 사항은 대부분 그대로 정당 전체의 견해로 채택된다.

미국과 독일 의회 상임위원회 지원조직 모델

미국 의회에서 상임위원회 입법지원 조직으로서의 전문 인력은 18명의 전문위원을 포함하여 위원회당 평균 68명인데, 다수당과 소수당이 소속 의원 수에 비례하여 인원을 배정받고 소수당은 최소 1/3을 요구할 수 있도록 하였다.

한편 독일 의회의 경우 상임위원회 입법지원 조직은 주로 교섭단체 정책위원에 의하여 운영되고 있어 그 총수는 2004년 현재 837명에 이르고 있다. 이 837명 중에는 행정인력, 기술인력 등이 포함되어 있는데, 정책전문가와 비정책전문가 비율은 4 : 6 정도이다.

참고로 독일 의회의 의원 정수는 598명이다. 교섭단체 정책연구위원은 연방의회 소속 직원에 포함되는데, 이들의 채용, 계약, 보수는 교섭단체가 관할하며, 인원 배정은 교섭단체별 의원 숫자에 의해 결정된다. 이와는 별도로 각 위원회에는 우리나라의 4,5급 상당 행정지원팀 공무원이 있는데, 위원회당 약 5명에 불과하다.

국회 상임위 전문위원을 정당에 소속시켜야

상임위원회는 정당 간 정책경쟁의 장(場)으로서 상임위를 지원하는 입법조직 역시 정당의 개입은 자연스럽고 필연적이다. 그리하여 상임위원회를 지원하는 전문가조직은 미국식처럼 정당 소속이거나 독일식처럼 교섭단체 정책연구위원이 중심이 될 수밖에 없다.

현재 우리 국회의 상임위원회 전문위원 제도는 임시미봉책에 불과하다. 이로 인하여 현재의 전문위원은 정책전문가로 보기 어려움에도 불구하고 결국 행정 지원관료가 위원회를 장악하는 결과를 초래하였다.

이제 발상을 전환해 보자. 이제 각 정당에 전문위원들을 소속시키는 방안을 모색할 시기가 되었다고 본다. 그리하여 총 200명 정도의 정책전문위원을 각 정당에 소속시켜 위원회에 대한 지원을 담당하게 하는 방안이 적극 모색되어야 한다. 이렇게 함으로써 각 정당은 국회에서 예산이 지출되는 100명 내외의 정책전문가를 보유하게 된다.

이러한 방안은 상임위원회의 활동을 활성화하는 방안일 뿐 아니라 정당의 정책 전문성을 강화하여 정책정당으로 가는 실질적인 방법이며,[12] 이는 나아가 의회의 전문성 제고로 이어짐으로써 결국 이 땅의 의회민주주의 발전으로 연결될 수 있다.

현재 우리나라의 정책은 주로 공무원 조직이나 정당으로부터 생산된다. 하지만 이들 그룹은 많은 경우 '전문성'을 결여하고 있을 뿐만 아니라 '공공성(公共性) 실현의 의지'라는 차원에서도 심각한 결함이 존재한다. 그리고 이는 우리 사회의 효율적인 전진을 가로막는 주요한 요인으

---

12 예를 들어, 최장집 교수는 언제나 '좋은 정당 만들기'를 주장하는데, 국회 전문위원의 정당 배치라는 방안이야말로 좋은 정당을 만드는 제도적 보장이라고 할 것이다.

로 작동하고 있다. 특히 갈수록 정부입법이 증가하고 있는 가운데 사실상 행정부 관료들이 국회 입법 검토보고서 내용의 많은 부분을 작성하는 상황은 행정부 관료의 이익이 그대로 관철되게 함으로써 결국 관료 집단의 힘을 더욱 증대시키는 결과를 초래하고 있다. 수많은 협회 설립 관련 입법이 이러한 과정을 통하여 이뤄졌고, 그 결과 이른바 '관피아'가 광범하게 팽창하게 되었던 것은 이를 잘 반증한다.

사실 정부입법은 관료의 파워를 이루는 한 축이다. 미국의 경우 행정부가 법안제출권을 갖고 있지 않다. 그러나 한국은 다르다. 19대 국회에서만 정부는 564건의 법률 개정안을 발의하여 262건(46.4%)을 가결했다. 정부가 낸 법안 2건 중 1건은 시행되고 있는 셈이다. 5%인 의원입법 가결비율(19대 국회 8837건 중 447건)에 비하면 압도적이다. 통계에 잡히지 않지만 정부가 개정안을 특정 의원에게 맡겨 처리하는 '우회입법'도 빈번하다. 여기에 입법부의 견제가 미치지 않는 정부의 고유권한, 즉 시행령이나 시행규칙을 통해 인허가권을 행사하면서 규제를 양산하고 있다.

정책의 입안을 누가 담당하느냐의 문제는 실로 나라와 민족의 미래가 달려 있는 핵심적인 문제로서 향후 이를 담당할 전문가 그룹을 어떻게 형성해내는가의 방안 도출에 심혈을 기울여야 할 것이다.

본래 정당이란 국가의 좋은 정책을 생산하는 기능을 수행해야만 한다. 하지만 현존하는 정당들은 이 점에서 턱없이 부족하다.

만약 국회에 수백 명의 '명실상부한' 정책 전문위원이 정확히 배치되어 활동할 수 있게 된다면, 우리 사회에 매우 필요한 정책엘리트 그룹이 형성되는 것으로서 국가 정책의 입안과 논의 그리고 결정에 있어 중요한 의미를 지닌다.

좋은 미덕이 좋은 제도를 만드는 것이 아니라, 좋은 제도가 좋은 미덕을 만드는 것이다.

한편 우리 국회에도 위원회 공무원과 별도로 이른바 교섭단체 정책연구위원이라는 제도가 있다. 각 교섭단체별로 의석수에 따라 배분되는데, 급여는 국회 예산에서 지급되고 국회 사무처 소속으로 별정직 공무원의 신분이다. 2011년 현재 총 인원은 67인이다.

그러나 현재의 교섭단체 정책연구위원은 당파성과 당에 대한 충성심에 비하여 전문성이 검증되지 않고 있는 요인으로 인하여 정책과 관련한 전문성보다는 상당수가 기본적인 자격에 있어서 부족한 상황이다. 그리고 이에 따라 실질적인 기능도 대단히 취약성을 노출시켜 개별 정당의 운영을 지원하는 데 치우치고 있다는 문제점을 드러내고 있다.

실제로 교섭단체 정책연구위원을 당 관료가 형식적으로 맡으면서 당료의 임금보전책으로 활용되고 있는 경우가 많다. 실제로 2003년의 경우, 32명의 교섭단체 정책위원 중 25명이 당료 출신이었고, 6명이 국회 공무원 출신이었다.

국회의원은 '정책전문가'라기보다 '시민 대표'

사실 국회의원이 정책전문성이 없다고 비난하는 것은 일견 타당성이 있어 보이지만 그렇다고 완전히 타당한 주장도 아니다.

국민들이 국회의원을 선출할 때 "전문성이 있다"는 '전문가적 특성'을 보고 선출한 것이 아니라 그 사람이 "자신들을 잘 대변해줄 것으로 판단"하여 자신들의 대표로 선출한 것이다. 즉, 유권자들은 '정책전문가'로서의 국회의원을 선출한 것이 아니라 자신들의 '대표'로서의 국회의원을 선출한 것이다. 그리고 그 대표들을 도와 정책과 전문성의 분야를 높여주는 제도적 장치가 바로 입법지원 기구이다.

다시 말하면, 입법지원 기구란 '국회의원의 입법 활동을 지원함으로써 의회의 전문성을 확보하여 의회가 제 기능을 수행할 수 있도록 마련된 제도적 장치'라고 규정될 수 있다.

의회가 행정부를 감시하고 통제하기 위해서 의회는 행정부에 비견되는 전문성을 갖추고 있어야 한다. 따라서 의회의 전문성 확보는 곧 의회의 기능 회복과 직결된 문제이다. 의회 정책 전문위원을 제도적으로 대폭 보강하여 명실상부한 정책정당이 만들어지고 정당 소속 의원들이 그 정책 전문위원들과의 상시적인 접촉을 통하여 정책토론을 할 수 있도록 제도적으로 보완해 주는 방법이 의회의 원칙에도 부합한다.

이러한 방안이 그저 "국회의원들의 의식을 바꾸라!"면서 비난과 매도만 하는 것보다 훨씬 실효성이 있는 방안이라고 확신한다.

의회와 행정입법 통제

'세월호 특별법'의 정부 시행령이 '세월호 특별법'에 저촉된다는 지적에 따라 국회법 개정이 이뤄지면서 이에 대한 위헌논란이 불거지고 대통령의 거부권이 행사되었다.

그러나 한 마디로 말하자면, 문제가 된 국회법 개정안은 위헌이 될 수 없다. 오히려 법률의 취지나 내용에 따르지 않은 시행령, 즉 행정명령이야말로 위헌이고 위법하다고 할 것이다. 해당 국회법 개정안은 행정부의 행정명령 제정권을 침해하지 않는다. 행정명령 제정권이란 국회의 입법권과 대등하게 볼 수 있는 행정부의 고유권한이 아니다. 헌법 제75조는 대통령령과 같은 행정명령이 '법률에서 구체적으로 범위를 정하여 위임받은 사항'에 대해 제정될 것을 요구하고 있다. 따라서 행정부의 행정명령 제정권은 국회가 법률에 의해 위임할 때 위임해 준 범위 내에서만 성립하는 '파생적 권한'에 불과하다.

따라서 해당 국회법 개정안은 위헌이 아니라 오히려 '행정명령에 의한 지배'에서 '법에 의한 지배'를 회복시키는 '법치주의의 회복' 과정으로 평가되어야 마땅할 것이다.

본래 근대 법치국가에서 국민의 권리와 의무에 관한 규정은 국민이 선출한 의회에서 법률 형식으로 입법하도록 요구되었으나, 시간이 흐르면서 행정부에게도 입법권을 위임하여 행정부의 입법권을 현실적으로 인정하기에 이르렀다. 이를 행정입법이라 칭하는데, 각국은 이 행정입법에 대한 통제 장치를 마련하고 있다.

독일은 과거 바이마르 헌법의 위임입법 조항을 통하여 히틀러에게 독재의 길을 열어준 악몽에 대한 반성으로 제2차 대전 이후 제정된 기본법에서 상당히 엄격한 위임입법 조항을 설치하였다.

독일기본법 제80조 제1항은 "법률에 의하여, 연방정부, 연방장관 및 주정부는 법규명령을 발하는 권한이 부여된다. 이 경우, 부여되는 권한의 내용, 목적 및 정도는 법률에 규정되어야 한다. 명령에는 그 법적 근거가 제시되어야 하며, 법률이 권한을 다시금 양도할 수 있음을 규정하는 경우에는 권한의 양도에 법규명령을 필요로 한다."고 규정하고 있다. 이 위임의 조건(명확성의 원칙)은 너무 엄격하여 실질적으로 위임금지

원칙을 채택하는 것과 다름없다. 독일 대다수 학설은 원칙적으로 외부 법규로서의 행정입법은 독일기본법 제80조의 한계 안에서만 존재하며, 명시적 수권이 없는 외부법규로서의 행정입법은 허용될 수 없다고 보고 있다. 독일의 행정입법에 대한 통제의 수단으로는 동의권유보와 변경권유보 그리고 취소권유보가 있다.

먼저 동의권유보란 법규명령의 제정 전에 연방의회의 동의가 필요하다는 의미이다. 동의권유보는 명시적으로 의회가 결의의 형식으로서의 동의가 필요한 것과 일정 기간이 경과한 뒤에는 동의를 받은 것으로 의제되는 것으로 나뉜다. 독일 행정입법의 약 40%가 의회의 동의를 거쳐 처리되고 있다. 의회가 동의를 거부하면 행정입법의 제정절차는 종결된다. 우리나라도 2000년에 현행 국회법 제98조의 2의 도입 시에 동의권유보가 검토된 바 있지만 행정부 반대로 현재와 같은 약한 형태의 행정입법의 국회 제출 및 위법통보 제도만 도입되었다.

다음으로 변경권유보란 연방 의회가 법규명령이 제정된 뒤에 그 변경을 법규명령 제정자에게 요구할 수 있는 권한이다. 이 제도는 독일 의회에서만 인정되는 통제수단으로서 의회 스스로가 단순한 거부로 문제해결을 지연시키기보다 행정입법에 대한 행정부와 의회가 같이 행정입법 제정에 참여하게 된다는데 의미가 있다. 마지막으로 취소권유보는 법규명령이 제정된 뒤에 연방의회가 그것을 취소할 수 있거나 그 취소를 법규명령 제정자에게 요구할 수 있는 것을 말한다.

한편 미국 헌법은 제헌 때부터 '의회에 의한 입법권의 위임금지 원칙'을 채택하였으며, 성문헌법상 현재까지도 이 원칙을 유지하고 있다. 다만 위임입법이 불가피한 현실로 등장함에 따라 「행정절차법」을 제정하여 새로운 시대에 대처하고 있다. 그리고 이러한 행정입법에 대하여 미국 연방의회는 행정입법이나 명령을 거부하는 '입법적 거부'가 차다 (Chada) 판결을 거쳐 논란이 발생한 뒤인 1996년에 '행정입법 의회심사 제도'를 도입해 시행해 오고 있다.

이에 따라 연방정부는 행정입법이 발효하기 60일 전에 연방의회와 연방의회 산하 GAO(의회 회계감사원)에 행정입법안을 제출하고 회계감사원이 연방의회에 검토보고서를 제출한 후, 상하 양원의 의결로 행정입법에 대한 합동불승인 결의를 할 수 있으며 이를 대통령에게 송부해 서명까지 받도록 하고 있다. 즉, 양원의 행정입법에 대한 합동불승인 결의로 행정입법에 대한 강제력을 지닌 강력한 통제권을 행사하고 있다.

'-함', '-음'의 관료사회 보고서는
일제 잔재이다

필자가 공무원 사회에 근무하자마자 매우 의아스럽게 생각한 것은 바로 공무원 사회의 모든 보고서가 '-함'이나 '-음'으로 글을 끝맺음하는 문장 형태라는 사실이었다. 그 뒤 필자는 틈이 나는 대로 이와 관련된 문제를 관찰하고 연구하였다(물론 기존에 이 문제와 관련된 선행 연구나 조사는 전혀 부재 상태였으므로 모든 과정은 필자 혼자서 해야 했다. 따라서 여기에 기술하는 분석이나 판단 역시 당연히 필자 개인의 견해이다).

공무원들의 '개조식' 보고서, 일제 잔재로서 권위주의 사회의 토대

우리나라 공무원들이 각종 보고서로 작성할 때 거의 100% '-함'이나 '-음' 또는 '-임'으로 문장을 끝맺음하는 형태를 취한다. '-다'로 문장을 끝맺는 일반적인 서술식 문장이 아니라 이른바 '개조식' 문장이다.

이러한 '개조식' 문장 방식은 일반적으로 문장을 짧게 끝내고 요점만 알기 쉽게 전달할 수 있다고 이해되면서 공직 사회의 공문서는 물론 기업의 보고서에도 보편적으로 사용되고 있다.

필자는 이러한 '개조식' 문장 구조가 우리 사회 관료집단의 권위주의적이고 무책임성을 증폭시키는 데 중요한 요인 중의 하나로 작동되어 왔다고 생각한다.

글이란 어떤 형식과 틀에 의하여 쓰느냐에 따라 그 내용 또한 상이하게 되며, 동시에 쓰는 사람과 읽는 사람의 자세와 태도 역시 달라지게 된다. 관행화된 특정의 문장 형태는 그에 따른 관행화된 특정의 문화와 의식구조를 만들어낸다. 또한 그것을 어떤 집단에서 장기적으로 사용하면 할수록 특수한 집단 문화를 만들어내고 그 자체로 집단에 속하는 구성원의 의식도 총체적으로 지배하게 된다. 즉, 문장의 형식은 내용을 규정하며 나아가 글쓴이와 읽는 사람의 생각마저 규정한다. 이렇게 하여 우리 사회에서 보편적으로 사용되고 있는 이 '개조식' 문장은 결국 관료집단 및 기업의 뿌리 깊은 권위주의 문화와 무책임성의 의식구조를 만들어낸 중요한 토대로 작동해왔다.

'-함', '-음' 문장은 일제 잔재

그런데 '-함', '-음', '-임'으로 문장을 끝맺는 형태의 문장은 일제 강점기를 전후로 하여 우리나라에 이식, 강요되었다.

일본 메이지(明治) 시대에 「대일본제국 헌법」을 비롯하여 '권위가 요구되는' 법령의 문장이나 교과서 등에서 이른바 '문어(文語)'가 사용되었다. 그리고 이러한 일본의 '문어' 문장들은 이를테면 "천황은 육해군을 통수함(天皇ハ陸海軍ヲ統帥ス, 「대일본제국헌법」 제11조)"이나 "규정에 따라 청원을 행할 수 있음(規程ニ從ヒ請願ヲ為スコトヲ得, 「대일본제국헌법」 제30

조)" 등으로 끝을 맺고 있었다. 우리식으로 말하면 '-다'를 생략하고 '-함', '-음'으로 문장을 맺는 형태이다.

일본에서도 사라진 천황 시대의 권위적 유산 '문어(文語)'

반면에 우리나라 구한말 시기의 문서를 살펴보면, 순한문 문장의 시기를 지나 한글이 사용되던 초기에는 거의 모든 글이 '-하니라'로 끝맺음을 하고 있었다. 그러다가 이후 일본의 법률이나 교과서 등 서적을 그대로 직역하면서 일본 문장을 그대로 모방하게 되었고, 이에 따라 이를테면 우리의 산학(算學: 수학) 교과서 등에도 '-함'이라는 글자가 처음으로 나타나기 시작하였다.

공문서의 경우에도 일본의 공문서 제도를 그대로 도입하였고, '-함'으로 끝맺음하는 일본 공문서 양식이 그대로 자리 잡게 되었다. 그리고 당시 내각을 비롯한 각급 기관에서 공문서를 작성할 때 일본인 고문이 모든 문서를 검토하고 결재하도록 하였다. 심지어 그 일본인 고문 중에는 일본 포병 소좌도 있었다.

그러나 정작 일본에서도 '-함', '-음'으로 끝맺음하는 이러한 문장 방식은 1945년 일본의 패망과 함께 법률만이 아니라 공문서에서도 완전히 폐지되어 현재 전혀 사용되지 않고 있다.

'-함', '-음'으로 끝맺는 보고서 문화,
권위주의와 책임소재 실종 초래

'-함', '-음', '-임' 등으로 끝맺는 문장 방식은 우선 우리 국어의 온전한 문장 구성을 저해하고 기형화시킴으로써 우리 국어의 건전한 발전을 가로막는 역기능을 한다. 또한 이러한 개조식 문장은 작위적으로 글을 '강제' 완료시키면서 오히려 글이 번잡해지거나 비문(非文)이 출현하고 의미 전달도 잘 되지 않은 경우가 허다하다.

본래 명사화소(명사형 어미) '-(으)ㅁ'은 '확정성'이나 '결정성'의 특성을 지니고 있으며, 특히 문장 마지막에서 '-함'이나 '-음'으로 끝내는 문장의 경우 이러한 경향성은 더욱 강화된다. 특히 '-함'이나 '-음' 혹은 '-임'으로 끝나는 문장 방식은 정상적으로 글을 완료하지 않고 스스로 서둘러 결론을 내려 끝을 맺음으로써 읽는 사람과의 대화와 소통을 지향하는 대신 일방적으로 명령자 혹은 규정자 입장의 권위주의적 특성이 두드러지게 나타나게 한다.

또한 이러한 개조식 문장은 대부분의 경우 주어가 생략된 채 전개됨으로써 글의 내용이 과연 글쓴이의 주장인지 아니면 타인의 주장을 인용한 것인지 애매하게 얼버무리기에 부합하는 문장 구성이기 때문에 결국 보고서 작성자의 책임 소재가 실종된다.

마지막으로 이 개조식 문장은 정식으로 주석을 표시하지 않은 채 타인의 주장과 논리를 무단으로 사용하는 경우가 많아 표절에 둔감한 사회를 조장시키게 된다.

문체(文體) 개혁 운동이 필요하다

이제 문장 혹은 문체(文體) 개혁이 실천되어야 한다. 이 역시 국가 기본의 재구축을 위한 일환이다. 그리하여 일제 잔재로서 우리 사회 구성원 간의 소통을 단절시키고 권위주의와 무책임성을 초래하는 '-함'과 '-음' 방식의 개조식 문장을 지양하고 '-다'로 끝나는 서술식 문장으로 전환해야 한다. 특히 공직사회의 '개조식 보고서' 형식은 하루바삐 개혁되어야 한다.

모르는 것이 반드시 나쁜 것만은 아니다. 아는 것을 안다고 하고 모르는 것은 모른다고 하는 것이 진정 아는 것이다.

그러나 가장 나쁜 것은 바로 알면서도 이를 고치지 않는 것이다.

4장

다시 새로운
시작을 위하여

정치가 살아야 나라가 산다

희망은 어떻게 만들 수 있는가?

　민주주의의 강력한 무기는 건강한 야당의 존재에 있다. 이 땅의 정치를 바꾸고 국민들을 지킬 수 있는 가장 유효한 수단은 바로 좋은 야당을 장군으로 세우는 것이다.

　그러나 우리의 야당은 모든 문제를 정쟁화하고 희화화한 채 편을 갈라 오로지 자기 진영의 소수 매니아들을 선동하고 뭉치게 하는 재주와 능력의 면에서는 참으로 탁월하였다. 하지만 정작 근본적인 문제는 회피하였다. 세월호 문제만 해도 야당 의원 전원이 의원직 사퇴라는 카드를 걸고 투쟁했어야 했다. 그러나 야당은 한 번도 승부다운 승부를 펼친 적이 없었다. 현실에 안주하면서 그저 체면치레, 보여주기 쇼가 주류로 되었다. 언제나 들고 나오는 것은 피해자 코스프레다. 하지만 분명하게 짚고 넘어갈 사실이 있다. 다름이 아니라 본인들이 집권을 하고 번듯한 스펙을 쌓는 과정에서 피해자가 아니라 가해자의 위치에 있었을 가능성을 인정해야 한다는 점이다.

국민의 대표가 아니라 자기들만의 대표로 된 야당

지난 월드컵축구에서 대한민국 대표팀은 '의리 축구'만을 내세운 선수 선발과 전략 부재의 졸전만 벌인 끝에 국민에게 커다란 좌절과 실망을 안긴 채 지탄을 받았다. 그래도 축구 대표팀은 이렇게 성적이 나쁘고 지탄을 받게 되면 반드시 선수도 다시 선발하고 감독도 다른 인물로 바꾼다.

그런데 우리의 야당은 수없이 패하고 그토록 국민의 지탄을 받았건만 그 밥에 그 나물 요지부동이다. 일이관지(一以貫之), 자기들의 관행대로 '의리'로 뭉쳐 공천하고 또 비례대표를 선발한다. 국민의 대표가 아니라 자기들끼리, 자기들이 선출한, 자기들만의 대표일 뿐이다. 국민에게는 오직 찬반 투표밖에 남은 게 없다.

대한민국의 양궁 대표팀은 30년 동안 정상을 지키고 있다. 물론 비리사건이 전혀 없었다고 할 수는 없지만 이를 극복해내면서 커다란 잡음이 없었다. 대표 선수도 실력으로만 선발하고, 신인 발굴에도 열성이다. 로비를 할 공간이 거의 없고, 지방에서도 선발대회를 개최하여 형평성을 고려한다. 지난 올림픽을 비롯해 금메달을 휩쓸었던 양궁 스타 기보배 선수도 아세안게임 국내 대표선발에서 탈락했지만, TV 해설자로 나서 애정 어린 해설을 차분하게 진행하였다. '서부활극' 같은 것도 없었다.

국민은 패했지만 야당은 패하지 않는다

사람들이 그다지 주목하고 있지 않은 지점이 있다. 바로 야당이 현재 국회만이 아니라 적지 않은 지자체 단체장 그리고 교육감까지 장악하고 있다는 점이다. 하지만 여당이 단체장인 지역과 비교해볼 때 정책과 행보에 있어서 오십보백보이다. 우리나라에서 그 어떠한 공공기관이건 기관장이 취임한지 3~6개월이면 해당 기관 직원의 논리와 메커니즘에 철저히 포획된다. 자나 깨나 오직 인기에 영합하는 전시성 행사에 부자 몸조심, 그런 가운데 자연스럽게 관료화한다. 어쨌든 이러한 과정을 통하여 야당 주변 사람들의 살림살이도 많이 펴졌다. 예전처럼 목숨 걸고 싸우지 않아도 곳간에 쌀은 남아있다. 괜히 모험을 걸어 그나마 지금 향유하고 있는 것을 날릴 어리석음을 범하지 않겠다는 확고한 믿음이 있다.

야당 국회의원은 특권화하고 지자체 혹은 교육감 쪽 야당은 관료화하면서 전체적으로 기득권화하였다. 이렇게 하여 이른바 '헝그리 정신'과 투지는 이미 사라진지 오래다. 야당이 지금 아무리 엉망으로 된들 차기 국회의원 선거에서 야당이 최소 백 명은 당선된다고 믿어 의심치 않는다. 국민들이 아무리 야당을 미워한들 투표장에 가면 결국 우리를 찍을 수밖에 없다는 확신으로 무장되어 있다. 그러니 아쉬운 것이 없고 아무리 만신창이, 배가 산으로 가는 형국의 당이지만 누가 뭐라 하든 귀를 막고 현 상태를 유지해나가는 것이 최선이라는 계산이다. 대중을 정치공학과 정치선동이나 정치구도에 의하여 피동적으로 반응하는 존재로만 파악하고 항상 조작 대상으로만 간주하는 점에서 그리고 소통을 철저히 거부하는 점에서 청와대와 별반 다를 바가 없다. 이러한 의미에서 완전한 '보수파'이다.

적대적 공존을 독점적으로 향유하는 야당, 국민은 패했지만 야당은 패하지 않는다.

야당이 싫어 여당을 찍는 시대

언젠가 친노 폐족론이 주장되었다. 그러나 지금 냉정하게 살펴보면, 친노는 불사조였다. 곡절이야 많고도 많았지만 결국은 끈질기게 살아났다. 지금 정작 폐족론이 문자 그대로 딱 들어맞는 세력은 호남이다. 호남은 여당에게도 호남 대 비호남의 노골적인 전략적 구도에 의하여 철저하게 차별받고 있지만, 야당에서도 그저 불쏘시개일 뿐이다. 그 많은 차기 대권주자 중 호남 출신은 단 한 명도 보이지 않는다. 완벽한 폐족이다. 바야흐로 완벽한 영남 패권주의 시대이다. 모 신문이 밝힌 2014년에 집행된 특별교부세 통계를 보면, 친박 의원지역에 총 583억 원이 지출되었고, 친이 의원지역에는 149억 원 그리고 친노 의원지역에는 156억 원이었는데, 이 통계치는 현재 각 정치세력의 역학관계를 정확하게 말해준다고 할 만하다.

지역차별의 문제를 제기하는 것은 결코 구시대적 발상이 아니다. 인류의 역사는 모두 지역을 그 구체적인 토대로 하여 종족과 민족 그리고 국가를 형성해왔다. 오늘날에도 왜 국회의원을 지역구로 선출하겠는가? 그리고 지역 균형이란 어느 시대든, 어느 국가에서든 매우 중요한 과제였다. 예를 들어, 독일 대법원의 대법관 선출은 법관선발위원회가 독일의 모든 주가 연방대법원 구성에서 인구비례의 대표성을 지닐 수 있도록 구성된다. 이러한 점에서 본다면, 여성비율의 안배처럼 모든 고위직의 선출직위에서 지역별로 균형을 이룰 수 있도록 구성하는 것을 심각하게 고려할 필요가 있다.

상식적인 차원에서 말하자면, 보수란 현재 존재하는 제도와 상태를 대체로 그대로 유지하자는 입장이고, 반대로 진보란 현재의 불공평과 차별 등의 문제점을 개선해나가자는 입장이라고 할 수 있다. 그러나 현존하는 시스템이란 인간의 본능에 대체로 부합하고 습관화되어 있어 익숙하고 편하다. 반면 현재의 시스템을 바꾸는 것은 자신이 깊숙하게 편입되어 있는 사회 구조를 부정하고 주변 사람들과도 마찰이 발생하기 때문에 여러 모로 불편을 가중시키게 된다. 결국 본능에 보다 부합하고 사고방식이나 일상생활에서도 보다 편한 보수주의가 대체로 유리하게 된다. 그러나 이것이 언제나 상수(常數)인 것만은 아니다. 왜냐하면 다른 한편 인간은 항상 사고하는 존재로서 자신이 처한 조건에 대하여 끊임없이 문제의식을 지니고 문제 제기를 하며 불만을 표출하기 때문이다. 그리고 이러한 문제 제기와 불만은 현 시스템의 불공정 정도와 차별의 크기에 비례하며, 특히 현 체제에 대한 대안 세력(현실적으로는 야당)이 대체 가능성이 높을 때 강력하게 성장, 분출된다.

무능은 과격하고 자극적인 언사로 포장되어 은폐되었고, 진영논리에 기반하여 격화되는 정쟁은 언제나 기득권 고착화의 유력한 수단으로 활용되어왔다. 싸워야 할 때는 싸우지 않고 싸우지 말아야 할 것은 싸웠다. 항상 대통령을 조롱했지만 항상 대통령에게 조롱당하는 결말로 끝났다.[1] 조중동에 비난받지 않고 나아가 칭찬받고자 자기 검열하면서 스스로 순화되어갔다. 겉으론 여당과 사사건건 싸우는 모습을 보여주면서도 기실 어떻게 모양새 있게 협조할까를 궁리하는 여당 2중대라는 의혹의 눈초리를 받게 되었다. 그러는 사이에 야당의 최대 목표는 바로

---

1   기실 대통령 1인에 대한 이러한 태도는 인치(人治) 전통의 폐단이기도 하다. 동양 문화 고유의 특징적 세계관인 "현세에서의 완전한 정의의 실현"과 관련하여, 존 페어뱅크의 1세대 제자로 중국 사상과 역사를 깊이 연구한 토마스 메츠거(T. A. Metzger)는 동양의 유학자들은 그들이 요구하는 도덕성에 기초하는 이상적 도덕정치가 이미 중국 고대시대에 실현된 적이 있다고 확신하고 있었기 때문에 "완전한 사회정의"가 현세에서 당장 실현될 수 있다는 강한 "낙관적 현세론"을 가지고 있다고 분석한 바 있다.

야당 대체 세력의 출현 봉쇄가 아닐까 의심하는 관전자가 많아졌다. 심지어 청와대보다 야당이 더 불통(不通)이라는 말까지 있고, 여당 독재보다 야당 독재가 더욱 강고하고 끈질기다는 말까지 시중에 나돈다.

이러한 과정을 거쳐 우리는 야당이 싫어 여당을 찍는다는 어이없는 비극의 시대에 살고 있다. 그러나 진보와 개혁이란 겉으로 화려한 언사로 꾸민 노선과 방향성에서 나오는 것이 아니라 바로 진정성 있는 행동과 사고방식으로부터 비롯되어야 한다. 이것은 대중들을 '혹' 해보려고 이름난 홍보 전문가를 모셔서 겉포장만 번드르르하고 네이밍을 잘 한다거나 혹은 국립묘지와 전방 부대를 찾아다니며 '보수층'에게 잘 보이고자 하는 등의 행태로는 결코 해결될 수 없다.

지금 우리의 기대를 언제나 정확하게 저버리면서도 동시에 경쟁력을 전혀 갖출 생각이 없는 야당의 진로를 둘러싼 논의들이 속출하고 있다.

현 야당의 뿌리가 호남이라는 점은 누구도 부인할 수 없다. 야당에서 사실상의 주인은 호남이다. 절체절명의 위기에 빠진 지금, 주인인 호남이 나서서 대오를 다시 조직하고 장군을 제대로 뽑아서 이 나라와 민주주의 그리고 우리 스스로를 지켜야 한다.

호남이 움직여야 야당이 변할 수 있다. 호남의 민주 진영이 다시 한 번 이 시대의 조타수가 되어야 한다.

가령 '호남당' 추진 논의만으로도 그 자체로 야당에게 적지 않은 충격을 줌으로써 기존 정치질서에 커다란 지각변동을 가져올 수 있다.

호남에 대한 구조적 차별 극복방안으로의 연방제 제기 역시 마찬가지이다. 세계인의 관심사로 부각되었던 스코틀랜드의 분리 독립은 비록 성공을 거두지는 못했지만, 결과적으로 보면 스코틀랜드의 위상은 높아지게 되었고 조세징수권과 예산편성권 확보 등 자치권이 대폭 확대되는 적지 않은 성과를 거두었다.

혼돈 뒤에 비로소 개벽이 있다

정치란 사회가 나아갈 바 를 제시하고 체계화하며 또 실천하고 감독하는 주체이다. 정치가 살아야만 민주주의가 산다. 정치가 살아야 비로소 양극화가 극복될 수 있고 청년 일자리가 만들어진다. 국민이 정치에 무관심하면 할수록 오로지 기득권자들의 천국이 되고 국민들의 지옥이 조성된다. 투표만 열심히 잘 한다고 해서 좋은 정치가 만들어지는 것도 아니다. 언제나 그 나물에 그 밥인 후보자 중 차악인 후보를 뽑는다고 해서 민주주의가 살아나지도 않는다. 이 낡은 정치의 틀을 바꿔내지 않고서는 민의에 반하는 정치, 국민 위에 군림하는 정치, 국민에게 좌절과 절망을 주는 정치의 사슬에서 결코 벗어날 수 없다. 하도 부실하기 짝이 없어 정권교체가 부지하세월인 지경에 이르렀지만, 설사 정권교체를 해본들 또 크게 달라질 게 있을까라는 회의가 짙어진 오늘의 현실이기도 하다.

기득권자들은 이 사회의 문제를 개선해나가는 데는 전혀 관심이 없고 오로지 위세를 부리고 군림하면서 어떻게 하면 자신들의 기득권을 유지하고 확대시켜나갈 것인가에만 열중할 뿐이다. 세월호 참사의 전 과정을 통하여 뚜렷이 입증된 바이다. 여기에서 말하는 기득권층에는 물론 야당도 포함되어 있고, 언론계를 비롯하여 학계, 법조계 등 우리 사회에서 이른바 '스펙 좋고, 잘 나가는 집단'의 대부분이 포함된다. 그들이 알아서 베풀어줄 가능성은 없다.

이제 민주주의나 정당정치의 발전이라는 거대 담론의 차원이 아니더라도 우선 나 자신이 살기 위해서라도 오늘 이 부실한 정치를 새롭고 건강하게 다시 만들어내는 실천에 모두 나서야 할 때가 왔다. 민주주의는 남이 가져다주는 것이 아니라 바로 나 자신이 쟁취하는 것이라는 평범한 진실을 다시금 가슴에 새겨야 할 일이다. 정치적으로 세력화해야만 이 사회의 주인으로서의 시민의 정당한 제반 권리를 찾을 수 있고 이 땅에 참된 민주주의도 실현시킬 수 있다.

돌이켜보면, 그간 민주진영은 수십 년에 걸쳐 보수 세력과 대결하기 위하여 민주 정부 실현, 대동단결, 단일화 및 연합을 주창하고 실천해왔다. 그런데 이 과정에서 마치 "새로운 권력자로 부상한 돼지들이 타도 대상이었던 인간들과 두 발로 서서 파티를 열고 거래하는" 조지 오웰의 《동물농장》과도 같이, 야당에 대한 비판은 철저히 '왕따' 되고 심지어 보복 당하면서 오직 입신양명과 경력 관리, 줄 대기 그리고 정치공학만 난무하였다. 이는 민주화라는 공공재(公共財)에 대한 노골적인 사유화 과정이었다. 결국 민주 진영 내에서 야당과 경쟁하고 견제할 수 있는 세력의 공간은 철저하게 부정되었고, 초심을 잃고 무능하며 몸집만 비대한 오늘의 기득권적이고 보수적이며 관료적인 야당이 만들어진 것이었다.

직장으로 오가는 길가에 토스트를 구워 파는 한 노점이 있는데, 그 주변에 비둘기들이 산다. 이들 비둘기들은 인간들이 버린 부스러기들을 주워 먹고 '풍족하게' 살아서인지 매우 뚱뚱하다. 나는 것은 고사하고 걸어 다니는 것조차도 매우 힘들어 보인다. 그런데 조금 떨어진 곳에도 한 무리의 비둘기들이 있다. 이들 비둘기는 먹이가 부족해서인지 무척이나 말랐다. 그러나 수척한 그 모습이야말로 본래의 날씬한 비둘기 모양이다. 비록 야멸차게 보이겠지만 국민들이 당분간 이들 비만 비둘기들에게 모이를 주지 않는 것이 진정 비둘기를 위하는 길이다.

역설적으로 분열하면 살고 단결하면 죽는다. 위기 뒤에 찬스가 있다. 혼돈이 있고서야 비로소 개벽이 있고 통일이 오는 법이다. 이제 각 정치 세력이 분립하여 선의로 경쟁하여 각자 발전을 도모하는 길이 거꾸로 가장 힘을 발휘하는 방식이 될 수 있다. 노동을 강조하는 세력은 노동으로, 환경을 중시하는 세력은 환경으로, '호남'을 주창하는 세력은 '호남'으로 각자 나아가서 실천하는 것이다. 연후에 다시 모여 큰 강을 이룰 수 있다. 지금의 구불구불 가느다란 강은 큰 강으로 성장할 수 없다. 임시변통 땜빵식의 무조건적인 대동단결론과 정권교체론은 현실에서 언제나 야당 기득권 옹호의 논리로 연결되고 결코 대안으로 성장하지 못하는 연전연패, 무기력한 야당의 재생산만을 낳았을 뿐이다.

숫자가 중요한 것은 아니다. 한 점 불씨가 광야를 불사른다. 과거의 훌륭한 전통을 계승하되 현실과 미래에 대한 비전으로 후진을 양성해야 한다. 상층만의 이합집산은 전혀 해결책이 될 수 없으며 퇴행적인 결과만을 초래할 뿐이다. 인물 영입이 이른바 스펙 중심으로 진행되어서는 안 될 일이다. 왜냐하면 그것들은 많은 경우 탐욕과 줄서기 그리고 패거리 문화로 켜켜이 쌓인 그릇된 기록일 가능성이 크기 때문이다. 특수한 경우를 제외한다면, 교수 출신 기용은 지금까지도 대부분 실패하였고 앞으로도 많은 경우 실패하게 될 가능성이 높다. 현실 및 실천과 유리된 관념성 그리고 실행력과 지도력의 현저한 결여 때문이다. 오히려 아래로부터 젊은이들을 발굴해 나가는 것이 폭발력과 휘발성을 지닌다.

바람처럼, 화살처럼

인류 역사는 다른 측면에서 관찰해보면, 유목민과 정착민의 대결사이다. 동서고금을 막론하고 인류 역사는 '인사이더'인 정착민과 '아웃사이더'인 유목민의 충돌과 융합으로 교직(交織)되어 왔다.

유럽에서는 게르만족과 로마제국, 바이킹족과 영국의 역사가 그러한 양상을 보여주었고, 중국에서는 흉노족과 한나라, 여진족 및 몽골족과 송나라, 만주족과 명나라의 역사가 모두 유사한 궤적을 그려냈다. 유목민은 비록 정착지도 없이 진지(陣地)도 없이 항상 소수인 채 열세에 놓여 있는 듯 보였지만 천시(天時), 시기가 도래하고 집단에 영웅이 출현하게 되면, 반드시 정착민에게 그 공격 방향을 돌려 순식간에 정복해냈다.

전통적으로 유목민에게 중요한 무기 중 하나는 바로 기마(騎馬)로 특징지어지는 기동력, 즉 속도였다. 용맹스럽고 인화(人和)를 갖춘 일사분란한 기마병의 대오 앞에 정착민은 비록 수적으로 우세하고 강력한 성벽과 진지를 보유하고는 있었지만 부패하고 정체된 사회구조 속에서 민심이 대거 이반되면서 결국 속수무책으로 스러지곤 하였다.

여기에서 주목할 사실은 이러한 과정에서 유목민은 일반적으로 생각되는 것과 같이 항상 정복과 파괴만 한 것이 아니라 정착민과 더불어 서로 융합하였다는 점이다. 즉, 상대적으로 '보수적이고 정체되어 있던' 정착민 집단은 이 과정에서 유목민 집단의 새로운 피를 수혈 받아 신진대사를 이뤄냄으로써 정착민과 유목민의 양 집단 모두 다시금 전체적으로 역동성을 지닐 수 있었던 것이다.

이른바 '주변부'가 항상 주변부인 것은 결코 아니다. 유럽의 주변부에 지나지 않던 영국이 결국 세계를 제패하였고, 중국은 그 주변부였던 몽골족이나 만주족에게 멸망당했다. 진시황의 진나라도 처음에는 고작해야 주변 야만 국가였을 뿐이었다. 기실 일본도 중국의 주변부였지만 결국 중국을 추월하였다. 미국 사회 내에서 흑인 집단은 영원한 주변부일 것처럼 보였지만, 결국 흑인 대통령 오바마가 등장하였다. 영원할 것만 같았던 일본 자민당의 '중심부'도 결국 붕괴하였다. 또 서울의 노른자위 강남 지역은 불과 30년 전만 해도 서울 변두리 중에서도 변두리인 논밭에 지나지 않았다.

'주변'과 '중심'이란 이렇듯 영원불변한 구도가 아니라 상호 순환되는 것이다.

사실 지금 이 땅에는 국가 기관이나 제도권 정당을 비롯하여 언론, 시민단체 등 기존의 모든 '고식적이고 닫힌' 인사이드 시스템에 절망하면서 새로운 대안과 지향을 희구하고 모색하려는 사람들이 너무도 많다. 이를테면 현재의 정당 구조를 혐오하면서 새로운 대안세력의 출현을 바라는 사람들은 어림잡아도 1천 만 명은 너끈히 넘어설 것이다.

다만 이렇듯 변화와 혁신을 지향하는 세력들은 현재 조직화되지 못하고 있으며, 또한 구심점이 결여되어 있다. 그러나 기존 제도권의 시스템은 결코 이러한 자발적인 대중적 열망을 담아낼 의지와 능력이 결여되어 있기 때문에 이러한 대중적 열망은 반드시 향후 총체적으로 결집되어져 마침내 힘 있는 커다란 흐름, 즉 사회운동으로 발전할 것이며, 그리하여 마침내 이 사회의 진보와 발전에 커다란 역할을 수행해낼 것이다.

이 시대의 유목민인 '아웃사이더'들은 비록 지금은 이 사회에 변변한 진지조차 마련하지 못하고 '인사이더'들의 높다란 성벽에 가로막혀 형편없이 무력한 듯 보인다. 하지만 변화와 새로운 희망을 갈구하는 민심이 광범하게 존재하고 있으며, 특히 기동력과 속도 그리고 쌍방향성을 갖춘 온라인 인터넷을 강력한 무기로 갖춰나갈 수 있다.

'횡단보도' 중간에서 한 사람이 하늘을 쳐다보면 지나가던 행인들도 별로 신경을 쓰지 않는다. 두 명이 쳐다볼 때도 큰 변화가 없다. 하지만 세 명이 하늘을 같이 쳐다보게 되면, 지나가는 사람들이 모두 하늘을 쳐다보게 된다. 짐 바르도 스탠퍼드대학 교수는 "3번째 사람이 티핑포인트(Tipping Point), 즉 변곡점이 된다. 세 사람이 모이게 되면 이때부터 사회적 집단 개념이 생기고, 사회적 규범이 작동하기 시작한다. 세 사람이 모여 특정한 목표를 가지고 동일한 행동을 하면, 다른 사람들이 공감하기 시작한다."고 분석하였다.

시대정신과 사명감으로 뭉친 세 명이 능히 나라를 구할 수 있다. 예로부터 "똑똑한 세 명만 있으면 나라도 세울 수 있다"는 말이 있었는데, 공연히 나온 말이 아니다. 우선 나로부터 시작하여 내가 발을 딛고 서 있는 그 현장에서 세 명만 내 편을 만들게 되면 그 조직을 얻게 될 수 있는 것이다.

이제 그만 홀연히 영웅이 나타나서 해결해주기를 기대하지 말자. 지금 내가 발을 딛고 서있는 이 곳 현장에서 당장 실천하자. 이렇게 각자 자기가 속한 조직에서 '세 명의 동지' 만들기 운동을 전개하여 조직을 얻어나가면 그 기운은 광야의 불씨처럼 전국적으로 퍼져나갈 것이다.

'안다'는 뜻의 '지(知)'는 '화살 矢'와 '입 口'가 합쳐진 글자로서 "어떤 사물을 알게 되면 입으로 말하게 되는 것이 마치 화살처럼 빠르다"라는 의미를 지니고 있다.

바야흐로 '말을 몰아 광야로 화살처럼 빨리 내달릴 수 있는' 시기는 도래한 셈이며, 이제 사회의 여러 현장에서 '작은 영웅'들이 출현해야 할 시점이다.

우리는 할 수 있다

스페인의 새로운 정치세력 포데모스(Podemos)는 우리에게 적지 않은 시사점을 주고 있다.

포데모스란 "우리는 할 수 있다"는 뜻으로서 본래 그 출발점은 2011년 5월 15일 마드리드에서 열린 '분노하라(인디그나도스, Indignados)' 시위였다. 이 시위는 5월(May) 15일 시작된 운동이라는 의미에서 '15-M 운동'으로도 칭해진다. 하지만 이 15-M운동의 정치적 결과는 그 해 총선에서 집권당이 중도 좌파 사회주의노동자당(PSOE)에서 중도 우파 인민당(PP)으로 바뀐 것뿐이었고, 인민당 집권 후 IMF와 유럽중앙은행, 유럽연합 등이 요구하는 긴축정책에는 전혀 변함이 없었다.

당시 유권자의 80%가 15-M 운동의 대의에 공감했지만 실제 투표는 예전과 마찬가지로 사회당과 인민당 등 양대 중도 정당으로만 몰렸다. 우리나라에서 광범한 대중이 결집하여 불꽃처럼 타올랐던 촛불시위와 온 국민을 참담한 비탄에 젖게 하면서 각성시켰던 세월호 참사에도 양당 체제는 오히려 더욱 강력하게 작동하고 있는 현상과 맥을 같이 한다.

어쨌든 이를 계기로 스페인에서는 사회 운동에 바탕을 둔 정치 운동의 한계에 대한 각성이 일어났다. 이들은 15-M 운동의 대의를 담아낼 정치세력을 만들어내는 데 경주하게 되었고, 2014년 5월 처음으로 선거에 참여하여 단번에 8%의 득표율을 올렸다. 포데모스의 지도자는 당시 불과 35세의 젊은 파블로 이글레시아스라는 인물이었다. 이전 시기 스페인에서도 좌파 정당이 15-M과 비슷한 정책들을 표방했으나 유권자들을 끌어들이지 못했다. 특히 그 정당들은 추상적이고 애매한 언어에 갇혀 있었다. 여기에서 포데모스는 "정치는 대중 생활과 긴밀하게 연관을 가지며, 반드시 가질 수 있다"는 점을 강조하고 민주주의, 주권,

시민권, 평등, 투명성 그리고 유토피아를 캐치프레이즈로 내세우면서 대중 활동을 전개하였다. 이들은 기성 정당에 실망하여 투표에 참여하지 않고 있던 젊은 정치적 무관심층을 투표장으로 끌어들일 수 있었고, 마침내 창당 1년 만에 지지율 1위의 정당으로 발돋움하였다. 그리하여 독재자 프랑코가 사망한 1975년 이래 스페인에 강고하게 자리 잡은 양당 체제의 종식을 위협하고 있다.

포데모스는 대졸 출신 청년들과 노동자, 지역 주민들로 구성된 1000개 이상의 풀뿌리 운동에 토대를 두고서 자신들의 정책을 보통 사람들의 언어로 전파하고 있다. 또한 카탈루냐, 바스크 등 다민족으로 구성된 스페인에서 소수 민족의 자치권을 옹호한다.

한편 이탈리아는 여러 모로 우리나라와 비슷한 점이 존재하지만 정치적 후진성을 보이는 면에서도 유사성이 상당히 있다. 그런데 그곳에 성공적인 풀뿌리 정당 건설의 사례가 있다. 베페 그릴로(Beppe Grillo)라는 이탈리아의 유명한 코미디언 출신 정치인은 "각자가 살고 있는 곳에서, 서로 모여서 정치에 대해 이야기하고 논쟁을 시작해봅시다."라고 제안하였다. 그러자 온라인에 있던 사람들이 실제로 오프라인에서 서로 모이고 만나기 시작하였다. 그 뒤 사안별로 투표를 실행하였고, 모두의 의견을 모아갔다. 이 모임은 마침내 전국적인 조직으로 성장하기에 이르렀다. 이 운동은 생태주의의 경향을 지니고 있으며, 이밖에도 공공 수도, 지속가능한 이동성, 개발, 접속 가능성의 다섯 가지 이슈를 제창한다고 하여 '오성(五星)운동'이라 칭해지기도 한다. 직접민주주의를 지지하며 인터넷 무료화를 주장하는 이 운동은 불과 4년 만에 이탈리아에서 두 번째로 큰 정당으로 발전하였다.

다만 스페인이나 이탈리아 모두 지역공동체 운동의 전통이 강하다는 점은 우리에게도 시사하는 바가 크다고 하겠다.

　주위에서 우리나라가 결국 일본처럼 우파 자민당 일당 체제와 같은 길을 걷게 될 것이라는 비관론도 갈수록 많아지고 있다. 하지만 우리는 상향식의 대중 운동이 전혀 부재했던 일본과 달리 4.19를 비롯하여 광주민주화운동과 6월 항쟁 등 눈부신 시민 혁명을 실천해왔던 나라이다. 단지 이들의 에너지를 결집시켜낼 모티브와 지도력이 부족했고, 반면 제도권 야당에 대한 의존 혹은 종속 현상이 강력하게 작동되어 왔다.

　늦었다고 생각할 때가 가장 빠른 때다. 이제라도 일희일비, 단기적인 SNS의 인기전술이나 선거전술만의 사고방식을 벗어나 최소한 10년 내지 20년의 장기적인 개혁 플랜을 세워 정책을 마련하고 인재를 양성해야 한다.

　젊은이들을 양성하는 조직에 미래가 있고 확장성이 존재한다. 야당에 의존하지 않고 새로운 시대정신에 담보하는 자주적이고 독립적인 세력에 토대하여 새로운 움직임을 만들어나가야 한다. 그리하여 공허한 구두선만의 '국민을 위하여'가 아니라 양극화 시대에서 고통 받는 광범한 대중과 진정으로 함께 하고 그 권익을 위하여 활동하는 정치 세력으로 커 나가야 한다.

　이 길이 지나치게 장기적이고 먼 길이라 느껴질 수 있지만, 기실 이 길이야말로 우리 모두를 살려낼 수 있는 가장 희망적인 지름길이다.

이제 그만 멈추라. 그리고
관행에 저항하라

변하지 않은 사회,
미래가 없다

세월호 참사는 우리 역사에서 실로 모처럼 모든 국민이 애도하고 공감한 사건이었지만, 그 뒤로 실제로 제대로 고쳐진 게 어느 한 가지도 없다. 정부와 정치권이 자못 근엄한 목소리로 선포했던 그 많던 약속들도 모두 공염불이 되고 말았다.

적지 않은 사람들이 세월호 유가족을 별다른 이유 없이 매도하는 통탄스러운 현상도 나타난다. 친척 중에 결혼한 딸이 암으로 먼저 세상을 떠난 분이 계시는데, 딸을 먼저 세상으로 보낸 슬픔에 겨워 몇 년이 지났건만 아직도 정상적인 생활로 복귀를 하지 못하고 계시다. 직접 경험이 없어 확언은 할 수 없지만, 자식을 먼저 저 세상에 보내는 건 아마도 자신의 죽음보다 더한 슬픔일 게다. 어찌 헤아리지 못할까?

사회 구조의 모순에 의하여 희생을 당한 타인의 처지를 입장 바꿔서 역지사지(易地思之)의 정신과 남을 배려하는 마음이 너무 부족하다. 길을 걸을 때 보행자를 우선하는 운전자를 거의 발견하지 못했다. 인간을 중심으로 하는 인간적 사회가 아니다.

이렇게 많고 많은 일들을 겪고도 아무 것도 변화시킬 수 없다면, 진정 우리 사회는 미래가 없다. 이렇게 아무런 변화를 시킬 수 없는 나라는 어쩌면 이 지구상에서 북한과 우리나라밖에 없을 듯하다. 북한을 그토록 조롱하고 업신여길 아무런 차별성도 없다. 오히려 일맥상통하는 바가 크다.

우리 사회는 항상 시끄럽기만 할 뿐 아무 것도 고쳐지지 않는다. 무슨 문제가 생기면 항상 난리법석 경천동지, 우르르 그 쪽으로 몰려 부글부글 끓다가 보름 정도 지나면 태산명동서일필, 유야무야, 모두들 언제 그런 일이 있었느냐는 듯 잊어버린다. 사람들은 늘 다른 사람들의 눈과 평가를 너무 의식한다. 그렇게 하여 지나치게 유행에 민감하고 언제나 떼를 지어 흘러 다닌다. 집단으로부터의 고립을 대단히 두려워한다.

스마트폰, 실천으로부터
도피하다

지하철의 거의 모든 승객들이 고개를 숙여 들여다보고 있다. 길거리를 걷는 사람들 그리고 버스를 기다리는 사람들 모두 고개를 숙여 들여다본다. 그들이 모두 보고 있는 것은 바로 스마트폰이다.

모두 오로지 스마트폰과 소통하고 있다. 카페에서 만나 동석한 사람들도 각자 자기 스마트폰만 들여다보고, 심지어 집안에서 부모 자식 간에도 각기 자기 방에서 서로 문자로 대화하게 된다. 이러한 스마트폰은 사람들로 하여금 성찰하는 시간을 없애고 모방과 감각적인 사고방식 및 생활방식을 낳는다. 말이 통하는 사람들만의 자기만족과 감정의 증폭 그리고 적대적 상대방에 대한 무제한적이고 집단적인 조롱과 욕지거리를 통하여 패거리 문화를 조성함으로써 결국 우리 사회의 '큰 소통'을 가로막는다. 또한 냉소주의와 패배주의를 만연시키면서 젊은이들을 실천과 근본적으로 차단시키는 결과를 초래한다.

실천을 잃은 젊은이는 미래가 없고, 실천을 잃은 사회 역시 미래가 없다. 젊은이들의 불행이요 사회의 불행이다. 지금 젊은이들 사이에서 풍미하고 있는 이른바 '멘토' 열풍에서는 자신의 치열하고 구체적인 실천과 성찰이 결여된 대신 권위와 강자에 대한 동경 내지 자발적인 복종이 그 자리를 차지하는 부정적인 측면을 엿볼 수 있다.

강자에 대한
자발적 복종?

2014년 프란치스코 교황의 한국 방문에 모든 국민들이 교황의 일거수일투족에 감동하고 커다란 위로를 받았다. 큰 울림이 이어지고 있다. 속도와 경쟁 그리고 약육강식의 현실과 논리에 지친 국민들을 치유하고 자신의 삶을 되돌아보게 만들었다는 점에서 대단히 좋은 일이다.

그런데 혹여 이것이 '강력한 지도자'를 선호하는 우리 국민의 특성이 작용되지나 않았는지 생각이 미치게 된다. '강력한 지도자'로서의 교황이라서 일종의 '숭배 내지 추앙' 현상과도 연관이 있지나 않을까라는 느낌이 자꾸 떠오르기 때문이다.

돌이켜 보면 한 동안 우리 사회를 휩쓸었던 "안철수 현상"에서도 안철수가 서울대를 나오고 의대를 졸업했으며 사업에 크게 성공한 CEO라는 인간조건 때문에 그렇게 열광한 것이 아닐까?

'병든 사회'의 공범자
– 무한경쟁, 탐욕, 집단 따돌림, 방관… ….

그간 우리 사회에서 자리를 잡은 상류층들은 거의 예외 없이 대부분 부동산투기로 부를 축적하였다. 그런데 사실 그 부동산투기의 탐욕은 집 없는 가난한 이웃의 희생을 담보로 한 것이었다. 평생 온몸으로 이 땅의 민주주의를 위하여 헌신했던 고 김근태 의원도 국회의원 선거 당시 몰아친 탐욕의 뉴타운 광풍 앞에선 속수무책 낙선하고 말았다.

모두들 경제가 안 좋아서 죽을 지경이라고 목소리를 높이지만 주말이면 전국 고속도로가 나들이 차량으로 꽉 막히고 전국 관광지와 계곡 그리고 해수욕장은 그야말로 유흥의 인산인해이다.

모든 국민들이 자식 교육에 있어 혹시라도 남의 자식에게 뒤질까 결사적으로 과외 보내고 학원 등 사교육과 조기유학 등등 하루하루 급박하게 무한경쟁하고 있다. 이 대열을 따라잡지 못하면 이른바 '왕따'의 집단 따돌림으로 내몰린다. 이것이 얼마나 아이들을 학대하고 불행하게 만들고 있는지……. 그리고 이런 현상은 결국 우리 사회에서 건강한 교육 환경을 파괴하고 말살시키는 결과를 빚는다. 진보나 보수 모두 마찬가지이다. 서로 경쟁하면서 악화시키고 있다. 청년이 죽으면 나라도 죽는다.

'악(惡)의 평범성'

군대 내 폭력의 실상이 매일 같이 폭로되고 있다. 이러한 사회가 정상적으로 작동되기를 기대하는 것은 참으로 염치없는 욕심이다. 한 마디로 병든 사회이다. 세월호 참사와 군대 내 폭력 사망, 명실상부 기상천외 해외 토픽감인 갖가지 사건 사고의 연속적 발생……. 우리 '병든 사회'의 적나라한 단면이고 현 주소이다.

이렇게 하여 우리 사회에서는 모든 국민이 잠재적인 집단따돌림의 대상이자 동시에 주체로 되었다. 이러한 현상은 학교며 군대 그리고 거의 모든 직장에서 매일 같이 일어나고 있다. 이러한 현상들이 합쳐져 사회 구성원 전체가 무한경쟁, 상호 질시, 상호 비방, 모욕 속에 던져졌다. 이는 결국 전체 구성원의 인간성을 철저히 마모시키며, 더욱 살벌한 적자생존, 우승열패, 승자독식의 사회를 만든다.

윤 일병 사건에서 특히 우리를 슬프게 하는 것은 수십 명의 병사들이 윤 일병의 구타를 목격하고 그렇게 죽어가고 있는 점을 알면서도 방관했다는 사실이다. 이러한 방관 행위는 결국은 일종의 공범 행위에 속한다고 할 수 있다. 특히 우리의 공직 사회는 군대식 문화가 전형적으로 발달된 조직이다. 이렇게 하여 군대식 문화에 의하여 관료사회는 시작되고 또 완성된다.

본래 '시민(citizen)'이라는 개념은 사회와 국가에 대한 권리와 함께 나 자신을 위하여 다른 사람을 존중해야 할 의무도 동시에 지니는 개념이다. 그리고 '시민사회'란 시민적 덕성을 갖춘 시민 결사체들의 사회를 말한다.

그러나 우리 사회는 식민지 시대와 천민자본주의 근대화 시대를 거치면서 친일파는 청산되지 않은 채 오히려 그 대를 이어 외세에 의존하는 기회주의 세력이 지배 세력으로 자리 잡았다. 이 과정에서 다른 사람을 존중하는 공존과 사회의 공익을 추구하는 대신 오로지 자신의 이익과 입신출세만이 강조되어왔고, 민주화 이후에도 그것은 개선되기는커녕 오히려 확대재생산의 길을 걸어왔다. 그리하여 이 사회에는 오직 '국가신민(國家臣民)'으로서의 '국민'만 존재했을 뿐 권리와 공익 그리고 공존을 지향하는 '시민'은 줄곧 부재 상태였다.

그리고 이는 사회의 모든 구성원들을 고급아파트를 비롯하여 고급자가용과 명품 백으로 상징되는 과시적 현시욕의 노예로 만들고 만인 대 만인의 적대적이고 비정한 약육강식의 경쟁으로 몰아넣었다. 광범위한 청년층의 실업, 비정규직의 확대, 심화되는 양극화는 그 적나라한 결과물이고, 세월호 참사 역시 이 과정에서 배태되어 발생한 것이었다.

왜 힘 없는 사람은 계속 괴롭힘을 당해야 하는가?

가장 선진화된 도시란 빈자(貧者)도 자가용을 이용하는 도시가 아니다. 오히려 부자도 대중교통과 도보를 선호하는 도시다.

오늘 서울의 현실은 어떠한가?

서울 도심의 길 80%가 찻길이고 찻길의 80%를 승용차가 점유하고 있다. 그러나 승용차의 교통 분담률은 23.5%에 지나지 않는다.

필자는 버스로 출퇴근을 한다. 그런데 버스를 타게 되면 끊임없이 이어지는 광고방송 소음으로 귀가 따갑고 머리가 어지럽다. 고요한 새벽 출근길부터 소음은 너무 크다.

사실 버스를 타고 다니는 승객은 우리 사회에서 가장 힘없고 어렵게 살아가는 보통사람, 그야말로 대표적인 서민층 사람들이다. 그런데 이들이 이른 새벽에 힘든 몸을 이끌고 출근하고 또 고된 업무로 지쳐 퇴근하는 시간에도 어김없이 쉬지 않고 이어지는 광고 소음은 지나친 괴롭힘이며 학대 행위에 가깝다. 심지어 3분 내에 동일한 게임광고가 4번이나 되풀이된다. 야바위 약장수와 다를 바 없다.

서울시의 홍보광고 방송도 계속 이어진다. 다른 사람에게 피해를 주지 않게 DMB 등은 이어폰으로 듣자는 정숙 훈계성 광고도 있다. 정말 "너나 잘해"라는 생각이 든다. 승객은 속수무책 강제로 광고를 소비해야 하는, 완전히 봉이다.

가진 것 없고 '빽' 없는 사람들은 한없이 업신여기고 짓밟히는 우리 사회의 전형적인 슬픈 모습이다.

생활정치란 어디에서
시작되어야 하는가?

  필자는 이 문제에 대하여 국민권익위원회와 서울특별시 민원 담당 사이트인 '응답소'에 민원을 제기했다. 그러자 버스 음성광고는 70~75 db(데시벨)의 크기로 고정되어 있다며 만약 버스의 음성광고 소음이 크다고 생각되면 기사에게 볼륨을 줄여달라고 부탁하라는 '친절한' 답변이 돌아왔다. 그런데 현재의 생활소음 기준을 살펴보면 대략 아침저녁은 55 db 이하, 주간은 60 db 이하 그리고 야간에는 50 db 이하로서 70~75db 수준의 버스 음성광고 소음은 이미 사실상 위법이다. 그리고 당연히 자신들이 수행해야 할 임무를 왜 기사와 승객에게 떠넘기는가! 우리가 늘상 듣는 관행화된 책임회피요 책임 전가이다.

  그 답변에 대한 반박으로 필자가 소음진동관리법을 거론하자 이번엔 버스 내 음성광고는 소음규제 대상이 아니라고 강변한다. 하지만 소음진동관리법 제21조에 따르면, "특별자치시장·특별자치도지사 또는 시장·군수·구청장은 주민의 정온한 생활환경을 유지하기 위하여 사업장 및 공사장 등에서 발생하는 소음·진동을 규제하여야 한다."고 규정하고 있다. 그리고 같은 법 제2조의 2는 "국가와 지방자치단체는 국민의 쾌적하고 건강한 생활환경을 조성하기 위하여 소음·진동으로 인한 피해를 예방·관리할 수 있는 시책을 수립·추진하여야 한다."고 국가와 지방자치단체의 책무를 규정하고 있다. 법률 규정상으로도 주민들이 겪어야 하는 생활상의 소음문제의 해결이 서울특별시장이나 자치단체장의 책무임을 명문화하고 있는 것이다.

  서민들을 괴롭히는 이러한 행태들을 바로잡는 것, 이것이 어찌 작은 일일 것인가? 바로 이런 문제가 정치인들이 입만 열면 주창하는 '서민'들의 삶이요 '생활정치'가 아닐까? 진정한 생활정치란 이러한 구체적인 문제로부터 시작되어야 한다.

이제 희망은 어디에 있는가?

나라 돌아가는 모양이 너무 어이없고 한숨만 나오는 상황이다. 그 어디에도 한 줄기 희망의 빛이 보이지 않는다. 세월호 참사 후 바뀐 것이 도대체 무엇이 있는가? 아니나 다를까 세월호에서 드러난 문제점들은 한 치의 오차 없이 돌고래호에서 그대로 재연되었다.

"이제 관심을 끊었다"라는 주변 사람들이 늘어나고 아예 이민을 가고 싶다는 말도 많이 듣는다. 희망을 심어주어야 할 정치가 도리어 절망을 주고 희망의 싹을 자르고 있는 비극적 현실이다.

모든 사람이 오로지 성공과 출세 지상주의 그리고 금전 만능주의로 내달으며 앞만 보고 달리는 사회, 그런 살벌하고 불행한 사회에서 결코 인간다운 삶이 만들어질 수 없고, 민주주의가 실현될 공간도 존재할 수 없다.

다른 사람과 다르게 살 수 있는 용기가 필요하다. '미움을 받을 용기'도 필요하고 때로는 '왕따가 될 용기'도 필요하다. 그리하여 우리 사회에 다양성이 존재해야 하고 그것이 최대한 용인되어야 한다. 필자는 스마트폰도 없다. 이사는 내 집이 없는 채 아직도 계속 진행형이다. 지금까지 70여회 정도 주거지를 옮겨 다녔다. 담배는 이날까지 한 대도 피우지 않았다. 운전면허증도 없다. 등산을 갈 때도 남들 모두 입는 등산복을 입지 않고 그저 평소 입는 평상복을 입는다. 전기밥솥이 없이 냄비로 밥을 짓고 전자레인지도 없다. 케이블TV나 종편 프로그램은 아예 볼 수 없는데, 안테나를 창문에 부착하는 구식으로 TV를 시청하기 때문이다. 이렇게 남과 약간 다르게 사는 것에 아무 불편도 없다. 오히려 매우 편하다. 이를테면, 운전을 못 하니 음주운전 걱정은 애당초 필요가 없다.

무의식적인 관행의 축적 그리고 방관과 침묵, 그것이 세월호 참사와 메르스 사태를 만들어낸 근본 요인이다. 우선 나부터 바로 지금 굴종을 물리치고 일어나서 관행을 거부해야 한다. 내가 하지 않으면 그 누구도 대신 할 수 없고, 제2, 제3의 세월호 참사와 메르스 사태가 발생할 수밖에 없으며, 나와 내 가족 그리고 내 후배와 후손 모두 계속 이 불행한 악순환을 벗어날 수 없다.

이제 그만 멈추라. 관행을 거부하라. 그리고 저항하라.